China
2015

 VERLAG FÜR FREMDSPRACHIGE LITERATUR

Erste Auflage 2015

ISBN 978-7-119-09640-7

© Verlag für fremdsprachige Literatur GmbH, 2015
Herausgeber: Verlag für fremdsprachige Literatur GmbH
Baiwanzhuang Dajie 24, 100037 Beijing, China
Homepage: www.flp.com.cn

Vertrieb: Chinesische Internationale Buchhandelsgesellschaft
Chegongzhuang Xilu 35, 100044 Beijing, China

Vertrieb für Europa: CBT China Book Trading GmbH
Max-Planck-Str. 6A
D-63322 Rödermark, Deutschland
Homepage: www.cbt-chinabook.de
E-Mail: post@cbt-chinabook.de

Druck und Verlag in der Volksrepublik China

Im Altertum haben die Chinesen die in der menschlichen Geschichte großartigsten kulturellen Errungenschaften geschaffen. Die Große Mauer, die Terrakottaarmee der Qin-Dynastie, der Kaiserpalast ... alle verkörpern die Essenz der alten chinesischen Kultur und sind heute weltbekannte Sehenswürdigkeiten. All das gehört jedoch der Vergangenheit an. Heute setzt sich China für neue Errungenschaften ein. In den mehr als dreißig Jahren seit der Einführung der Reform- und Öffnungspolitik haben die Chinesen konsequent den sozialistischen Weg chinesischer Prägung verfolgt; sie haben nicht nur den wirtschaftlichen Aufschwung, den politischen Fortschritt und die kulturelle Prosperität realisiert, sondern beschäftigen sich aktiv mit der Erforschung eines neuen, zukunftsorientierten Entwicklungsmodells, um die seit jeher angestrebte harmonische Entwicklung zwischen Mensch und Natur herbeizuführen.

Das vorliegende Buch informiert Sie über Chinas Vergangenheit, Gegenwart und Zukunft.

Das heutige China durchläuft einen gewaltigen Wandel und schafft noch größere Wunder. Als die zweitgrößte Volkswirtschaft der Welt ist China Motor für die Wiederbelebung der globalen Wirtschaft geworden und seine Prosperität kommt der ganzen Welt zugute. Derzeit verfolgt China das neue Ziel, den Aufbau einer Gesellschaft mit bescheidenem Wohlstand umfassend zu vollenden, und bemüht sich um die Verwirklichung des Chinesischen Traums von der großartigen Renaissance der chinesischen Nation.

Die gegenwärtigen und zukünftigen Veränderungen in China bereichern das vorliegende Buch mit aktuellen Daten und Fakten. Wie eine kleine China-Enzyklopädie bietet es Ihnen mit einer Fülle von Landkarten, Tabellen, Grafiken, Fotos, wichtigen Daten und Fakten sowie zahlreichen Hinweisen auf informative Internetseiten gehaltvolle und authentische Informationen über China.

Wir hoffen, dass das vorliegende Buch Ihnen helfen wird, China besser kennen zu lernen und zu verstehen.

Inhalt

Kurz und bündig

- Staatsflagge, Staatswappen und Nationalhymne

»4

Land und Ressourcen

- Territorium Chinas ● Topografie ● Wasserressourcen
- Klima ● Boden ● Flora und Fauna ● Bodenschätze

»6

Geschichtlicher Überblick

- Die alte Zivilisation
- Reichseinigung und Ausbreitung der Zivilisation
- Entwicklung nach dem 17. Jahrhundert
- Spuren der Geschichte

»26

Verwaltungsstruktur und Landesteile

- Verwaltungsstruktur ● Provinzen ● Autonome Gebiete
- Regierungsunmittelbare Städte ● Sonderverwaltungszonen
- Urbanisierung neuen Typs

»46

Bevölkerung und Volksgruppen

- Stand der Bevölkerung ● Volksgruppen
- Sprachen und Schriften ● Religionen

»64

Politisches System und Staatsaufbau

- Verfassung ● Rechtsstaatssystem ● Politisches System
- Nationaler Volkskongress ● Staatspräsident
- Staatsrat ● Zentrale Militärkommission
- Lokale Volkskongresse und Volksregierungen
- Volksgerichte ● Volksstaatsanwaltschaften
- Politische Konsultativkonferenz des Chinesischen Volkes
- Politische Parteien und Massenorganisationen

»74

China und die Welt

- Außenpolitik ● Beziehungen zu den umliegenden Ländern
- Beziehungen zu den Entwicklungsländern
- Beziehungen zu den Großmächten
- Beteiligung an multilateralen Angelegenheiten

»90

Volkswirtschaft

- Entwicklung und Transformation der Wirtschaft
- Reform des Wirtschaftssystems
- Regulierung der Wirtschaftsstruktur
- Innovationsgetriebene Entwicklung ● Öffnung nach außen
- Koordinierte Entwicklung verschiedener Regionen
- Landwirtschaft ● Industrie ● Dienstleistungen

» 108

Umweltschutz

- Gesetze und Strukturen ● Klimaschutz
- Luftverschmutzung ● Wasserverschmutzung
- Waldressourcen ● Feuchtgebiete ● Meere ● Naturschutzgebiete
- Rettung der vom Aussterben bedrohten Tier- und Pflanzenarten
- NGOs ● Internationale Zusammenarbeit

» 142

Bildungswesen, Wissenschaft und Technik

- Bildungswesen ● Bildungsplan
- Internationale Kooperation im Bildungsbereich
- Entwicklung von Wissenschaft und Technik
- Internationale Zusammenarbeit in Wissenschaft und Technik
- Sozialwissenschaften

» 162

Lebensstandard

- Einkommen und Konsum ● Beschäftigung
- Soziale Absicherung
- Medizinische Versorgung und Gesundheitsvorsorge

» 178

Kultur und Kunst

- Bibliotheken ● Museen ● Denkmalschutz
- Immaterielles Kulturerbe ● Natur- und Kulturerbe
- Literatur ● Theater ● *Quyi* ● Musik ● Tanz
- Kalligrafie und Malerei ● Film ● Medien

》*190*

Modernes Leben

- Mode ● Sport ● Digitales Leben
- Freizeit ● Urlaub ● Feste

》*218*

Spezialthema:
„Vier umfassende Strategien" und der Chinesische Traum

- Wichtige Zeitpunkte ● Das gesamte Regierungskonzept

》*236*

Anhang

- Internetseiten der Regierungsorgane
- Medien-Internetseiten

》*240*

Lage Chinas

Kurz und bündig

Die Volksrepublik China befindet sich in Ostasien und am Westufer des Stillen Ozeans. Mit einer Landesfläche von 9,6 Millionen Quadratkilometern ist China nach Russland und Kanada das drittgrößte Land der Erde.

Name: Volksrepublik China

Hauptstadt: Beijing

Lage: in Ostasien und am Westufer des Stillen Ozeans

Nationalfeiertag: 1. Oktober

Nationaler Gedenkfeiertag: 13. Dezember. Zum Gedenken an die Opfer des Massakers in Nanjing am 13. Dezember 1937

Amtssprache: Chinesisch

Volksgruppen: 56

Währung: Renminbi

Maße: metrisches System

Standardzeit: Zeit in Beijing (UTC+8)

Staatsflagge, Staatswappen und Nationalhymne

Staatsflagge

Marsch der Freiwilligen

(*Yiyong jun Jinxingqu*)

Text von Tian Han,
Melodie von Nie Er

Steht auf! Nicht länger Sklaven mehr!
Die große Mauer neu erbaut
Aus uns'rem Fleisch und Blut.
In größter Bedrängnis Chinas Volk.
Der Unterdrückten letzter Schrei ertönt:
Steht auf! Erhebt Euch!
Mit tausend Leibern, einem Herz
Den feindlichen Kanonen zum Trotz:
Vorwärts!
Vorwärts! Voran!

Nationalhymne

Staatswappen

CHINA 2015

Land und Ressourcen

Das Territorium Chinas erstreckt sich wie eine vierstufige Treppe vom Qinghai-Tibet-Hochland mit einer durchschnittlichen Höhe von mehr als 4000 Metern im Westen bis zum Kontinentalschelf im Osten, der bis zu 200 Meter unter dem Meeresspiegel liegt. Das chinesische Festland ist ungefähr so groß wie ganz Europa. Aber landesweit gibt es große topografische Unterschiede und eine ungleichmäßige Verteilung von Bodenschätzen.

● Territorium Chinas ● Topografie ● Wasserressourcen
● Klima ● Boden ● Flora und Fauna ● Bodenschätze

Territorium Chinas

Landesfläche:
9,6 Mio. km²

Hoheitsgewässer:
4,73 Mio. km²

Nord-Süd-Ausdehnung:
etwa 5500 km

Ost-West-Ausdehnung:
etwa 5200 km

Festlandgrenze:
22 800 km

Küstenlinie:
etwa 32 000 km

Randmeere:
Bohai-Meer, Gelbes Meer, Ostchinesisches Meer und Südchinesisches Meer

Nachbarländer:
Koreanische Demokratische Volksrepublik, Mongolische Republik, Russland, Kasachstan, Kirgisistan, Tadschikistan, Afghanistan, Pakistan, Indien, Nepal, Bhutan, Myanmar, Laos und Vietnam

Gegenüberliegende Länder:
Republik Korea, Japan, Philippinen, Brunei, Malaysia und Indonesien

Territorium Chinas

Land und Ressourcen

Sieben nebeneinander liegende kleine Inseln des Xisha-Archipels

Das chinesische Territorium erstreckt sich von der Hauptfahrrinne des Flusses Heilong Jiang (Amur) nördlich von Mohe in der Provinz Heilongjiang bis zum Zengmu-Riff am südlichen Rand des Nansha-Archipels im Südchinesischen Meer. Von Ost nach West dehnt sich China vom Zusammenfluss der Flüsse Heilong Jiang und Wusuli Jiang (Ussuri) bis zur Pamir-Hochebene aus. Die geografische Ausdehnung von Süd nach Nord beträgt etwa 5500 Kilometer und von Ost nach West etwa 5200 Kilometer.

Die Küstenlinie des chinesischen Festlandes beträgt ca. 18 000 Kilometer. An den vorwiegend flachen Küsten liegen zahlreiche gute Häfen, die meisten sind eisfrei. Das chinesische Festland grenzt im Osten und Süden an das Bohai-Meer, das Gelbe Meer, das Ostchinesische Meer und das Südchinesische Meer. Die Hoheitsgewässer umfassen eine Fläche von 4,73 Millionen Quadratkilometern. Das Bohai-Meer ist ein Binnenmeer Chinas, während das Gelbe Meer, das Ostchinesische Meer und das Südchinesische Meer Randmeere des Stillen Ozeans darstellen.

In den chinesischen Hoheitsgewässern sind mehr als 7600 Inseln verstreut. Mit einer Fläche von 36 000 Quadratkilometern ist Taiwan die größte davon. Die Insel Hainan hat eine Größe von 34 000 Quadratkilometern und ist damit die zweitgrößte Insel Chinas. Die Inseln Diaoyu und Chiwei nordöstlich von Taiwan sind die am östlichsten gelegenen Inseln Chinas. Inseln, Riffe und Sandbänke im Südchinesischen Meer, die zu den Archipelen Dongsha, Xisha, Zhongsha und Nansha gehören, sind die am südlichsten gelegenen Inseln Chinas. Zur besseren Verwaltung dieser Inseln und deren umliegenden Gewässer wurde 2012 die Stadt Sansha gegründet. Damit ist Sansha die am südlichsten gelegene Stadt Chinas.

Diaoyu-Insel

Die Diaoyu-Insel ist die Hauptinsel des Archipels Diaoyu im Ostchinesischen Meer und liegt von Wenzhou, Fuzhou und Keelung jeweils ca. 356, 385 und 190 Kilometer entfernt. Sie hat eine Fläche von 4,3838 Quadratkilometern. Die Fläche der umliegenden Gewässer beträgt etwa 170 000 Quadratkilometer. Die Diaoyu-Insel wird als „Jadeit der See" bezeichnet. In Dokumenten aus der Ming-Zeit (1368–1644) ist deutlich zu erkennen, dass die Diaoyu-Insel zu Chinas Territorium gehört.

10 CHINA

Topografie

Becken
In China finden sich vier große Becken.
Das Tarim-Becken in Xinjiang ist das größte.
Das Junggar-Becken befindet sich in Xinjiang.
Das Qaidam-Becken in Qinghai ist das höchst gelegene.
Das Sichuan-Becken in Sichuan ist das feuchteste.

Gebirge
In China gibt es neun Gebirge mit einer durchschnittlichen Höhe von mehr als 6000 Metern über dem Meeresspiegel und über 20 mit einer durchschnittlichen Höhe von mehr als 4000 Metern. Der Himalaya, das höchste Gebirge Chinas, erstreckt sich kurvenförmig an der Grenze von China, Indien und Nepal. Er hat mehr als 30 Gipfel mit einer Höhe von über 7300 Metern und elf mit einer Höhe von über 8000 Metern. Sein Hauptgipfel Qomolangma ist mit einer Höhe von 8844,43 Metern der höchste Berg der Welt.

Hochebenen
China hat vier große Hochebenen.
Das Qinghai-Tibet-Hochland umfasst Tibet, Qinghai und Teile von Gansu, Yunnan und Sichuan. Es ist weltweit das höchst gelegene Hochland und wird als das „Dach der Welt" bezeichnet.

Das Hochland der Inneren Mongolei liegt vollständig in der Inneren Mongolei. In seinem östlichen und westlichen Teil befinden sich jeweils Steppen und Wüsten.

Danxia-Erosionslandschaft in Südchina

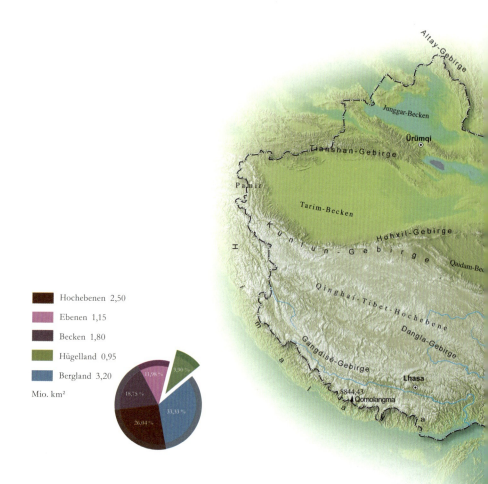

Das Lössplateau umfasst das Gebiet von sechs autonomen Gebieten und Provinzen (darunter Shanxi und Shaanxi) oder Teile von ihnen.

Das Yunnan-Guizhou-Plateau, das den Ostteil von Yunnan und einen großen Teil von Guizhou umfasst, besitzt eine typische Karstlandschaft.

Ebenen
China hat drei große Ebenen.
Die Nordostchinesische Ebene ist mit einer Fläche von mehr als 350 000 Quadratkilometern die größte.

Die Nordchinesische Ebene im Landesinneren ist etwa 300 000 Quadratkilometer groß.

Die vom Jangtse aufgeschüttete Ebene am Mittel- und Unterlauf des Flusses hat eine Fläche von ca. 200 000 Quadratkilometern.

Wasserressourcen

Flüsse

In China gibt es zahlreiche Flüsse, von denen über 1500 jeweils ein Einzugsgebiet von mehr als 1000 Quadratkilometern haben. China verfügt über reiche Wasserkraftressourcen, die etwa 680 Millionen Kilowatt Strom erzeugen können, und belegt in dieser Hinsicht weltweit den ersten Platz. Der Pro-Kopf-Anteil macht wegen der großen Bevölkerungszahl jedoch nur ein Viertel des Weltdurchschnittes aus.

Der 6300 Kilometer lange Jangtse ist der längste Fluss Chinas und der drittlängste Fluss der Welt. Der Jangtse ist auch ein bedeutender Wassertransportweg Chinas in westöstlicher Richtung.

Der Gelbe Fluss ist mit einer Länge von 5464 Kilometern der zweitlängste Fluss Chinas. Sein Einzugsgebiet gilt als eine der Wiegen der chinesischen Zivilisation.

Der Heilong Jiang (Amur) ist ein großer Strom in Nordchina. Er hat eine Länge von 4350 Kilometern, davon 3101 Kilometer auf chinesischem Territorium.

Der Zhu Jiang (Perlfluss), ein großer Strom in Südchina, ist insgesamt 2214 Kilometer lang.

Der Tarim-Fluss in Süd-Xinjiang ist mit einer Länge von 2179 Kilometern der längste abflusslose Fluss Chinas.

Seen

In China gibt es eine große Anzahl von Seen. Sie konzentrieren sich vor allem am Mittel- und Unterlauf des Jangtse und auf dem Qinghai-Tibet-Hochland. Am Mittel- und Unterlauf des Jangtse liegen u. a. die Seen Poyang, Dongting, Taihu und Hongze, von denen der Poyang-See im Norden der Provinz Jiangxi der größte ist. Auf dem Qinghai-Tibet-Hochland gibt es vor allem Salzseen wie den Qinghai-See, den Nam Co und den Siling Co. Der Qinghai-See liegt im Nordosten der Provinz Qinghai und ist der größte See Chinas. Wegen des Klimawandels beginnen manche Seen sich zu verkleinern.

Der Große Kanal

Neben den natürlichen Flüssen gibt es in China noch den berühmten Großen Kanal. Sein Bau begann schon im 5. Jahrhundert v. u. Z. Er verläuft von Beijing im Norden bis nach Hangzhou, Provinz Zhejiang, im Süden und verbindet die fünf großen Flusssysteme des Hai He, des Gelben Flusses, des Huai He, des Jangtse und des Qiantang Jiang miteinander. Mit einer Gesamtlänge von 1801 Kilometern ist der Große Kanal der längste und älteste künstliche Wasserlauf der Welt.

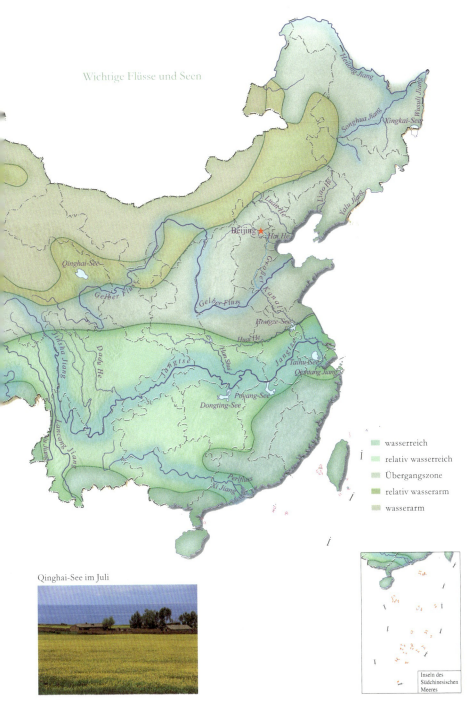

Wichtige Flüsse und Seen

- wasserreich
- relativ wasserreich
- Übergangszone
- relativ wasserarm
- wasserarm

Qinghai-See im Juli

Inseln des Südchinesischen Meeres

Land und Ressourcen

Klima

Die warmgemäßigte Zone nimmt in China die größte Fläche ein. Die vier Jahreszeiten unterscheiden sich deutlich. Das Klima ist durch ein ausgeprägtes kontinentales Monsunklima gekennzeichnet. Zwischen September und April strömt trockene und kalte Luft aus Sibirien und von der Mongolischen Hochebene nach Süden. Da die Kraft dieser Luftströme in Südchina schon merklich nachlässt, sind die Temperaturunterschiede zwischen Nord- und Südchina beträchtlich. Der Sommermonsun beeinflusst das Festland zwischen April und September. In dieser Zeit weht warme und feuchte Luft vom Meer aus dem Osten und Süden auf das Festland, so dass die Temperatur steigt und es reichlich regnet. Die Temperaturunterschiede zwischen Nord- und Südchina sind daher in dieser Zeit geringer. Entsprechend der Temperatur lässt sich China von Süden nach Norden in eine äquatoriale, eine tropische, eine subtropische, eine warmgemäßigte, eine gemäßigte und eine kaltgemäßigte Zone einteilen. Die Niederschläge nehmen von Südost nach Nordwest allmählich ab, wobei es jedoch regional große Unterschiede gibt. In den südöstlichen Küstengebieten können die durchschnittlichen Jahresniederschläge über 1500 Millimeter betragen und im nordwestlichen Binnenland weniger als 200 Millimeter.

Fünf Klimazonen in China

- Gemäßigtes Monsunklima
- Subtropisches Monsunklima
- Tropisches Monsunklima
- Gemäßigtes Kontinentalklima
- Höhenklima

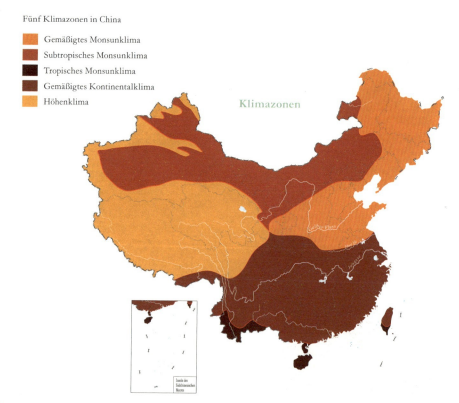

Terrassenfelder im Kreis Yuanyang, Yunnan

Boden

China verfügt über große Flächen von Ackerland, Wäldern, Steppen, Ödland, Wüsten und Stränden. Das Ackerland konzentriert sich hauptsächlich im Osten, die Steppen im Norden und Westen und die Wälder im abgelegenen Nordosten und Südwesten. Das Ackerland umfasst ca. 121,72 Millionen Hektar. Die Steppen machen mit einer Fläche von rund 400 Millionen Hektar 41,7 Prozent der gesamten Landesfläche aus. Die Waldflächen betragen etwa 208 Millionen Hektar. 21,63 Prozent der Landesfläche sind bewaldet. Die Acker-, Wald- und Weideflächen Chinas sind in absoluten Zahlen beträchtlich, jedoch pro Kopf der Bevölkerung gering. Auf jeden Chinesen entfällt weniger als ein Drittel der Ackerfläche des Weltdurchschnittes. Die Ackerflächen konzentrieren sich in Nordchina, wogegen in Südchina die Wasserressourcen überwiegen. So verfügt die Nordchinesische Ebene, das wichtige Anbaugebiet von Weizen und Baumwolle, über 40 Prozent der Ackerfläche, aber nur 6 Prozent der Wasserressourcen Chinas. Die ungleichmäßige Verteilung von Ackerland und Wasser verschärft den Wassermangel in Nordchina und beeinträchtigt die landwirtschaftliche Entwicklung.

Landwirtschaftliche Gebiete

Die Nordostchinesische Ebene, die Nordchinesische Ebene, die Ebene am Mittel- und Unterlauf des Jangtse, das Delta des Perlflusses und das Sichuan-Becken bilden die wichtigsten Agrarregionen Chinas. Auf der Nordostchinesischen Ebene werden in großer Menge Weizen, Mais, Sojabohnen, Sorghum, Flachs und Zuckerrüben angebaut. Die wichtigsten Agrarprodukte auf der Nordchinesischen Ebene sind Weizen, Mais, Hirse und Baumwolle. Die Tiefebene am Mittel- und Unterlauf des Jangtse ist von zahlreichen Flüssen und Seen durchzogen bzw. übersät. Sie ist der größte Produzent von Nassreis und Süßwasserfischen in China, weshalb sie seit alters „Heimat von Fisch und Reis" genannt wird. Sie ist auch ein großer Lieferant von Tee und Seidenraupen. Das Sichuan-Becken wird als „Land des Reichtums und der Fülle" bezeichnet. Dank dem feuchten und warmen Klima gedeihen die Feldfrüchte dort das ganze Jahr über. Es ist ein wichtiges Anbaugebiet von Nassreis, Raps und Zuckerrohr. Im Delta-Gebiet des Perlflusses wird der Nassreis jährlich zwei- bis dreimal geerntet.

Naturwaldgebiete

Die Naturwaldgebiete im Großen und im Kleinen Hinggan-Gebirge sowie im Gebirge Changbai Shan in Nordostchina sind die größten im Land. Hier findet man sowohl Nadel- als auch Laubwälder. Die Naturwälder im Südwesten Chinas bestehen aus unterschiedlichen Baumarten wie Fichten, Tannen und Kiefern. In Xishuangbanna in Süd-Yunnan gibt es in China seltene tropische Laubwälder mit mehr als 5000 Pflanzenarten.

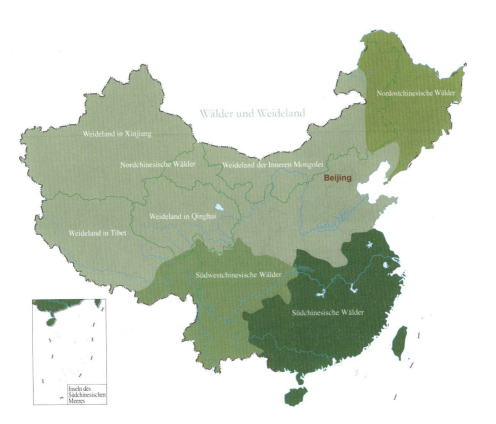

Wälder und Weideland

Natürliches Weideland

In den Steppen, die sich von Nordost nach Südwest über einige tausend Kilometer ausdehnen, gibt es zahlreiche Viehzuchtbetriebe. Die Steppen der Inneren Mongolei sind das größte natürliche Weideland Chinas. Sie sind die Heimat der Sanhe-Rinder, Sanhe-Pferde und Mongolischen Schafe. Auch südlich und nördlich des Gebirges Tian Shan in Xinjiang befinden sich vorzügliche Weideplätze und Viehzuchtgebiete. Die hier gezüchteten Ili-Pferde und Xinjiang-Merinoschafe sind berühmt.

Weideland am Sayram-See, Xinjiang

Jangtse-Delfin

Großer Panda

Flora und Fauna

China ist eines der Länder mit den meisten Tier- und Pflanzenarten. Allein an Wirbeltieren zählt man 6481 Arten und rund 10 Prozent des gesamten Artenbestandes der Welt. Davon sind 2404 Landtiere und 3862 Fischarten. Allein an höheren Pflanzen gibt es in China über 32 000 Arten. Darunter sind über 7000 Holzgewächse (davon rund 2800 Baumspezies), mehr als 2000 essbare Pflanzenarten und über 3000 Pflanzenarten, die medizinisch verwertet werden können. In China trifft man fast alle Pflanzenarten der nördlichen Hemisphäre.

Davidshirsche

Taschentuchbaum   Eibe (*Taxus*)

I	kaltgemäßigte Nadelwaldzone
II	gemäßigte Mischwaldzone
III	warmgemäßigte Laubwaldzone
IV	östliche subtropische immergrüne Laubwaldzone
V	westliche subtropische immergrüne Hartlaubwaldzone
VI	östliche tropische Monsun- und Regenwaldzone
VII	westliche tropische Monsun- und Regenwaldzone
VIII	gemäßigte Steppenzone
IX	warmgemäßigte Steppenzone
X	Tundra- und Steppenzone
XI	gemäßigte Wüstenzone
XII	warmgemäßigte Wüstenzone
XIII	Kältewüstenzone

- ● völliges Jagdverbot
- ▼ stark eingeschränkte Jagd
- ✳ eingeschränkte Jagd

Nur in China beheimatete Tiere und Pflanzen

Zu den nur in China lebenden seltenen Tierarten, über einhundert an der Zahl, gehören der Große Panda, der Stumpfnasenaffe, der Südchinesische Tiger, der Ohrfasan, der Rotkammkranich, der Nippon-Ibis, der Jangtse-Delfin und der China-Alligator. Ursprünglich nur in China beheimatete Bäume sind u. a. der Urwelt-Mammutbaum (Metasequoia glyptostroboides), die China-Zypresse (Glyptostrobus pensilis), der Cathaya-Baum (Cathaya argyrophylla), die Spießtanne (Cunninghamia lanceolata), die Goldlärche (Pseudolarix amabilis), die Taiwan-Kiefer (Taiwania crytomerioides), die Fujian-Zypresse (Fokienia bodginsii), der Taschentuchbaum (Davidia involucrata), der Guttaperchabaum (Eucommia ulmoides) und der Glücksbaum (Camptotheca acuminata). Der Urwelt-Mammutbaum kann sehr hoch wachsen und ist ein seltener und wertvoller Baum der Welt. Ebenso selten und wertvoll ist die Goldlärche, die in den Gebirgen im Einzugsgebiet des Jangtse beheimatet ist. Ihre Nadeln sind im Frühling und Sommer grün und nehmen im Herbst eine gelbe Farbe an.

Bodenschätze

China hat reiche Vorkommen von sämtlichen bisher bekannten Bodenschätzen der Erde. Bis heute sind 172 verschiedene Arten von Bodenschätzen gefunden worden. Von den erkundeten Lagerstätten von 159 Bodenschätzen haben mehr als 20 einen Gesamtvorrat, der zu den reichsten der Welt gehört. Die Vorräte an zwölf Bodenschätzen wie Wolfram, Zinn, Antimon, Seltenen Erden, Magnesit, Graphit und Baryt nehmen den ersten Platz in der Welt ein. Davon betragen die Reserven an Kohle 279,39 Milliarden Tonnen, die sich hauptsächlich in Nordwest- und Nordchina befinden, vor allem in Shanxi, der Inneren Mongolei, Shaanxi und Xinjiang. Die Reserven an Eisenerz betragen 22,232 Milliarden Tonnen, die sich vor allem in Nordost-, Nord- und Südwestchina konzentrieren. Die Reserven an Seltenerdmetallen machen etwa 23 Prozent der gesamten Reserven der Welt aus.

Auch die Vorkommen von Erdöl, Erdgas und Ölschiefer sind reichlich. Das meiste Erdöl lagert in Nordwestchina, gefolgt von Nordost- und Nordchina sowie den Kontinentalsockeln in Ostchina.

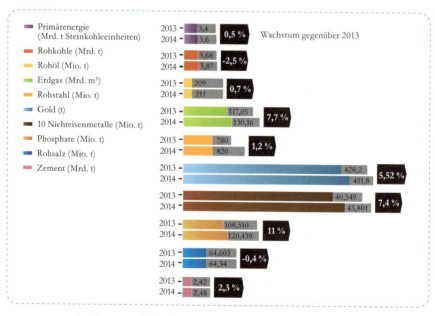

Förderung und Verarbeitung von ausgewählten Bodenschätzen

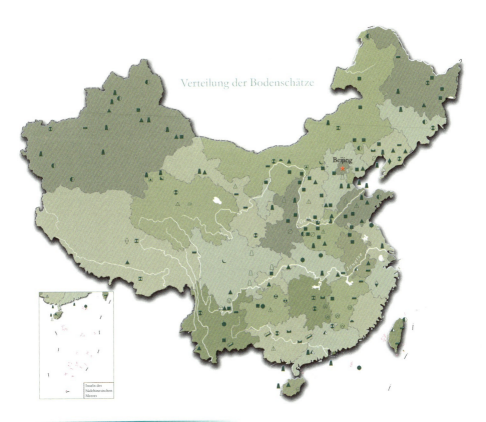

Verteilung der Bodenschätze

Erze

- ▲ Eisen
- ◐ Blei
- Ⓥ Vanadium
- ⊘ Molybdän
- ᴍ Mangan
- ✎ Zinn
- ▬ Kupfer
- ⚠ Aluminium
- △ Nickel
- ◐ Gold
- ⊗ Silber
- ⁝⁚ Antimon
- Ⓦ Wolfram
- ⊠ Chrom
- ▲ Seltene Erden
- ⊕ Quecksilber
- ⌒ Magnesium
- ◻ Uran
- ◣ Lithium
- ⊕ Titan

Andere Bodenschätze

- ◆ Magnesit
- ⏶ Salz
- ■ Kohle
- △ Kalisalze
- ● Phosphate
- ▮ Erdöl
- ⬥ Fluorit
- ▲ Schwefel
- ⬜ Erdgas
- ☾ Glimmer
- ▲ Asbest
- ⬦ Bor
- ⁑ Diamant

 CHINA 2015

Geschichtlicher Überblick

Vom vorgeschichtlichen Kulturheros Yu, der das Hochwasser bändigte, bis zu den „Vier Großen Erfindungen" (Papierherstellung, Buchdruck mit beweglichen Lettern, Kompass und Schießpulver), von der Legende, dass Chang'e zum Mond aufsteigt, bis zu dem erfolgreichen Flug des ersten bemannten Raumschiffes Chinas haben die Chinesen in ihrer langen Geschichte eine glänzende Zivilisation geschaffen. Die alten Zivilisationen Babylons, Ägyptens und Indiens sind untergegangen. Aber die chinesische Zivilisation erlebte keine Unterbrechung und entwickelte sich beständig bis zum heutigen Tag.

- Die alte Zivilisation
- Reichseinigung und Ausbreitung der Zivilisation
- Entwicklung nach dem 17. Jahrhundert • Spuren der Geschichte

Die alte Zivilisation

Grabungsstätte Banpo (4800–4300 v. u. Z.)

Die Grabungsstätte Banpo liegt am östlichen Ufer des Flusses Chan He im Bezirk Baqiao der Stadt Xi'an, Provinz Shaanxi. Banpo war eine typisch matriarchalische Siedlung der Yangshao-Kultur im Einzugsgebiet des Gelben Flusses und die erste jungsteinzeitliche Fundstätte in China, wo umfangreiche Ausgrabungen vorgenommen wurden.

Grabungsstätte Yangshao (5000–4000 v. u. Z.)

Die Ruine der Yangshao-Siedlung befindet sich im Kreis Mianchi der Provinz Henan. Die Yangshao-Kultur zeichnet sich durch Buntkeramik aus und ist in China durch über 1000 Grabungsstätten vertreten.

Grabungsstätte Sanxingdui (3000–1200 v. u. Z.)

Die Grabungsstätte Sanxingdui liegt in der Gemeinde Nanxing der Stadt Guanghan, Provinz Sichuan, und gilt als der weitläufigste Überrest der Shu-Kultur in Südwestchina, der den längsten Zeitraum und die reichsten Kulturelemente umfasst. Die hier ausgegrabenen Bronzen wie diese bronzene Büste mit einer goldenen Maske sind alle wertvolle Kulturgegenstände.

Relikt der Hongshan-Kultur (4000–3000 v. u. Z.)

Überreste der Hongshan-Kultur befinden sich vor allem im westlichen Teil der Provinz Liaoning und sind wichtige jungsteinzeitliche Relikte in Nordchina. Das namensgebende Gebirge Hong Shan als erster Fundort liegt in Chifeng in der Inneren Mongolei.

Grabungsstätte Dawenkou (3500–2240 v. u. Z.)

Die Grabungsstätte Dawenkou liegt in der gleichnamigen Gemeinde der Stadt Tai'an, Provinz Shandong. Hier wurden zahlreiche Überreste von Gräbern und Wohnhäusern sowie Produktions- und Alltagsartikel aus Ton, Stein, Jade, Knochen und Elfenbein ausgegraben. Damit wurde die ganze Bandbreite der Entwicklung der spätneolithischen Dawenkou-Kultur dokumentiert.

Grabungsstätte Hemudu (5000–3300 v. u. Z.)

Die Grabungsstätte Hemudu befindet sich im gleichnamigen Dorf der Stadt Yuyao, Provinz Zhejiang, und gehört zu den ältesten jungsteinzeitlichen Zeugnissen in China. Hier wurden Spuren des Reisanbaus, großflächige Überreste von Holzgebäuden und Tierrelikte entdeckt.

Grabungsstätte Liangzhu (5300–4200 v. u. Z.)

Die Grabungsstätte Liangzhu befindet sich in der gleichnamigen Gemeinde des Stadtbezirks Yuhang, Provinz Zhejiang, und wird in die Jungsteinzeit datiert. Die hier ausgegrabenen Jadegegenstände stellen dank ihrer großen Anzahl, Vielfältigkeit und feinen Schnitzkunst den Höhepunkt der chinesischen vorgeschichtlichen Kultur dar.

Die alte Zivilisation

China zählt zu den Ländern mit einer alten Zivilisation. Schriftliche Zeugnisse sind aus einer Zeit vor rund 4000 Jahren erhalten. In den Grabungsstätten Hemudu in Yuyao, Provinz Zhejiang, und Banpo in der Nähe von Xi'an, Provinz Shaanxi, deren Alter auf rund 6000 bis 7000 Jahre datiert ist, fand man Reis- und Hirsekörner sowie Ackergeräte. Vor etwa 5000 Jahren kannte man auf dem heutigen Territorium der Volksrepublik China bereits die Herstellung von Bronze. Vor mehr als 4000 Jahren wurde die Xia-Dynastie (2070–1600 v. u. Z.), die älteste bislang nachweisbare Dynastie der chinesischen Geschichte, gegründet. In der Shang-Dynastie (1600–1046 v. u. Z.) vor über 3000 Jahren wurden Eisengeräte eingesetzt. In der Zhou-Dynastie (1046–256 v. u. Z.) vor mehr als 2000 Jahren wurde bereits Stahl hergestellt. In der Frühlings- und Herbstperiode und in der Zeit der Streitenden Reiche (770–221 v. u. Z.) erfuhr das Geistesleben eine stürmische Entwicklung. Philosophen wie Laozi (Laotse), Konfuzius, Menzius, Han Fei und der Stratege Sun Wu, deren Denken auf die Nachwelt großen Einfluss ausübt, sind Vertreter dieser Zeit.

Vogelförmiges Bronzegefäß aus der Shang-Dynastie

Jadehirsch aus der Shang-Dynastie

Porzellanvase aus der Ming-Dynastie

Dreifarbige Keramik aus der Tang-Dynastie

Reichseinigung und Ausbreitung der Zivilisation

Im Jahr 221 v. u. Z. vernichtete Ying Zheng, der Herrscher des Qin-Reiches, alle rivalisierenden Reiche und gründete den ersten feudalistischen und multiethnischen Zentralstaat der chinesischen Geschichte, die Qin-Dynastie. Bis zum Jahr 1911 gab es in China insgesamt 13 große Dynastien und zwei verhältnismäßig stabile Perioden mit mehreren kleinen Dynastien.

In diesem langen Zeitraum der Kaiserherrschaft erfanden die Chinesen die Papierherstellung, den Buchdruck, den Kompass und das Schießpulver. Die Landwirtschaft, das Handwerk und der Handel blühten auf und die Weberei, die Färberei, die Keramik- und Porzellanherstellung sowie die Verhüttung wurden in hohem Maße entwickelt. In der Han-Dynastie (206 v. u. Z.–220 u. Z.) wurde um die Zeitenwende der Verkehr von Chang'an (heute Xi'an, Provinz Shaanxi) über Xinjiang und Zentralasien bis zur Ostküste des Mittelmeeres belebt,

Bronzepferd aus der Östlichen Han-Dynastie

wodurch chinesische Waren, darunter Seide und Porzellan, über diesen später als „Seidenstraße" genannten Weg bis nach Europa gelangten. Später verbreiteten sich die „Vier Großen Erfindungen", andere fortschrittliche Techniken und Elemente der chinesischen Kultur auch in anderen Teilen der Welt.

In der Tang-Dynastie (618–907) kam es zu einer Blüte des chinesischen Feudalismus. Um 660 verfestigte sich die Macht Chinas nicht nur im Tarim-Becken, im Junggar-Becken und im Einzugsgebiet des Flusses Ili, sondern dehnte sich auch über zahlreiche Städte Zentralasiens aus. China unterhielt mit Japan, Korea, Indien, Persien und den arabischen Ländern wirtschaftliche und kulturelle Beziehungen. Der Seehandel war rege. In der Ming-Dynastie (1368–1644) unternahm der Seefahrer Zheng He im 15. Jahrhundert sieben ausgedehnte Reisen mit einer großen Flotte. Die Flotte legte an Küsten in Südostasien an, überquerte den Indischen Ozean und den Persischen Golf und erreichte die Malediven sowie das heutige Somalia und Kenia an der Ostküste von Afrika.

Terrakottaarmee des ersten Kaisers Qin Shi Huang, Shaanxi

Sun Yat-sen

Entwicklung nach dem 17. Jahrhundert

Ende des 17. bis Anfang des 18. Jahrhunderts gewann Kangxi (1654–1722), der berühmteste Kaiser der Qing-Dynastie (1644–1911), Taiwan zurück, gebot der Expansion des zaristischen Russlands Einhalt und legte eine Reihe von Regelungen in Bezug auf die Bildung der tibetischen Lokalregierung und die Ernennung deren Oberhäupter fest, wobei die Zentralregierung das letzte Wort hatte. Unter seiner Herrschaft erreichte China mit mehr als elf Millionen Quadratkilometern die größte Ausdehnung seiner Geschichte. Aber zu Beginn des 19. Jahrhunderts verfiel die Qing-Dynastie zusehends. Großbritannien exportierte in dieser Zeit große Mengen von Opium nach China und entfachte im Jahr 1840 einen Krieg gegen China, um den Opiumhandel zu sichern. Die Qing-Regierung wurde schließlich in die Knie gezwungen und unterzeichnete 1842 den Vertrag von Nanjing, der die Abtretung Hongkongs an Großbritannien und die Öffnung weiterer chinesischer Häfen für den Handel festlegte. Danach drangen Großbritannien, die USA, Frankreich, Russland, Japan und andere Staaten mehrmals nach China ein und zwangen der Qing-Regierung weitere ungleiche Verträge sowie Abtretungen von Territorien und Kriegsentschädigungen auf. China sank Schritt für Schritt zu einer halbkolonialen und halbfeudalen Gesellschaft herab.

Im Jahr 1911 führte Sun Yat-sen eine Revolution an, welche die fast 270-jährige Herrschaft der Qing-Dynastie stürzte und damit auch der feudalistischen Monarchie, die mehr als 2000 Jahre über China geherrscht hatte, ein Ende setzte. Die Republik China wurde ins Leben gerufen – eines der bedeutendsten Ereignisse der neueren chinesischen Geschichte. Die 4.-Mai-Bewegung im Jahr 1919 wird als Ursprung neuer Impulse für zahlreiche wichtige Ereignisse in der modernen Geschichte Chinas betrachtet. In der Folgezeit strömten westliche Gedanken in China ein. Die Verbreitung des Marxismus-Leninismus ist dabei besonders hervorzuheben. 1921 wurde die Kommunistische Partei Chinas gegründet. Sie führte das chinesische Volk bei der neudemokratischen Revolution, die aus vier historischen Perioden bestand: dem Nordfeldzug (1924–1927), dem Agrarrevolutionären Krieg (1927–1937), dem Widerstandskrieg gegen die japanische Aggression (1931–1945) und dem chinesischen Befreiungskrieg (1945–1949). Während des Widerstandskriegs gegen die japanische Aggression arbeiteten die KP Chinas und die Guomindang zusammen und besiegten die Aggressoren. Im Jahr 1945 entfesselte die Guomindang den Bürgerkrieg. Durch einen dreijährigen Befreiungskrieg stürzte die KP Chinas schließlich im Jahr 1949 das Guomindang-Regime.

Am 1. Oktober 1949 wurde die Volksrepublik China gegründet. Danach führte die chinesische Regierung erfolgreich die Landreform in den Gebieten durch, wo über 90 Prozent der Landbevölkerung lebten. Dreihundert Millionen Bauern bekamen ca. 47 Millionen Hektar Boden zugeteilt. Während des 1. Fünfjahrplanes (1953–1957) wurden erstaunliche Erfolge erzielt. Seitdem legt die chinesische Regierung alle fünf Jahre ein Ziel für die wirtschaftliche Entwicklung fest und setzt einen Fünfjahrplan um. Mit dem 3. Plenum des 11. ZK der KP Chinas, das Ende 1978 stattfand, trat die Volksrepublik China in eine neue historische Phase ein. Damals war Deng Xiaoping (1904–1997) nach vielen Rückschlägen wieder zu Einfluss im Zentralkomitee der KP Chinas gelangt. Unter seiner Führung wurde die Reform- und Öffnungspolitik eingeleitet und der Schwerpunkt der Arbeit auf die Modernisierung verlagert. Die KP Chinas ist die Regierungspartei Chinas. Dank der Bestrebungen, Untersuchungen und Reformen in den letzten mehr als sechzig Jahren ist es ihr gelungen, das bevölkerungsreichste Entwicklungsland der Erde zu einem Staat mit gesellschaftlicher Stabilität, stabiler wirtschaftlicher Entwicklung und regen Außenkontakten zu formen, dessen Bevölkerung ein Leben in bescheidenem Wohlstand führt.

Halle der Höchsten Harmonie in der Verbotenen Stadt, Beijing

Spuren der Geschichte

Von der Gründung des ersten Staates in der chinesischen Geschichte bis zur Durchsetzung der Reform- und Öffnungspolitik hat sich in China viel verändert. Im Folgenden wird ein Überblick über die Geschichte Chinas als eine Geschichte des Fortschrittes geboten.

Orakelknocheninschriften

Anfang des 20. Jahrhunderts wurden in Anyang der Provinz Henan in der Ausgrabungsstätte von Yin, wo sich die Überreste von Yin, der späteren Hauptstadt der Shang-Dynastie, befinden, ungefähr 100 000 Schildkrötenpanzer und Ochsenknochen entdeckt. Die Inschriften auf den Panzern und Knochen verwenden knapp 5000 verschiedene Schriftzeichen, die Opferzeremonien für Vorfahren und Götter, militärische Operationen, Ernennung von Beamten, Bau von Städten und Wahrsagungen aus jener Zeit dokumentieren. Die Orakelknocheninschriften sind die ältesten entzifferbaren chinesischen Schriften.

Xia-Dynastie
(2070–1600 v. u. Z.)

Zhou-Dynastie
(1046–256 v. u. Z.)

Shang-Dynastie
(1600–1046 v. u. Z.)

Der erste Staat

In der klassischen chinesischen Historiografie werden Yao, Shun und Yu als Nachfolger des mythischen Kaisers Huangdi (Gelber Kaiser) beschrieben. Qi, der Sohn Yus, habe die Thronfolge erblich gemacht. Zuvor – in der Epoche der „Fünf Kaiser", die alle Merkmale eines „Goldenen Zeitalters" trägt – sollen die Regenten unter Berücksichtigung von Befähigung und Verdienst aus dem Kreis von Clan-Oberhäuptern gewählt worden sein. Qi gilt als Begründer der Xia-Dynastie, die als der erste Staat der chinesischen Geschichte angesehen wird. Die Herrschaft der Xia-Dynastie dauerte mehr als 400 Jahre. 1600 v. u. Z. gründete Tang die Shang-Dynastie, die die Xia-Dynastie ablöste.

Die Glanzzeit der Philosophie

In den mehr als 400 Jahren zwischen dem 7. und 3. Jahrhundert v. u. Z. erlebte die chinesische Philosophie ihre Glanzzeit. Einige Dutzend philosophische Richtungen kamen auf, darunter der Konfuzianismus, der Legalismus und der Daoismus sowie der Moismus und die Fünf-Elemente-Schule. Konfuzius mit seinem bekannten Werk *Gespräche*, Laozi (Laotse), dem das *Dao De Jing (Tao Te King)* zugeschrieben wird, und Sun Wu mit seinem Werk *Über die Kriegskunst* sind Vertreter dieser Epoche.

Der erste Einheitsstaat

Im Jahr 221 v. u. Z. vereinigte Ying Zheng, der Herrscher des Qin-Reiches, ganz China und nannte sich „Erster Kaiser" (Shi Huang). Er vereinheitlichte die Schrift, die Maße und die Währung und errichtete ein System von Präfekturen und Kreisen und gab dem Land eine Rechtsordnung. Das von ihm geschaffene Ideal der Kaiserherrschaft wurde auch in den folgenden mehr als 2000 Jahren nicht fallen gelassen. Qin Shi Huang begann mit dem Bau der 5000 Kilometer langen Großen Mauer, baute eine Straße in die Grenzgebiete im Norden und ließ ein Mausoleum für sich errichten. Infolge der mangelnden Erfahrung hinsichtlich der Verwaltung eines so großen Staates, des Missbrauchs der Arbeitskräfte, der grausamen Gesetze und langjähriger Kriege wurde das Reich immer schwächer. Nach nur fünfzehn Jahren ihres Bestehens wurde die Qin-Dynastie von der Han-Dynastie abgelöst.

Die erste allgemeine Geschichte anhand von Lebensbeschreibungen

Das Werk *Historische Aufzeichnungen*, fertig gestellt um 100 v. u. Z., ist die erste allgemeine Geschichte Chinas anhand von Lebensbeschreibungen. Der in diesem Werk behandelte Zeitraum umfasst rund 3000 Jahre und reicht bis in die Epoche des mythischen Kaisers Huangdi zurück. Der Verfasser Sima Qian (ca. 145–87 v. u. Z.) war ein Hofhistoriker der Han-Dynastie.

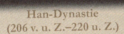

Han-Dynastie
(206 v. u. Z.–220 u. Z.)

Qin-Dynastie
(221–206 v. u. Z.)

Zhang Qians Reisen in die westlichen Regionen

Während der Regierungszeit des Han-Kaisers Wudi (140–87 v. u. Z.) war China ein mächtiges Land. Mit der Entwicklung des Handelsverkehrs auf der Seidenstraße, die nach Westen bis nach Europa führte, erlebte die Han-Dynastie eine Blütezeit. Zhang Qian (?–114 v. u. Z.) war ein berühmter Diplomat dieser Epoche. Im Jahr 138 v. u. Z. brach er zu einer Reise ins Königreich der Dayuezhi auf, nach Überwindung zahlreicher Schwierigkeiten kam er 126 v. u. Z. zurück nach Chang'an. 119 v. u. Z. ging er auf Befehl des Kaisers Wudi erneut nach Westen und besuchte das Land der Wusun. Er bereiste auch Baktrien (Daxia) und erwähnte in seinen Berichten das Volk der Anxi. Zhang Qians Reisen förderten die Verbindung zwischen Zentralchina und den westlichen Regionen. Die Beziehungen zwischen den Chinesen und den Völkern Zentralasiens wurden ausgebaut und der Handelsverkehr auf der Seidenstraße belebt.

Erfindung der Papierherstellung

Cai Lun (?–121) war ein Eunuch am Kaiserhof der Han-Dynastie und erfand im Jahr 105 ein Pflanzenfaser-Papier aus Baumrinden, abgenutzten Fischernetzen, Lumpen und Hanf. Dieses Papier erwies sich als besseres und preiswerteres Schreibmaterial, dessen Grundstoffe zudem leicht zugänglich sind. Daher fand es weite Verbreitung in China und in der Welt.

Zu Chongzhi

Zu Chongzhi (429–500) war ein hervorragender Mathematiker und Astronom in den Südlichen Dynastien. Er berechnete als Erster in der Welt die Kreiszahl Pi auf sechs Stellen genau. Sein mathematisches Werk *Zhui Shu* diente in der Tang-Dynastie (618–907) als Lehrbuch in der kaiserlichen Akademie. Bei der Entwicklung des *Daming-Kalenders* zog er zum ersten Mal die Achsenpräzession (Kreiselbewegung der Erdachse) in Betracht.

Heirat der Prinzessin Wencheng mit Songzain Gambo

Im Jahr 641 verheiratete Taizong, der zweite Kaiser der Tang-Dynastie, seine Adoptivtochter, Prinzessin Wencheng (625–680), mit Songzain Gambo (?–650), dem König von Tubo (Tibet). Prinzessin Wencheng lebte vierzig Jahre lang in Tibet und half König Songzain Gambo bei der Regierung. Sie brachte zahlreiche Gelehrte, Musiker sowie Fachleute und Werkzeuge für Landwirtschaft, Seidenraupenzucht, Schnapsdestillation, Papierherstellung etc. nach Tibet, was die wirtschaftliche und kulturelle Entwicklung der Region förderte. Sie genießt an der Seite ihres Gatten bis heute den Respekt der Tibeter, die ihr Andenken in hohen Ehren halten.

Jin-Dynastie (265–420)

Sui-Dynastie (581–618)

Drei Reiche (220–280)

Südliche und Nördliche Dynastien (420–589)

Tang-Dynastie (618–907)

Anlage des Großen Kanals

Der Han-Dynastie folgten die Drei Reiche, die Jin-Dynastie sowie die Südlichen und Nördlichen Dynastien. In dieser Zeit zerfiel der Staat und die Herrschaft wechselte häufig, bis die Sui-Dynastie China wieder vereinigte.

Im Jahr 605 ließ Sui-Kaiser Yangdi Millionen Menschen rekrutieren, um einen Kanal zwischen Süden und Norden anzulegen. Nach sechs Jahren wurde der so genannte Große Kanal fertiggestellt. Er wurde auf der Grundlage natürlicher Flussläufe und alter Kanäle gegraben und bestand aus vier Teilen: dem Yongji-, Tongji- und Hangou-Kanal sowie dem Kanal südlich des Jangtse. Der Große Kanal ist über 2000 Kilometer lang und verläuft von Beijing im Norden bis nach Hangzhou (Zhejiang) im Süden mit Luoyang als Zentrum. Mit seiner Anlage wurden der Verkehr und vor allem der wirtschaftliche Austausch zwischen Nord- und Südchina stark gefördert.

Erfindung der Drucktechnik mit beweglichen Lettern

Die Song-Dynastie war ein vereinigtes Reich nach der Tang-Dynastie. Sechzehn Kaiser regierten mehr als 300 Jahre. In der Song-Zeit entwickelte sich das Handwerk rasch. So wurden in den Bereichen Verhüttung, Weberei, Schiffbau sowie Porzellan- und Papierherstellung bedeutende technische Erfindungen gemacht. In der Song-Dynastie erfand Bi Sheng (?–ca. 1051) die Drucktechnik mit beweglichen Lettern. Die Lettern, jede für ein Schriftzeichen, wurden aus Ton geschnitten und dann im Feuer gehärtet. Beim Satz wurden die Tonlettern in einem eisernen Rahmen angeordnet. Eine Druckplatte war fertig, wenn der Rahmen mit Tonlettern ausgefüllt war. Nach dem Druck konnten die Lettern aus dem Rahmen gelöst und weiter verwendet werden. Der Druck mit beweglichen Lettern wird als eine Revolution der Drucktechnik angesehen.

Yuan-Dynastie (1271–1368)

Song-Dynastie (960–1279)

Jianzhens Reise nach Japan

Jianzhen (688–763) war ein hochgebildeter Mönch. Im Alter von vierzehn Jahren trat er zum Buddhismus über und lebte im Kloster nach der buddhistischen Mönchsordnung (vinaya). Im Jahr 753 reiste er nach Japan. Dort legte er die buddhistischen Sutren aus und verbreitete die buddhistischen Mönchsregeln, die er zu einer Lehrrichtung des Buddhismus ausbaute, welche in Japan als Ritsu-Schule bekannt ist.

Der Große Kanal von Hangzhou bis Beijing

Die Mongolen errichteten die Yuan-Dynastie, indem sie die Song in langwierigen Kämpfen besiegten. Um die Getreideversorgung der Hauptstadt zu verbessern und den wirtschaftlichen und kulturellen Austausch zwischen Süd- und Nordchina zu fördern, wurde der in der Sui-Dynastie angelegte Kanal, der in Hangzhou begann, teilweise neu trassiert und bis zum heutigen Beijing verlängert. Mit einer Gesamtlänge von 1794 Kilometern verband der Große Kanal die fünf großen Flusssysteme des Hai He, des Gelben Flusses, des Huai He, des Jangtse und des Qiantang Jiang miteinander.

Seereisen von Zheng He

1368 stürzte Zhu Yuanzhang (1328–1398), ein Anführer beim Aufstand der Roten Turbane, die Yuan-Dynastie und gründete die Ming-Dynastie, die bis 1644 Bestand hatte. In der Ming-Dynastie wurden große Errungenschaften im Bereich der Wirtschaft, der Kultur, der Wissenschaft und Technik erzielt. Zu Beginn der Ming-Zeit unternahm der Eunuch Zheng He (1371–1435) in den 28 Jahren von 1405 bis 1433 mit Unterstützung der Regierung sieben Seereisen mit einer großen Flotte, die an den Küsten von über 30 Ländern anlegte. Seine längste Fahrt führte ihn bis zur Ostküste Afrikas und zum Roten Meer. Die Seereisen von Zheng He förderten den wirtschaftlichen Austausch zwischen China und den Ländern in Asien und in Afrika.

Festlegung der Titel des Dalai Lama und des Bainqên Lama

1653 bestätigte Qing-Kaiser Shunzhi dem V. Dalai Lama den Titel „Dalai Lama" und 1713 Kaiser Kangxi dem V. Bainqên Lama den Titel „Bainqên Erdeni". Gleichzeitig legte die Qing-Regierung fest, dass die Reinkarnationen von Dalai Lama und Bainqên Erdeni ihre Titel von der Zentralregierung bestätigen lassen müssen. Dieses System gilt bis heute.

Qing-Dynastie
(1644–1911)

Ming-Dynastie
(1368–1644)

Rückeroberung Taiwans durch Zheng Chenggong

Die Qing-Dynastie ist die letzte feudale Dynastie der chinesischen Geschichte. Sie wurde 1616 von den Mandschuren gegründet. 1644 drangen die Mandschu über den Pass Shanhai Guan in das chinesische Reich ein und stürzten die Ming-Dynastie. Zheng Chenggong (Koxinga; 1624–1662) stand loyal zur Ming-Dynastie, kämpfte gegen die Qing-Armee, musste sich aber schließlich mit 20 000 Leuten und einigen hundert Schiffen nach Taiwan zurückziehen. Anfang des 17. Jahrhunderts drang die Niederländische Ostindien-Kompanie (Vereenigde Oostindische Compagnie) nach Taiwan ein und nutzte die Insel als Handelskolonie. 1662 eroberte Zheng Chenggong die Inseln Taiwan und Penghu (Pescadoren) zurück und etablierte damit die Souveränität Chinas über Taiwan. Im Jahr 1684 richtete die Qing-Dynastie die Präfektur Taiwan und später die Provinz Taiwan ein, wodurch Taiwan unmittelbar durch die Zentralregierung der Qing-Dynastie verwaltet wurde.

Der Vertrag von Nanjing

Am 29. August 1842 erreichten britische Truppen die Stadt Nanjing und die Qing-Regierung wurde gezwungen, den ungleichen Vertrag von Nanjing zu unterschreiben. Neben umfangreichen Reparationsleistungen sah der Vertrag die Abtretung Hongkongs und die Öffnung von fünf Handelshäfen vor. Mit Gewaltanwendung drohend erhielten die USA, Frankreich, Spanien, Italien und andere Staaten die gleichen Privilegien wie Großbritannien.

Der Erste Opiumkrieg

Im 19. Jahrhundert begannen westliche Länder, mit Opium das Tor zu China zu öffnen. 1839 ließ der chinesische Beamte Lin Zexu fast 1,2 Millionen Kilo Opium öffentlich verbrennen. Am 28. Juni 1840 blockierte die britische Flotte den Perlfluss und eroberte Xiamen, Shanghai und andere Häfen, rückte anschließend entlang des Jangtse ins Landesinnere vor und bedrohte Nanjing.

Der Zweite Opiumkrieg

Zwischen 1856 und 1860 entfesselte die alliierte britisch-französische Flotte mit Unterstützung Russlands und der USA den Zweiten Opiumkrieg gegen China. Die Qing-Regierung wurde gezwungen, mehrere ungleiche Verträge mit den vier Mächten zu schließen. Neben hohen Kriegsentschädigungen verlor China beträchtliche Gebiete seines Territoriums, insbesondere an Russland. Der als „Garten der Zehntausend Gärten" gerühmte Yuanming Yuan (Alter Sommerpalast in Beijing) wurde von den britisch-französischen Alliierten geplündert und niedergebrannt.

Der chinesisch-französische Krieg (1883–1885)

Als 1882 Frankreich versuchte, sein Einflussgebiet im Süden Vietnams nach Norden auszudehnen, geriet es dabei in Konflikt mit chinesischen Interessen im nördlichen Vietnam. Beide Seiten konnten sich nicht auf ein gemeinsames Protektorat im Raum Tongking einigen. Ein Vorstoß französischer Truppen nach Südchina konnte zurückgeschlagen werden. Im Jahr 1884 griff die französische Armee die Qing-Truppen in Lang Son an und attackierte die chinesische Marine in Taiwan und Fujian. Die Qing-Regierung hatte dennoch die Hoffnung, den Krieg zu gewinnen. Aber anstatt die chinesische Vorherrschaft im nördlichen Vietnam zu festigen, war das Ergebnis des Krieges eine fast siebzig Jahre währende Herrschaft Frankreichs über Vietnam.

Die Verwestlichungsbewegung

Die Verwestlichungsbewegung (1861–1890), die Militär, Politik, Wirtschaft, Kultur und Diplomatie erfasste, wurde von Regierungskreisen der Qing-Dynastie angeregt. Im Zuge dieser Bewegung wurden die Rüstungsindustrie und andere Unternehmen entwickelt, Heer und Marine mit modernen Waffen ausgerüstet und Studenten nach Europa und in die USA zum Studium geschickt. Die Bewegung zur Verwestlichung versuchte das Land wohlhabend zu machen und militärisch zu stärken, verfehlte aber ihr Ziel, da die notwendigen politischen und gesellschaftlichen Reformen ausblieben.

Der chinesisch-japanische Krieg von 1894

Im Jahr 1894 griff Japan Korea und China an. Der chinesisch-japanische Krieg brach aus. Die japanische Armee kontrollierte bald die koreanische Halbinsel und errang durch eine Schlacht im Gelben Meer die Seeherrschaft. Dann griff die japanische Armee auf dem Land- und dem Seeweg den Nordosten Chinas und die Städte im Küstengebiet von Shandong an. Die Beiyang-Flotte der Qing-Dynastie wurde fast völlig vernichtet und China verlor den Krieg. Die Diaoyu-Inseln, die seit alters untrennbarer Teil des chinesischen Territoriums sind, wurden von den Japanern an sich gerissen. 1895 unterzeichneten China und Japan den Vertrag von Shimonoseki, in dem unter anderem Taiwan an Japan abgetreten wurde. Die chinesische Regierung geriet in große Auslandsschulden und damit in immer größere Abhängigkeit von ausländischen Mächten.

Die Revolution von 1911

Die Revolution von 1911 war eine demokratische Revolution unter Führung von Sun Yat-sen. Dem Aufstand vorausgegangen war die Empörung über die Pläne der Regierung, die Eisenbahnen zu Lasten der Aktionäre chinesischer Betreibergesellschaften einem ausländischen Bankenkonsortium auszuliefern. Am 1. Januar 1912 wurde die Provisorische Regierung der Republik China in Nanjing ins Leben gerufen und am 12. Februar dankte der letzte Kaiser der Qing-Dynastie ab. Die Monarchie, die in China mehr als 2000 Jahre lang geherrscht hatte, wurde durch die Republik ersetzt.

Republik China (1912–1949)

Die Reformbewegung von 1898

1898 starteten die Reformer mit Kang Youwei (1858–1927) an der Spitze eine Reformbewegung in Politik, Militär, Wirtschaft und Kultur, um mit Hilfe der Qing-Dynastie eine konstitutionelle Monarchie in China zu schaffen und dadurch das Land zum Wohlstand zu führen. Die Reformbewegung stieß auf den Widerstand der Konservativen am kaiserlichen Hof und wurde nach 103 Tagen durch ein brutales Massaker beendet.

Die 4.-Mai-Bewegung

Die 4.-Mai-Bewegung im Jahr 1919 wird als Ursprung neuer Impulse für zahlreiche wichtige Ereignisse in der modernen Geschichte Chinas betrachtet. Als unmittelbarer Auslöser für die Protestbewegung gilt die Entscheidung auf der Konferenz von Versailles, das von Japan besetzte ehemalige Konzessionsgebiet der Deutschen in Shandong nicht an China zurückzugeben. Wachsender Patriotismus führte zu einer Protestbewegung, die sich in allen sozialen Schichten in den wichtigsten Städten des Landes ausbreitete, wobei die Hauptrolle den Studenten zufiel. Arbeiterstreiks sowie Schul- und Händlerstreiks wurden in großem Umfang durchgeführt. In der Folgezeit gewannen die schon seit Langem aus dem Westen eingeströmten neuen Gedanken weiter an Einfluss. Die Verbreitung des Marxismus-Leninismus ist dabei besonders hervorzuheben.

Der Widerstandskrieg gegen Japan

Von 1931 bis 1945 kämpfte das chinesische Volk gegen die Aggression des japanischen Imperialismus und gewann schließlich den Krieg, der als „Widerstandskrieg gegen Japan" in die Geschichte einging. In diesem Krieg wurden mehr als 35 Millionen Chinesen getötet bzw. verwundet und eine Unmenge von kostbarem Kulturerbe wurde zerstört oder ging verloren. Der unmittelbare Sachschaden belief sich auf über 100 Milliarden US-Dollar und der mittelbare Sachschaden auf über 500 Milliarden US-Dollar, berechnet nach dem Währungsverhältnis von 1937.

Volksrepublik China (1949–)

Gründung der KP Chinas

Im Jahr 1921 trafen 13 Vertreter der verschiedenen kommunistischen Gruppen des Landes, darunter Mao Zedong (1893–1976), in Shanghai zum Gründungsparteitag der Kommunistischen Partei Chinas (KP Chinas) zusammen. Heute ist die KP Chinas mit ihren mehr als 85 Millionen Mitgliedern die wichtigste Stütze der chinesischen Gesellschaft. Als einer der Gründer der KP Chinas und später der Volksrepublik China hat Mao Zedong einen bedeutenden Beitrag zur Revolution und zum Aufbau Chinas geleistet. Er war nicht nur Revolutionär und Militärstratege, sondern auch Dichter und Kalligraf.

Gründung der Volksrepublik China

Am 1. Oktober 1949 versammelten sich die Einwohner von Beijing auf dem Tian'anmen-Platz zu einer feierlichen Kundgebung, auf der Mao Zedong, der Vorsitzende der Zentralen Volksregierung, die Gründung der Volksrepublik China ausrief.

Reform- und Öffnungspolitik

Mit dem 3. Plenum des 11. ZK der KP Chinas, das Ende 1978 stattfand, trat die Volksrepublik China in eine neue historische Phase ein. Damals war Deng Xiaoping (1904–1997) nach vielen Rückschlägen wieder zu Einfluss im Zentralkomitee der KP Chinas gelangt. Unter seiner Führung wurde die Reform- und Öffnungspolitik eingeleitet und der Schwerpunkt der Arbeit auf die Modernisierung verlagert. Durch die Reformen der wirtschaftlichen, politischen und kulturellen Strukturen sowie die Öffnung nach außen wurde ein Weg zur sozialistischen Modernisierung chinesischer Prägung eingeschlagen. Im Jahr 1992 hielt Deng Xiaoping, der Generalplaner der Reformen und der Öffnung Chinas, während einer Inspektionsreise in Südchina eine wichtige Rede, welche die Wirtschaftsreform und den gesellschaftlichen Fortschritt Chinas stark gefördert hat.

Im Jahr 1989 übernahm Jiang Zemin das Amt des Generalsekretärs des ZK der KP Chinas, ihm folgte 2002 Hu Jintao. Beide haben die von Deng Xiaoping initiierte nationale Politik der Reformen und der Öffnung nach außen übernommen und weiterentwickelt, und die wichtigen Ideen der Drei Vertretungen* und das Wissenschaftliche Entwicklungskonzept aufgestellt. Die Wirtschaft wuchs stetig und der Lebensstandard des Volkes stieg zusehends. 2012 wurde Xi Jinping zum Generalsekretär des ZK der KP Chinas gewählt.

* Die KP Chinas vertritt die Erfordernisse der Entwicklung fortschrittlicher Produktivkräfte, die Richtung des Vorwärtsschreitens fortschrittlicher Kultur und die grundlegenden Interessen der überwiegenden Mehrheit des chinesischen Volkes. – *Anm. d. Ü.*

Der 1. Fünfjahrplan

Während des 1. Fünfjahrplanes (1953–1957) wurden erstaunliche Erfolge erzielt: Das Nationaleinkommen stieg jährlich um mehr als 8,9 Prozent; eine Reihe von grundlegenden Industriezweigen, die es bislang nicht gegeben hatte und die für eine Industrialisierung des Landes unentbehrlich waren, wie Flugzeugbau, Automobilindustrie, Schwer- und Präzisionsmaschinenbau, Elektrizitätsanlagenbau, Metallurgie und Herstellung von Bergbaumaschinen sowie Verhüttung von Edelstahl und Buntmetallen, wurden aufgebaut. Seitdem legt die chinesische Regierung alle fünf Jahre ein Ziel für die wirtschaftliche Entwicklung fest und setzt einen Fünfjahrplan um. Zurzeit ist der 12. Fünfjahrplan (2011–2015) in Kraft.

Rückkehr von Hongkong und Macao

Am 1. Juli 1997 kehrte Hongkong und am 20. Dezember 1999 Macao zum Vaterland zurück und die Sonderverwaltungszonen Hongkong und Macao wurden eingerichtet. Die Zentralregierung setzt in den Sonderverwaltungszonen die Richtlinien „Ein Land, zwei Systeme" und „Weitgehende Autonomie" um. Unter „Ein Land, zwei Systeme" versteht man, dass im vereinigten China auf dem Festland der Sozialismus praktiziert wird, während Hongkong und Macao fünfzig Jahre lang das bestehende kapitalistische System und die bisherige Lebensweise beibehalten.

Chronologie der chinesischen Geschichte

Dynastie		Zeitraum
Xia		etwa 2070–1600 v. u. Z.
Shang		etwa 1600–1046 v. u. Z.
Zhou (1046–256 v. u. Z.)	Westliche Zhou	1046–771 v. u. Z.
	Östliche Zhou	770–256 v. u. Z.
Qin		221–206 v. u. Z.
Han (206 v. u. Z.–220 u. Z.)	Westliche Han	206 v. u. Z.–25 u. Z.
	Östliche Han	25–220
Drei Reiche (220–280)	Wei	220–265
	Shu	221–263
	Wu	222–280
Jin (265–420)	Westliche Jin	265–317
	Östliche Jin	317–420
Südliche und Nördliche Dynastien (420–589)	Südliche Dynastien (420–589) — Song	420–479
	Südliche Dynastien (420–589) — Qi	479–502
	Südliche Dynastien (420–589) — Liang	502–557
	Südliche Dynastien (420–589) — Chen	557–589

Dynastie			Zeitraum
	Nördliche Dynastien (386–581)	Nördliche Wei	386–534
		Östliche Wei	534–550
		Nördliche Qi	550–577
		Westliche Wei	535–556
		Nördliche Zhou	557–581
Sui			581–618
Tang			618–907
Fünf Dynastien (907–960)		Spätere Liang	907–923
		Spätere Tang	923–936
		Spätere Jin	936–947
		Spätere Han	947–950
		Spätere Zhou	951–960
Song (960–1279)		Nördliche Song	960–1127
		Südliche Song	1127–1279
Liao			907–1125
Jin			1115–1234
Yuan			1271–1368
Ming			1368–1644
Qing			1644–1911
Republik China			1912–1949

Volksrepublik China: Seit dem 1. Oktober 1949

CHINA 2015

Verwaltungsstruktur und Landesteile

Gegenwärtig gibt es in China 23 Provinzen, fünf autonome Gebiete, vier regierungsunmittelbare Städte und zwei Sonderverwaltungszonen. Mit der raschen Entwicklung der Wirtschaft seit der Einführung der Reform- und Öffnungspolitik im Jahr 1978 beschleunigt sich die Urbanisierung Chinas ständig. Die Urbanisierung aktiv und stabil voranzutreiben, ist eine wichtige Zielvorgabe für China im 21. Jahrhundert.

- Verwaltungsstruktur ● Provinzen ● Autonome Gebiete
- Regierungsunmittelbare Städte ● Sonderverwaltungszonen
- Urbanisierung neuen Typs

Verwaltungsstruktur

China ist in Provinzen, autonome Gebiete und regierungsunmittelbare Städte unterteilt. Die Provinzen und autonomen Gebiete sind jeweils in autonome Bezirke, Kreise, autonome Kreise und Städte mit Bezirken eingeteilt. Dem Kreis und autonomem Kreis unterstehen Gemeinden, Nationalitäten-Gemeinden und Kleinstädte. Die regierungsunmittelbare und die relativ große Stadt sind in Bezirke, Kreise und Städte ohne Bezirk unterteilt. Der autonome Bezirk untergliedert sich in Kreise, autonome Kreise und Städte ohne Bezirk. Autonome Gebiete, autonome Bezirke und autonome Kreise verfügen über regionale Autonomie der nationalen Minderheiten.

Der Staat richtet gegebenenfalls eine Sonderverwaltungszone ein. Die Gesellschaftsordnung, die in einer Sonderverwaltungszone gilt, wird nach den jeweiligen Verhältnissen vom Nationalen Volkskongress im Rahmen der Gesetze bestimmt.

Gegenwärtig gibt es in China 23 Provinzen, fünf autonome Gebiete, vier regierungsunmittelbare Städte und zwei Sonderverwaltungszonen.

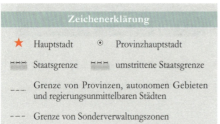

Zeichenerklärung

- ★ Hauptstadt
- ⊙ Provinzhauptstadt
- ┼┼┼ Staatsgrenze
- ┼┼┼ umstrittene Staatsgrenze
- ─── Grenze von Provinzen, autonomen Gebieten und regierungsunmittelbaren Städten
- --- Grenze von Sonderverwaltungszonen

Provinzen

Provinzen sind die wichtigsten und höchsten administrativen Gliederungseinheiten Chinas. Diese Gliederung ist auf das Provinzsystem in der Yuan-Dynastie (1271–1368) zurückzuführen, welches in den folgenden Dynastien beibehalten wurde. China hat 23 Provinzen. Flächenmäßig ist Qinghai (720 000 Quadratkilometer) die größte und Hainan (34 000 Quadratkilometer) die kleinste Provinz. Die bevölkerungsreichste Provinz Henan zählt 110 Millionen Einwohner.

Taiwan

Taiwan ist die größte Insel Chinas. Sie liegt auf dem Kontinentalschelf vor der Südostküste des Festlandes. Das heute als Taiwan bezeichnete Gebiet umfasst die Insel Taiwan selbst, dazu die Inseln Penghu (Pescadoren), Jinmen (Quemoy), Mazu usw. Taiwan hat eine Landfläche von 36 000 Quadratkilometern und eine Bevölkerung von rund 23 Millionen. 98 Prozent der Einwohner sind Han-Chinesen.

Taiwan ist seit alters ein untrennbarer Teil des heiligen Territoriums von China. Nach der Niederlage im chinesisch-japanischen Krieg im Jahr 1895 wurde die Qing-Regierung gezwungen, Taiwan an Japan abzutreten. Im Oktober 1945 kehrte Taiwan zum Vaterland zurück. Im Jahr 1949 zog sich das Guomindang-Regime nach seiner Niederlage im Bürgerkrieg vom Festland nach Taiwan zurück und stand seither mit US-amerikanischer Un-

Handels- und Personenverkehr

Mit der Verbesserung der Beziehungen hat sich auch der Handel zwischen den beiden Seiten der Taiwan-Straße ausgeweitet. Der Personenverkehr und der Austausch in anderen Bereichen vergrößern und vertiefen sich ständig, was die friedliche Entwicklung der Beziehungen kräftig vorantreibt. Im Jahr 2014 betrug das Handelsvolumen zwischen den beiden Seiten knapp 200 Milliarden US-Dollar.

Küstenlandschaft in Kenting, Taiwan

terstützung dem chinesischen Festland feindselig gegenüber. So ist die Taiwan-Frage entstanden. Doch die Tatsache, dass das Festland und Taiwan Teil eines China sind, bleibt unverändert und wird von internationalen Organisationen einschließlich der UNO sowie von den meisten anderen Staaten allgemein anerkannt.

Ali Shan, Taiwan

Seit mehr als 60 Jahren bemühen sich die KP Chinas und die chinesische Regierung unablässig, die Taiwan-Frage zu lösen und das Vaterland wieder zu vereinigen. In den letzten Jahren wurde dank der gemeinsamen Bemühungen der Landsleute zu beiden Seiten der Taiwan-Straße eine Situation geschaffen, die durch umfangreichen Austausch und Zusammenarbeit zwischen den beiden Seiten gekennzeichnet ist, wodurch die Beziehungen eine umfassende Entwicklung erfuhren.

Der Generalsekretär des Zentralkomitees der KP Chinas, Xi Jinping, hat am 4. Mai 2015 in Beijing eine Delegation der Guomindang Chinas unter der Leitung des Parteivorsitzenden Erik Chu empfangen und fünf Punkte zur weiteren Entwicklung der Beziehungen zwischen den beiden Seiten der Taiwan-Straße und zum Aufbau einer Schicksalsgemeinschaft unterbreitet. Erstens bilden das Festhalten an der Übereinkunft von 1992[1] und die Bekämpfung der „Unabhängigkeit Taiwans" die politische Grundlage für die friedliche Entwicklung der Beziehungen zwischen den beiden Seiten. Der Kern ist die Übereinkunft, dass das Festland und Taiwan zu einem China gehören. Zweitens liegen die Ziele der friedlichen Entwicklung der Beziehungen zwischen den beiden Seiten darin, die übereinstimmenden Interessen der beiden Seiten zu vertiefen, den gegenseitigen Nutzen und den gegenseitigen Gewinn voranzutreiben und den Wohlstand der Landsleute auf beiden Seiten zu vermehren. Drittens ist der Austausch zwischen beiden Seiten, einschließlich des Personenaustausches, zu verstärken, davon ist die seelische Verbundenheit untereinander am wichtigsten. Beide Seiten sollten Bedingungen schaffen, um die direkte Kommunikation der Landsleute auf beiden Seiten der Taiwan-Straße zu erweitern. Viertens sollten sich die KP Chinas und die Guomindang sowie beide Seiten der Taiwan-Straße auf die Gesamtsituation einstellen und einander respektieren, nach Gemeinsamkeiten suchen und die Differenzen nicht nur zurückstellen, sondern in Gemeinsamkeiten umwandeln, um das gegenseitige politische Vertrauen ständig zu vertiefen. Fünftens lässt sich die große nationale Renaissance nur durch gemeinsame Bemühungen aller Landsleute verwirklichen. Die Landsleute auf beiden Seiten der Taiwan-Straße und die Chinesen in aller Welt sollten alle an einem Strang ziehen und sich für die große nationale Renaissance engagieren.

---

[1] Im Dezember 1992 erzielten die Vereinigung für die Beziehungen zwischen den beiden Seiten der Taiwan-Straße und die Taiwanesische Stiftung für den Austausch über die Meeresenge eine mündliche Übereinkunft darüber, dass beide Seiten am Ein-China-Prinzip festhalten. – *Anm. d. Ü.*

Potala-Palast aus der Ferne, Tibet

Wüstenlandschaft in Ningxia

Sayram-See im Winter, Xinjiang

Bunte Felder, Guangxi

Steppenlandschaft in der Inneren Mongolei

Autonome Gebiete

Autonome Gebiete haben die gleiche administrative Stellung wie Provinzen. Sie sind lokale Verwaltungsregionen, in denen die Volksrepublik China die Souveränität einheitlich ausübt. Autonome Gebiete sind untrennbare Teile Chinas und unterstehen der Zentralen Volksregierung.

In China gibt es fünf autonome Gebiete: Autonomes Gebiet Innere Mongolei, Uigurisches Autonomes Gebiet Xinjiang, Autonomes Gebiet Guangxi der Zhuang, Autonomes Gebiet Ningxia der Hui und Autonomes Gebiet Tibet. Sie machen 46 Prozent der Gesamtfläche Chinas aus. In diesen von nationalen Minderheiten konzentriert besiedelten Gebieten wird das System der regionalen Autonomie der nationalen Minderheiten praktiziert. Demzufolge sind Organe der Selbstverwaltung eingerichtet und es wird das Recht auf Autonomie ausgeübt. Die Angehörigen der nationalen Minderheiten verwalten selbstständig die inneren Angelegenheiten der jeweiligen Ethnie und Region. Das Recht auf nationale Autonomie ist in der Verfassung und dem Gesetz für die regionale Autonomie der nationalen Minderheiten sowie in anderen Gesetzen vorgeschrieben.

Regierungsunmittelbare Städte

Beijing

Beijing ist die Hauptstadt Chinas. In ihrer mehr als 3000 Jahre umspannenden Geschichte war Beijing über 850 Jahre lang die Hauptstadt verschiedener Dynastien. Sie ist das politische, wirtschaftliche, verkehrstechnische und kulturelle Zentrum Chinas und war im Jahr 2008 Austragungsort der 29. Olympischen Sommerspiele.

Als Hauptstadt von sechs Dynastien des chinesischen Altertums verfügt Beijing noch heute über zahlreiche historische Gebäude aus der Kaiserzeit. Sie ist die Stadt Chinas mit den meisten kaiserlichen Palästen, Gärten, Tempeln und Mausoleen. Der heute als Museum genutzte Kaiserpalast ist

CBD (Central Business District) in Beijing

der größte existierende Palast der Welt; der Himmelstempel ist der größte Architekturkomplex Chinas, der als kaiserliche Opferstätte diente; der Sommerpalast ist der berühmteste kaiserliche Garten Chinas; die Dreizehn Gräber der Ming-Dynastie sind die größte kaiserliche Begräbnisstätte. Außerdem ist sie die Stadt mit den meisten Welterbestätten der Welt.

Beijing ist das bedeutendste Finanz- und Handelszentrum Chinas. Viele internationale Unternehmen haben ihr China-Hauptquartier in Beijing. Sie ist die einzige Stadt auf dem chinesischen Festland, die in die Liste der „15 Einkaufsstädte der Welt" aufgenommen wurde. Die Straßen bzw.

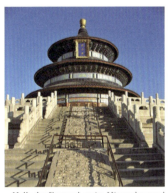

Halle des Erntegebets im Himmelstempel

Stadtviertel Wangfujing, Qianmen und Xidan sind traditionelle Einkaufsmeilen. China World Mall, Oriental Plaza und Zhongguancun-Plaza sind hochmoderne Einkaufszentren gehobenen Standards, die erst vor wenigen Jahren eröffnet wurden.

Beijing sieht sich zugleich als Hauptstadt Chinas, als Weltstadt, als historisch bedeutende Stadt und als moderne Stadt mit guter Lebensqualität. Sie verfolgt das ehrgeizige Ziel, bis zum Jahr 2020 ein globales Wirtschaftszentrum und ein Knotenpunkt des internationalen Netzwerkes der Städte zu werden.

Kaiserpalast aus der Vogelperspektive, Beijing

Alte Gemeinde Fengjing bei Shanghai

Shanghai

Shanghai ist die größte Stadt Chinas und ein sehr wichtiges Wirtschafts-, Finanz-, Handels- und Schifffahrtszentrum auf dem chinesischen Festland. Im Jahr 2010 fand dort die 41. Weltausstellung statt. Shanghai verfügt über den größten Überseehafen und den größten Industriestandort Chinas. Nirgends sind in China das Wirtschaftsvolumen, das Pro-Kopf-Bruttoinlandsprodukt und das verfügbare Einkommen pro Kopf größer als in Shanghai.

Die Shanghaier Kultur wird „Haipai-Kultur" genannt. Sie entwickelte sich auf der Basis traditioneller Kulturen Südchinas und vermischte sich mit der westlichen Kultur nach der Öffnung des Hafens, was wesentlich zur Entstehung des modernen Shanghai beitrug. Die Haipai-Kultur integriert Alt und Jung, Tradition und Moderne. Die zahlreichen Wolkenkratzer in dieser internationalen Metropole sind Ausweis einer florierenden Wirtschaft. Neben atemberaubender Modernität stehen auch historische Sehenswürdigkeiten, die wie das alte Städtchen Fengjing ihren besonderen südchinesischen Charme verbreiten. Der Bund und die Shi-

Tianzifang – eine neue Touristenattraktion in Shanghai

kumen-Häuser in der Gasse Tianzifang gelten jeweils als die beste Repräsentation der Integration von östlicher und westlicher Kultur in Shanghai. Am Bund westlich des Flusses Huangpu Jiang stehen viele Hochhäuser westlichen Stils. Man nennt das Viertel auch „Ausstellung der Weltarchitektur".

Shanghai verzeichnet die meisten Auslandstouristen in China und ist sowohl der größte Heimathafen als auch der größte Zielhafen für Kreuzfahrtschiffe. Über 70 Prozent aller in China erbrachten Dienstleistungen in der Kategorie Seekreuzfahrt werden in Shanghai erwirtschaftet. Gegenwärtig bemüht sich Shanghai darum, sich bis zum Jahr 2020 zum internationalen Finanz- und Schifffahrtszentrum zu entwickeln.

Blick auf den Huangpu Jiang, Shanghai

Tianjin

Tianjin ist ein wichtiges Wirtschaftszentrum und eine internationale Hafenstadt. Sie befindet sich im Zentrum der Wirtschaftszone um das Bohai-Meer und ist die größte offene Küstenstadt in Nordchina, Standort traditioneller Schwerindustrie und moderner Hochtechnologie-Industrie und eine der Städte, die im 19. Jahrhundert als so genannte Vertragshäfen für die Außenwelt geöffnet wurden.

Tianjin verfügt über die viertgrößte Industrieansiedlung und den drittgrößten Überseehafen Chinas. Seit 2006 genießt die Entwicklung des Neubezirks Binhai oberste Priorität im Strukturplan, was zur schnelleren Entwicklung Tianjins beiträgt.

Jinwan-Platz in Tianjin

Terrassenfelder in Wanzhou, Chongqing

Chongqing

Die in Südwestchina gelegene Stadt Chongqing ist eine der fünf Zentralstädte auf dem chinesischen Festland, das Wirtschafts- und Finanzzentrum am Oberlauf des Jangtse und ein nationales Experimentierfeld für Reformen rund um die Urbanisierung. Der dritte der so genannten „nationalen Neubezirke" Liangjiang befindet sich in Chongqing.

Während des Widerstandskrieges gegen Japan war Chongqing provisorischer Sitz der Zentralregierung. Zahlreich sind daher historisch bedeutsame Bauwerke. Wegen seiner topografischen Lage auf einer Felsenkette am Zusammenfluss zweier bedeutender Flüsse wird Chongqing auch „Nebelhauptstadt" und „Stadt der Berge" genannt. In Chongqing befinden sich zwei Welterbestätten – die Steinskulpturen von Dazu und die Karstlandschaft in Wulong. Die Drei-Schluchten-Region entlang des Jangtse ist für ihre wildromantische Landschaft sehr berühmt. Feuertopf ist die kulinarische Spezialität von Chongqing.

Sonderverwaltungszonen

Sonderverwaltungszone

Eine Sonderverwaltungszone ist eine verfassungsgemäß in der Volksrepublik China eingerichtete lokale Verwaltungsregion. Sie hat einen besonderen Rechtsstatus, praktiziert das kapitalistische System und die kapitalistische Lebensweise und wurde speziell für die friedliche Lösung der Hongkong-, Macao- und Taiwan-Frage eingerichtet. Sie ist eine Besonderheit der administrativen Gliederung Chinas.

Hongkong

Die Sonderverwaltungszone Hongkong befindet sich am östlichen Ufer der Mündung des Perlflusses und hat eine Fläche von 1104 Quadratkilometern. In Hongkong leben mehr als sieben Millionen Menschen. Hongkong ist eine blühende Metropole, ein regionales und internationales Finanzzentrum und besitzt einen natürlichen Tiefwasserhafen mit hervorragenden Bedingungen. Die Stadt ist weltweit bekannt für ihre integere Verwaltung, ihren hohen Standard öffentlicher Sicherheit sowie ihr freies Wirtschafts- und ausgebautes Rechtssystem.

Im Zuge des Ersten Opiumkrieges wurde 1841 die Insel Hongkong von Großbritannien besetzt. Am 1. Juli 1997 hat China die Souveränität über Hongkong wiederhergestellt. Gleichzeitig wurde die Sonderverwaltungszone Hongkong eingerichtet. Die chinesische Regierung setzt in der Sonderverwaltungszone Hongkong die grundlegenden Richtlinien „Ein Land, zwei Systeme", „Verwaltung Hongkongs durch Hongkonger" sowie „Weitgehende Autonomie" um. Unter „Ein Land, zwei Systeme" versteht man, dass im vereinigten China auf dem Festland der Sozialismus praktiziert wird, während Hongkong fünfzig Jahre lang das bestehende kapitalistische System und die jetzige Lebensweise beibehält. Mit „Verwaltung Hongkongs durch Hongkonger" ist gemeint, dass die Hongkonger selbstständig Hongkong verwalten und Hongkong eine weitgehende Autonomie genießt. Die Sonderverwaltungszone Hongkong übt auf ihrem Gebiet völlig selbstständig ihre exekutive, legislative und unabhängige richterliche Gewalt sowie die oberste Gerichtsinstanz aus. Der gegenwärtige Regierungschef der Sonderverwaltungszone Hongkong ist Leung Chun-ying. Die Flagge von Hongkong ist rot mit einer weißen Bauhinien-Blüte in der Mitte.

Hongkong ist ein wichtiger Exportplatz für Textilien, Uhren, Spielzeug, Computerspiele, elektronische Geräte und viele Produkte der Leichtindustrie. Mit seinem Exportvolumen steht Hongkong weltweit auf einem der vordersten Plätze. Das chinesische Festland ist der größte Handelspartner von Hongkong und seine wichtigste Quelle für Trinkwasser, Gemüse, Fleisch, Geflügel und Eier.

Blick auf Victoria Harbour vom Victoria-Peak, Hongkong

Stadtansicht von Macao

Macao

Die Sonderverwaltungszone Macao befindet sich am westlichen Ufer der Mündung des Perlflusses. Auf einer Fläche von 32,8 Quadratkilometern leben in Macao über 500 000 Einwohner. Damit ist Macao eine der Regionen mit der größten Bevölkerungsdichte der Welt.

Macao wurde nach dem Ersten Opiumkrieg von Portugal besetzt. Am 20. Dezember 1999 hat China die Souveränität über Macao wiederhergestellt. Gleichzeitig wurde die Sonderverwaltungszone Macao eingerichtet. Die chinesische Regierung setzt in der Sonderverwaltungszone Macao die grundlegenden Richtlinien „Ein Land, zwei Systeme", „Verwaltung Macaos durch Macaoer" sowie „Weitgehende Autonomie" um. Unter „Ein Land, zwei Systeme" versteht man, dass im vereinigten China auf dem Festland der Sozialismus praktiziert wird, während Macao fünfzig Jahre lang das bestehende kapitalistische System und die jetzige Lebensweise beibehält. Mit „Verwaltung Macaos durch Macaoer" ist gemeint, dass die Macaoer selbstständig Macao verwalten und Macao eine weitgehende Autonomie genießt. Die Sonderverwaltungszone Macao verfügt in ihrem Gebiet völlig selbstständig über die exekutive und legislative Gewalt, die unabhängige Judikative und die oberste Gerichtsinstanz. Der Regierungschef der Sonderverwaltungszone Macao ist derzeit Fernando Chui Sai On. Die Flagge von Macao ist grün und trägt in der Mitte eine weiße Lotusblüte.

Mischung und Koexistenz der östlichen und westlichen Kulturen machen aus Macao eine einzigartige Stadt: Hier gibt es altertümliche Tempel, würdevolle katholische Kirchen, aber auch moderne Gebäude. Neben zahlreichen historischen und kulturellen Sehenswürdigkeiten hat Macao eine ansprechende Küstenlandschaft vorzuweisen.

Macao ist einer der zwei internationalen Freihäfen Chinas, wo Waren, Kapital, Devisen und Personen frei verkehren. Macao ist unter dem Namen „Monte Carlo des Ostens" bekannt, Tourismus und Glücksspiel sind die wichtigsten Wirtschaftszweige der Sonderverwaltungszone.

Das Dorf Yantaidong bei Qingdao aus der Vogelperspektive

Urbanisierung neuen Typs

Statistiken zufolge betrug der Urbanisierungsgrad Chinas im Jahr 1978 17,9 Prozent; 2014 lag er bereits bei 54,77 Prozent. Während des 12. Fünfjahrplanes (2011–2015) wird China sich verstärkt mit den Themen Urbanisierung und Stadtentwicklung beschäftigen; der Urbanisierungsgrad wird um 0,8 bis 1,0 Prozent pro Jahr steigen und im Jahr 2030 rund 65 Prozent betragen. China hat sich einen Weg der koordinierten Entwicklung von großen, mittelgroßen und kleinen Städten sowie Gemeinden gebahnt, der den Gegebenheiten des Landes entspricht.

Urbanisierung ist eine umfassende Entwicklungsstrategie Chinas. Sie bedeutet nicht nur eine Zunahme des Anteils der Stadtbewohner an der

Hochstraßen

Auf der alten Stadtmauer in Xi'an

Gesamtbevölkerung und eine Erweiterung der Stadtfläche, sondern vielmehr auch einen umwälzenden Wandel hinsichtlich der Wirtschaftsstruktur, der Lebensbedingungen, der sozialen Absicherung und des Lebensstils.

Angesichts der zu schnellen Verstädterung versucht die Zentralregierung, durch strategische regionale Planung die Bevölkerungsstruktur, die Bodennutzung und die Umweltbedingungen vernünftig zu gestalten und mit der wirtschaftlichen und gesellschaftlichen Entwicklung zu koordinieren. Bei der Stadtplanung praktiziert China die Richtlinie, den Umfang der Großstädte streng zu reglementieren, die mittelgroßen Städte angemessen zu entwickeln und den Aufbau der Kleinstädte aktiv voranzutreiben. Für Großstädte werden planmäßig und verstärkt Satellitenstädte gebaut.

Mit der Ausdehnung der Städte und dem raschen Wachstum der Stadtbevölkerung tauchen viele neue Probleme auf, wie zum Beispiel große Bevölkerungsdichte, Verkehrsstaus, Verschlechterung der Umweltqualität, Anstieg der Immobilienpreise und Mieten, schwierige Arbeitsmarktsituation etc. China schenkt der Verbesserung der Lebensbedingungen von Stadt- und Landbewohnern große Aufmerksamkeit. Nach langjährigen Bemühungen wurden die Wohnverhältnisse, die Begrünung, die Umweltqualität und die Trinkwasserversorgung sowohl in den Städten als auch auf dem Land beträchtlich verbessert, womit für die Stadt- und Landbewohner gute Lebens- und Arbeitsbedingungen geschaffen werden.

Eine ausgeglichene Entwicklung der großen, mittelgroßen und kleinen Städte herbeizuführen und eine Koexistenz städtischer Agglomerationen in Ost-, Zentral- und

Westchina zu schaffen, sind wichtige Aufgaben für die Optimierung des Verhältnisses zwischen Stadt und Land, zwischen verschiedenen Regionen sowie für eine langfristig stabile und schnelle Entwicklung der Wirtschaft. Verschiedene regionale Wirtschaftsstrukturen auf Basis des Stadt-Gemeinde-Systems werden sich herausbilden. Die Wirtschaftsstrukturen in den Städten werden sich immer mehr vervollständigen. Die Konzentrationsrate der städtischen Wirtschaft wird sich weiter erhöhen und verschiedene Dienstleistungen und Industrien werden sich weiter in den großen Städten konzentrieren.

Neustadt Zhujiang, Guangzhou

Zukünftig wird China einen neuartigen Weg der Urbanisierung beschreiten. Zum einen sollen die Prinzipien der gleichberechtigten Teilhabe, der Effizienz und der Nachhaltigkeit umgesetzt werden. Zum anderen wird die Richtlinie praktiziert, auf der Grundlage der großen Städte die mittelgroßen und kleinen Städte schwerpunktmäßig zu entwickeln, städtische Agglomerationen mit großem Einfluss zu bilden und die ausgeglichene Entwicklung der großen, mittelgroßen und kleinen Städte sowie der Gemeinden voranzutreiben. Mit diesen Maßnahmen soll die hohe Geschwindigkeit der Verstädterung in eine höhere Qualität umschlagen.

Urbanisierung neuen Typs

CHINA 2015

Bevölkerung und Volksgruppen

China hat die größte Bevölkerung der Welt. Die 56 Volksgruppen leben harmonisch miteinander zusammen. Die Han bilden die überwiegende Mehrheit. Manche Volksgruppen leben verstreut in ausgedehnten Gebieten, während andere in geschlossenen Gemeinschaften wohnen. Die Sprache der Han-Chinesen ist die landesweite Verkehrssprache. Die meisten nationalen Minderheiten haben ihre eigenen Sprachen. In China sind viele verschiedene Religionen vertreten.

- Stand der Bevölkerung
- Volksgruppen
- Sprachen und Schriften
- Religionen

Fröhliche Kinder

Stand der Bevölkerung

Nach der sechsten Volkszählung im Jahr 2010 hat China 1,339 Milliarden Einwohner (die Sonderverwaltungszonen Hongkong und Macao sowie die Provinz Taiwan nicht eingerechnet), das ist etwa ein Fünftel der Weltbevölkerung.

Auch die Bevölkerungsdichte ist mit durchschnittlich 140 Einwohnern pro Quadratkilometer relativ hoch. Die Bevölkerung ist jedoch sehr ungleichmäßig verteilt: In den küstennahen Ballungsräumen leben über 400 Einwohner pro Quadratkilometer, während die Hochebenen im Westen des Landes mit unter zehn Einwohnern pro Quadratkilometer sehr dünn besiedelt sind.

Informative Internetseite

www.nhfpc.gov.cn/
Die Staatliche Kommission für Gesundheit und Familienplanung ist ein neues Staatsorgan, das 2013 nach der Reformplanung über die Zusammenlegung von Organen mit gleichem Aufgabengebiet sowie dem Programm über die Organisationsreform und den Funktionswechsel des Staatsrates (Entwurf) gebildet wurde.

Damit sich die demografische Entwicklung der Entwicklung der Wirtschaft und Gesellschaft anpasst und einer nachhaltigen Nutzung der Ressourcen und den Erfordernissen des Umweltschutzes gerecht wird, hält die chinesische Regierung an einer einheitlichen Planung in Bezug auf Bevölkerung und Entwicklung fest. Seit den 1990er Jahren werden jedes Jahr Seminare über Bevölkerung, Ressourcen und Umwelt abgehalten. Die Entwicklung der Wirtschaft, die Familienplanung, die Hebung des Bildungsstandes, die Verbesserung des Gesundheitswesens, die Beseitigung der Armut, die Vervollkommnung der sozialen Absicherung, die Erhöhung der gesellschaftlichen Stellung der Frauen sowie das Ideal der modernen und glücklichen Familie werden zunehmend als eine organische Einheit erkannt.

Überalterung

2011 stieg die Zahl der Bevölkerung zwischen 15 und 64 Jahren zum ersten Mal über die Milliardenschwelle auf 1,00283 Milliarden. Ihr Anteil an der Gesamtbevölkerung betrug 74,4 Prozent. 2012 kletterte diese Zahl auf 1,00403 Milliarden, die 74,1 Prozent der Gesamtbevölkerung ausmachen. Nach Hochrechnungen wird 2015 die Zahl der Senioren über 60 Jahre 216 Millionen betragen und einen Anteil von 16,7 Prozent an der Gesamtbevölkerung ausmachen. Die Überalterung der Bevölkerung schafft neue Probleme und stellt die wirtschaftliche und gesellschaftliche Entwicklung vor erhebliche Herausforderungen.

Die chinesische Regierung schenkt der demografischen Entwicklung große Aufmerksamkeit und ergreift zahlreiche Maßnahmen, welche die legitimen Rechte und Interessen der Senioren garantieren sollen. In den Städten wird die Altersversicherung für Arbeitnehmer beschleunigt vorangetrieben und auf dem Land wird eine Altersversicherung landesweit probeweise durchgeführt. China initiiert ein Dienstleistungssystem für die speziellen Bedürfnisse alter Menschen. Die Regierung übernimmt dabei Leitungs- und Aufsichtsfunktionen, während gemeinnützigen und gewerblichen Trägerorganisationen die ausführende Rolle zukommt.

2013 wurde im Beschluss des 3. Plenums des 18. ZK der KP Chinas festgestellt: Regelungen für die sukzessive Anhebung des Rentenalters werden erforscht. Die Politik, dass ein Ehepaar zwei Kinder haben kann, wenn ein Elternteil als Einzelkind aufgewachsen ist, wird in Gang gesetzt.

Ein alter Mann aus Pingyao, Shanxi

Demografische Dividende

Das kontinuierliche und rasante Wachstum der chinesischen Wirtschaft wird als ein Weltwunder betrachtet. Zu den Ursachen dieses Wunders zählt nach Ansicht vieler Experten vor allem die demografische Dividende. Angaben des Nationalen Statistikamtes zufolge verzeichnete 2012 jedoch die Bevölkerungszahl im Arbeitsalter (zwischen 15 und 59 Jahren) zum ersten Mal seit Langem einen Rückgang um 3,45 Millionen gegenüber dem Vorjahr. Dies bedeutet, dass der demografische Bonus Chinas schwindet, was zu einer verlangsamten Wirtschaftsentwicklung führen wird. Einige Fachleute haben jedoch darauf hingewiesen, dass derzeit eine neue Art demografischer Dividende zum Tragen kommt, weil sich China im Übergang vom Zeitalter der Facharbeiter zum Zeitalter der hochqualifizierten Facharbeiter befindet.

Mutter und Sohn

Eine Zwei-Kider-Familie

Volksgruppen

China ist ein Einheitsstaat mit 56 Nationalitäten, dazu gehören die Han, Mongolen, Hui, Tibeter, Mandschu, Uiguren u. a.

Die Volksgruppen unterscheiden sich durch verschiedene und vielfältige Kleidung, Küche, Sitten und Sprachen. Die Han machen über 90 Prozent der gesamten Bevölkerung aus. Unter den 55 als nationale Minderheiten bezeichneten Nationalitäten ist die Zhuang-Nationalität mit mehr als 16 Millionen Angehörigen die größte und die Lhoba-Nationalität mit ca. 3000 die kleinste Volksgruppe.

Volksgruppen und ihre Bevölkerung (Mio.)

Volksgruppe	Bevölkerung	Volksgruppe	Bevölkerung
Han	1160	De'ang	0,018
Mongolen	5,814	Bonan	0,017
Hui	9,817	Yugur	0,014
Tibeter	5,416	Naxi	0,309
Uiguren	8,399	Jingpo	0,132
Miao	8,940	Va	0,397
Yi	7,762	She	0,71
Zhuang	16,179	Gaoshan	0,004
Bouyei	2,971	Lahu	0,45
Koreaner	1,924	Sui	0,407
Mandschu	10,682	Jing	0,023
Dong	2,960	Tataren	0,005
Yao	2,637	Derung	0,007
Bai	1,858	Oroqen	0,008
Tujia	8,028	Hezhe	0,005
Hani	1,440	Moinba	0,009
Kasachen	1,250	Lhoba	0,002965
Dai	1,159	Jino	0,021
Li	1,248	Kirgisen	0,161
Gelao	0,579	Tu	0,241
Xibe	0,189	Daur	0,132
Achang	0,034	Mulao	0,207
Pumi	0,034	Qiang	0,306
Tadschiken	0,041	Blang	0,092
Nu	0,029	Salar	0,105
Usbeken	0,012	Maonan	0,107
Russen	0,016	Lisu	0,635
Ewenken	0,031	Dongxiang	0,514

Quelle: 5. Volkszählung im Jahr 2000

Uigurische Musiker

 Tibetisches Mädchen

 Mandschu-Frau

 Miao-Frau

Verteilung der Volksgruppen

Mongole

Bevölkerung und Volksgruppen

Sprachen und Schriften

Die Sprache und das Schriftsystem der Han-Chinesen sind landesweit die Verkehrssprache und -schrift in China. Von den 55 nationalen Minderheiten benutzen die Hui und die Mandschuren die han-chinesische Sprache. Die übrigen 53 nationalen Minderheiten haben ihre eigenen Sprachen. In den Schulen, die hauptsächlich Schüler nationaler Minderheiten besuchen, wird in der Sprache der jeweiligen Nationalität unterrichtet, und die Lehrbücher sind in der entsprechenden Sprache erstellt. Zugleich wird auch das im ganzen Land gebräuchliche Hochchinesisch (*Putonghua*) gelehrt.

Die chinesische Schrift ist ursprünglich eine Wortschrift. Die frühesten Zeugnisse der Verwendung dieser Schrift sind rund 4000 Jahre alt. Sie ist damit die älteste bis heute verwendete logografische Schrift der Welt.

Es gibt heute zwei Varianten der chinesischen Schrift: eine vereinfachte (Kurzzeichen) und eine nicht vereinfachte (Langzeichen). Auf dem chinesischen Festland, in Malaysia, Singapur sowie unter den Chinesen in Südostasien werden vor allem Kurzzeichen verwendet und in den Sonderverwaltungszonen Hongkong und Macao, in der Provinz Taiwan und unter Chinesen in Nordamerika Langzeichen. Seit einigen Jahren lernen immer mehr Menschen auf der ganzen Welt Chinesisch als Fremdsprache, wodurch die Kurzzeichen weiter verbreitet werden.

Das 1994 erschienene *Chinesische Wörterbuch* (*Zhonghua Zihai*) enthält 85 000 verschiedene Schriftzeichen. Die 1988 vom Staat veröffentlichte *Liste der modernen chinesischen Schriftzeichen* (*Xiandai Hanyu Yongzibiao*) enthält 3500 verschiedene Schriftzeichen, darunter 2500 sehr weit verbreitete und 1000 relativ gebräuchliche Zeichen, die für die Verwendung im Alltag empfohlen werden.

Dongba-Schrift

Die Dongba-Schrift ist ein System alter Schriftzeichen der Naxi. Sie hat eine mehr als tausendjährige Geschichte. Ursprünglich wurden die Zeichen und Bilder nur in Holz und Stein geritzt, später wurden sie auch auf Papier geschrieben. Weil vor allem die Dongba (Opferpriester) sie beherrschte, wurde diese Schrift Dongba-Schrift genannt. Die Dongba-Schrift hat rund 1400 Schriftzeichen und wird bis zum heutigen Tag von den Dongba der Naxi benutzt. Sie gilt als die einzige noch verwendete Bilderschrift auf der Welt und ist als eine Art „lebendes Fossil" für die Forschung nach dem Ursprung und der Entwicklung menschlicher Zeichensysteme von hohem Wert.

Kalligrafie

Langlebigkeit, Felseninschrift im Gebirge Yunmen Shan in Qingzhou, Shandong

Nanguan-Moschee in Yinchuan

Religionen

In China sind viele verschiedene Religionen vertreten, die insgesamt über 100 Millionen Anhänger zählen. Der Buddhismus, der Islam und das Christentum sind in China verbreitet, außerdem der Daoismus, eine einheimische Religion Chinas.

In China genießt man Glaubensfreiheit. Alle normalen religiösen Aktivitäten – z. B. zu Buddha beten, heilige Texte rezitieren, Gottesdienste abhalten, Gebete verrichten, über heilige Schriften aufklären, Predigten halten, Messen lesen, taufen, sich den Weihen als Mönch oder Nonne unterziehen, fasten und religiöse Feste feiern – werden von Geistlichen und Laien selbstständig ausgeführt und sind gesetzlich geschützt.

Der Buddhismus kam etwa im 1. Jahrhundert u. Z. nach China und wurde nach dem 4. Jahrhundert zur einflussreichsten Religion in China. Der tibetische Buddhismus ist eine Richtung des Buddhismus in China. Er ist hauptsächlich in Tibet und der Inneren Mongolei verbreitet.

Der Daoismus entstand im 2. Jahrhundert unter anderem auf der Grundlage der Lehren des Laozi (Laotse) aus der Frühlings- und Herbstperiode (770–476 v. u. Z.) und seines Werkes *Dao De Jing* (*Tao Te King*).

Der Islam fand Mitte des 7. Jahrhunderts Eingang nach China. Während der Yuan-Dynastie (1271–1368) erfuhr er einen großen Aufschwung. Die Anhänger des Islam sind vor allem die Hui und die Uiguren.

Der Katholizismus hat ab dem 7. Jahrhundert in China allmählich Fuß gefasst, der Protestantismus kam Anfang des 19. Jahrhunderts nach China.

Acht Trigramme aus Sonnenblumen am Fuß des Gebirges Qiyun Shan – ein heiliger Ort des Daoismus im Kreis Xiuning, Anhui

Katholische Kirche in Xujiahui, Shanghai

Lamas bei der Verleihung des höchsten akademischen Titels des tibetischen Buddhismus am 5. April 2015

Informative Internetseite

www.sara.gov.cn/
Diese Website für Religionswissenschaften, betreut vom Institut für Weltreligionen der Chinesischen Akademie der Sozialwissenschaften, bietet Informationen zu Buddhismus, Christentum, Daoismus, Konfuzianismus und Islam, stellt religiöse Theorien und Kunst vor und präsentiert die neuesten Forschungsergebnisse.

 CHINA 2015

Politisches System und Staatsaufbau

Das politische System Chinas gründet auf dem System der Volkskongresse, welches das grundlegende politische System Chinas darstellt, dem System der Mehrparteien-Zusammenarbeit und der politischen Konsultation unter Führung der KP Chinas sowie dem System der regionalen Autonomie der nationalen Minderheiten und dem System der Bürger-Selbstverwaltung auf der Basisebene. Zu den Staatsorganen Chinas gehören der Nationale Volkskongress, der Staatspräsident, der Staatsrat, die Zentrale Militärkommission, die lokalen Volkskongresse und Volksregierungen auf den verschiedenen Ebenen, die Organe der Selbstverwaltung in den autonomen Gebieten sowie die Volksgerichte und Volksstaatsanwaltschaften.

- Verfassung ● Rechtsstaatssystem ● Politisches System
- Nationaler Volkskongress ● Staatspräsident
- Staatsrat ● Zentrale Militärkommission
- Lokale Volkskongresse und Volksregierungen
- Volksgerichte ● Volksstaatsanwaltschaften
- Politische Konsultativkonferenz des Chinesischen Volkes
- Politische Parteien und Massenorganisationen

Schülerin und Richterin beim Studium der Verfassung. Zur Vermittlung rechtlicher Kenntnisse hat das Gericht des Kreises Yunyang, Chongqing, Schüler zum gemeinsamen Studium der Verfassung eingeladen.

Verfassung

Seit der Gründung der Volksrepublik China 1949 wurden vier Verfassungen ausgearbeitet, nämlich die Verfassungen von 1954, 1975 und 1978 sowie die heute gültige Verfassung von 1982. Die gegenwärtig geltende Verfassung enthält insgesamt 138 Artikel und ist viermal abgeändert worden, zuletzt im Jahr 2004. Die Verfassung schreibt vor, dass alle Bürger vor dem Gesetz gleich sind und dass der Staat die Menschenrechte achtet und schützt. Die Verfassung garantiert die Grundrechte aller Bürger, darunter das aktive und das passive Wahlrecht, die Freiheit der Rede, Publikation, Versammlung und Vereinigung, das Recht der Durchführung von Straßenumzügen und Demonstrationen, die Glaubensfreiheit, die Freiheit der Person sowie die Unverletzlichkeit der persönlichen Würde, der Wohnung und des legitimen Privateigentums, das Briefgeheimnis, das Recht,

Informative Internetseite

www.legalinfo.gov.cn/
China Legal Publicity ist eine offizielle Website des Justizministeriums, die gemeinsam von dem Hauptbüro und der Abteilung des Justizministeriums für die Vermittlung von rechtlichem Grundwissen sowie von *Legal Daily* eingerichtet wurde. Die Zielsetzungen der Website liegen darin, die rechtlichen Kenntnisse der Bürger zu vermehren und ihr juristisches Bewusstsein zu stärken, das Niveau der gesetzmäßigen Gesellschaftsverwaltung zu erhöhen, die Staatsführung auf der Basis von Gesetzen zu fördern und den sozialistischen rechtsstaatlichen Geist zu verbreiten.

gegenüber jedem Staatsorgan und -funktionär Kritik und Vorschläge zu äußern und deren Arbeit zu beaufsichtigen, das Recht auf Arbeit, Erholung und materielle Unterstützung seitens des Staates und der Gesellschaft im Alter, in Krankheitsfällen oder bei Arbeitsunfähigkeit, ferner das Recht auf Bildung und die Freiheit der wissenschaftlichen Forschung, des literarischen und künstlerischen Schaffens sowie anderer kultureller Betätigungen.

Rechtsstaatssystem

Auf dem 15. Parteitag der KP Chinas im Jahr 1997 wurde das Gesamtziel für die Gesetzgebung in der neuen Phase festgelegt, nämlich bis 2010 ein sozialistisches Rechtssystem chinesischer Prägung im Großen und Ganzen zu etablieren. Dieses Ziel wurde wie geplant erreicht. Das chinesische Rechtssystem besteht aus der Verfassung und dem Verfassungsrecht, dem Zivil- und Handelsrecht, Verwaltungsrecht, Wirtschaftsrecht, Sozialrecht, Strafrecht und Verfahrensrecht. Eingeschlossen sind Gesetze, Verwaltungsvorschriften und lokale gesetzliche Vorschriften auf verschiedenen Ebenen, die die Wirtschaft, Politik, Kultur sowie alle Seiten des sozialen Lebens des Landes betreffen.

Auf dem 4. Plenum des 18. ZK der KP Chinas 2014 wurde das Gesamtziel bei der umfassenden Förderung der Rechtsstaatlichkeit formuliert, nämlich ein sozialistisches Rechtsstaatssystem chinesischer Prägung und einen sozialistischen Rechtsstaat aufzubauen. Dazu muss man an der Führung der KP Chinas festhalten, das System des Sozialismus chinesischer Prägung befolgen und die rechtsstaatliche Theorie des Sozialismus chinesischer Prägung in die Praxis umsetzen. Dies sind die wesentlichen Elemente des rechtsstaatlichen Weges des Sozialismus chinesischer Prägung, die die politische Eigenschaft und die Entwicklungsrichtung des sozialistischen Rechtsstaatssystems chinesischer Prägung bestimmen und garantieren.

Änderungen in den vier Revisionen der Verfassung

Revision von 1988: Die Entwicklung der Privatwirtschaft wird in bestimmten, gesetzlich festgelegten Regionen gestattet; das Bodennutzungsrecht kann nach den Gesetzen abgetreten werden.

Revision von 1993: China praktiziert eine sozialistische Marktwirtschaft; das System der Mehrparteien-Zusammenarbeit und der politischen Konsultation unter Führung der KP Chinas wird noch lange existieren und sich entwickeln.

Revision von 1999: Die Regierung regelt staatliche Angelegenheiten im Rahmen der Gesetze; der Staat hält an der Wirtschaftspolitik fest, das Staats- und Kollektiveigentum als Hauptträger zu betrachten und verschiedene Wirtschaftssektoren gemeinsam zu entwickeln.

Revision von 2004: Legitimes Privateigentum ist unantastbar und der Staat schützt das Privateigentum und das Erbrecht nach dem Gesetz; der Staat respektiert und schützt die Menschenrechte.

Vorbereitung auf eine Verhandlung vor einem mobilen Gericht in der Gemeinde Nanxi, Chongqing, am 17. April 2015

Politisches System

Das politische System Chinas gründet auf dem System der Volkskongresse, welches das grundlegende politische System Chinas darstellt, dem System der Mehrparteien-Zusammenarbeit und der politischen Konsultation unter Führung der KP Chinas sowie dem System der regionalen Autonomie der nationalen Minderheiten und dem System der Bürger-Selbstverwaltung auf der Basisebene.

Volkskongresse

Die Organe, durch die die Bürger die Staatsmacht ausüben, sind der Nationale Volkskongress (NVK) und die lokalen Volkskongresse auf den verschiedenen Ebenen. Das System der Volkskongresse ist daher das grundlegende politische System

Große Halle des Volkes, Beijing

Chinas. Seine wesentlichen Besonderheiten sind folgende: Der Volkskongress folgt dem Prinzip des demokratischen Zentralismus und garantiert sowohl breite Demokratie und umfassende Rechte für das Volk als auch eine zentralisierte und einheitliche Staatsmacht. Ausgehend von der einheitlichen Ausübung der Staatsmacht durch die Volkskongresse sind die Zuständigkeiten von Verwaltung, Gerichtsbarkeit und Staatsanwaltschaften sowie die Zuständigkeit für die Führung der bewaffneten Kräfte klar verteilt, damit die Organe der Staatsmacht und die anderen Staatsorgane aus Verwaltung, Gerichtsbarkeit und Staatsanwaltschaften koordiniert arbeiten können.

Die Abgeordneten der Volkskongresse auf den verschiedenen Ebenen werden vom Volk gewählt. Unter ihnen gibt es Repräsentanten der Bevölkerung aus den verschiedenen Kreisen, Gebieten, Nationalitäten, Klassen und Schichten. Bei den Tagungen der Volkskongresse können die Abgeordneten ihre Meinung äußern und Anfragen an die entsprechenden Regierungsebenen sowie deren Behörden einbringen. Diese sind verpflichtet, die Anfragen zu beantworten. Die Wähler bzw. die Wahlkreise haben das Recht, ihre Abgeordneten nach den gesetzmäßigen Verfahren abzusetzen.

Mehrparteien-Zusammenarbeit und politische Konsultation unter Führung der KP Chinas

Die KP Chinas ist die Regierungspartei Chinas und die acht demokratischen Parteien beteiligen sich an der Regierung. Bevor der Staat eine bedeutende Maßnahme ergreift oder einen für die gesamte Wirtschaft des Landes und das Leben der Bevölkerung wichtigen Beschluss fasst, konsultiert die KP Chinas die demokratischen Parteien und parteilosen Persönlichkeiten und hört wiederholt ihre Meinungen an, um Übereinstimmung zu erzielen und zu einer Entscheidung zu gelangen. Dieses System der Mehrparteien-Zusammenarbeit und der politischen Konsultation unter Führung der KP Chinas ist ein wichtiger Bestandteil des politischen Systems Chinas.

Das System der Mehrparteien-Zusammenarbeit und der politischen Konsultation drückt sich hauptsächlich in zwei Formen aus: erstens durch die Politische Konsultativkonferenz des Chinesischen Volkes (PKKCV) und zweitens durch die Beratungsversammlungen und Besprechungen mit den demokratischen Parteien und parteilosen Persönlichkeiten, die das Zentralkomitee der KP Chinas und die lokalen Parteikomitees einberufen. Das Nationalkomitee der PKKCV setzt sich aus den Vertretern der KP Chinas, der demokratischen Parteien, der parteilosen Persönlichkeiten, der Massenorganisationen, der nationalen Minderheiten und verschiedener gesellschaftlicher Kreise sowie aus speziell eingeladenen Persönlichkeiten zusammen, seine Amtszeit beträgt fünf Jahre. Die Mitglieder des Nationalkomitees der PKKCV halten jährlich eine Vollversammlung ab; außerdem nehmen sie als nicht stimmberechtigte Delegierte auch an der Tagung des Nationalen Volkskongresses teil, um ihre Funktionen der politischen Konsultation, demokratischen Überwachung sowie Beteiligung an und Mitbestimmung bei Staatsangelegenheiten auszuüben. Die Beratungsversammlungen, an denen die führenden Persönlichkeiten der demokratischen Parteien und Vertreter der parteilosen Persönlichkeiten auf Einladung der führenden Persönlichkeiten des ZK der KP Chinas teilnehmen, finden in der Regel einmal jährlich statt, Besprechungen im Allgemeinen alle zwei Monate. Die Beratungsversammlungen befassen sich vor allem mit wichtigen politischen Richtlinien des Staates, während bei den Besprechungen Informationen ausgetauscht und politische Vorschläge unterbreitet werden sowie über bestimmte Themen diskutiert wird.

Die 3. Tagung des XII. Nationalkomitees der PKKCV fand am 11. März 2015 in der Großen Halle des Volkes zum vierten Mal statt.

NVK-Abgeordnete der nationalen Minderheiten

Regionale Autonomie der nationalen Minderheiten

China praktiziert ein System der regionalen Autonomie der nationalen Minderheiten: In den Gebieten, wo nationale Minderheiten konzentriert ansässig sind, werden unter der einheitlichen Führung des Staates Organe der Selbstverwaltung eingerichtet, so dass die nationalen Minderheiten Herr über ihre Region sind und die lokalen Angelegenheiten innerhalb ihrer Nationalität selbst verwalten. Die Zentralregierung unterstützt die Regionen mit nationaler Autonomie finanziell und materiell, um die Entwicklung ihrer Wirtschaft und Kultur zu fördern. Zurzeit gibt es in China fünf autonome Gebiete auf Provinzebene, 30 autonome Bezirke und 120 autonome Kreise (bzw. in der Inneren Mongolei: Banner). Darüber hinaus gibt es noch über 1100 Nationalitäten-Gemeinden. Die Organe der Selbstverwaltung in diesen autonomen Regionen sind die Volkskongresse und die Volksregierungen der autonomen Gebiete, Bezirke und Kreise (bzw. Banner). Die Vorsitzenden oder stellvertretenden Vorsitzenden des Ständigen Ausschusses des Volkskongresses der jeweiligen Ebene sowie die Vorsitzenden der autonomen Gebiete, Bezirke und Kreise (bzw. Banner) sind jeweils Angehörige jener Nationalität, die die regionale Autonomie ausübt. Die Autonomieorgane haben neben den üblichen Funktionen und Befugnissen lokaler Regierungsorgane noch weitgehende Autonomiebefugnisse. Sie können beispielsweise entsprechend den politischen, wirtschaftlichen und kulturellen Besonderheiten der jeweiligen Nationalität Autonomieverordnungen und spezifische Ausführungsbestimmungen ausarbeiten; sie können selbst über die Verwendung ihrer Einnahmen entscheiden und lokale

Angelegenheiten in den Bereichen Wirtschaft, Bildung, Wissenschaft, Kultur, Gesundheitswesen und Sport selbstständig planen und regeln, ihr kulturelles Erbe pflegen und die Entwicklung ihrer Kultur vorantreiben.

Bürger-Selbstverwaltung auf der Basisebene

Unter der Bürger-Selbstverwaltung auf der Basisebene versteht man die Einrichtung von Selbstverwaltungsorganisationen auf der Basisebene sowie die Ausübung des Rechts der demokratischen Wahl, Entscheidung, Verwaltung und Kontrolle durch die ländliche und städtische Bevölkerung im Rahmen der entsprechenden Gesetze, Vorschriften und politischen Richtlinien und unter Führung der örtlichen Parteiorganisationen; die Dorf- und Stadtbewohner sind selbst für die Verwaltung, Bildung, Dienstleistungen und Kontrolle verantwortlich. Die Bürger-Selbstverwaltung auf der Basisebene ist der wirksamste und umfassendste Weg für das Volk, als Herr des Staates zu fungieren.

Das System der Bürger-Selbstverwaltung auf der Basisebene wird auf dem Land vor allem durch die Selbstverwaltung der Dorfbewohner, in der Stadt durch die Selbstverwaltung der Einwohner und in Unternehmen durch die Vertreterversammlungen der Arbeiter und Angestellten realisiert. Dadurch wird die Volksdemokratie in allen Bereichen des gesellschaftlichen Lebens durchgesetzt. Im System der Bürger-Selbstverwaltung auf der Basisebene sind die repräsentative und die direkte Demokratie eine Verbindung eingegangen, so dass die jeweilgen Funktionen der beiden Formen sowie ihre vereinte Kraft zur Entfaltung kommen. Dies ist ein einzigartiger Vorteil der sozialistischen politischen Demokratie und zeugt von der Überlegenheit der Volksdemokratie. Die Bürger nehmen an direkten Wahlen und demokratischen Diskussionen in ihren Wohnorten teil, treffen gemeinsam Entscheidungen und kontrollieren einander. Die Basisdemokratie wird erweitert und effektiver praktiziert.

Förderung der konsultativen Demokratie

Die konsultative Demokratie gilt als eine besondere Form und ein einzigartiger Vorteil der sozialistischen politischen Demokratie, sie ist ein wichtiger Ausdruck der Massenlinie der KP Chinas im politischen Bereich und ein wichtiger Aspekt der politischen Reform. Um eine umfassende, vielschichtige und institutionalisierte konsultative Demokratie zu entwickeln, hat das Zentralkomitee der KP Chinas im Februar 2015 die *Vorschläge zur Förderung der sozialistischen konsultativen Demokratie* verkündet und damit einen umfassenden Plan für die Durchführung der Konsultation mit den demokratischen Parteien, durch Volkskongresse, Regierungen und die PKKCV sowie an der Basis und mit Massenorganisationen unter den aktuellen Verhältnissen entwickelt. Diese Vorschläge gelten als ein anleitendes programmatisches Dokument für den Aufbau der konsultativen Demokratie.

Abstimmung bei der Wahl des neuen Dorfbewohnerkomitees im Dorf Dixi, Henan

Nationaler Volkskongress

Der Nationale Volkskongress (NVK) ist das höchste Organ der Staatsmacht und besteht aus den Abgeordneten, die von den Provinzen, autonomen Gebieten, regierungsunmittelbaren Städten, Sonderverwaltungszonen und Armee-Einheiten gewählt werden. Er übt die legislative Gewalt aus und trifft Entscheidungen über wichtige Fragen im politischen Leben des Landes. Die wichtigsten Befugnisse des NVK sind folgende: Er erstellt und ändert Gesetze, prüft und bewilligt Pläne für die volkswirtschaftliche und gesellschaftliche Entwicklung sowie die staatlichen Haushaltspläne und die Berichte über ihre Umsetzung; er entscheidet über die Frage von Krieg und Frieden; er wählt bzw. bestimmt die Führung der höchsten Staatsorgane einschließlich des Vorsitzenden des Ständigen Ausschusses des NVK, des Staatspräsidenten, des Ministerpräsidenten und des Vorsitzenden der Zentralen Militärkommission, und hat das Recht, diese Personen ihrer Ämter zu entheben.

Der NVK wird für die Dauer von fünf Jahren gewählt. Zurzeit ist der XII. NVK tätig. **Der gegenwärtige Vorsitzende des Ständigen Ausschusses des NVK ist Zhang Dejiang.**

Die 3. Tagung des XII. NVK fand am 12. März 2015 in der Großen Halle des Volkes zum dritten Mal statt.

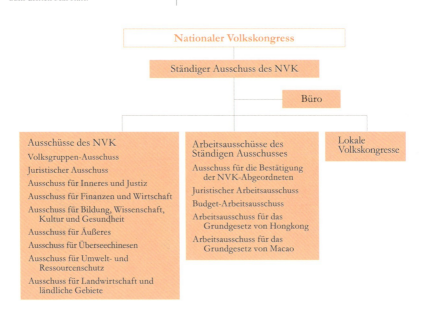

Staatspräsident

Der Staatspräsident der Volksrepublik China übt in Verbindung mit dem Ständigen Ausschuss des NVK die Kompetenzen des Staatsoberhauptes aus. In Übereinstimmung mit den Entscheidungen des NVK oder seines Ständigen Ausschusses erlässt der Staatspräsident Gesetze, ernennt und entlässt Mitglieder des Staatsrates, erlässt Dekrete, verleiht Orden und Ehrentitel des Staates, erlässt Sonderamnestien, erklärt Notstand und Krieg, ordnet die Mobilmachung an, regelt Staatsangelegenheiten im Namen der Volksrepublik China, empfängt diplomatische Vertreter anderer Länder und entsendet bevollmächtigte Vertreter ins Ausland bzw. ruft sie zurück, ratifiziert Verträge und wichtige Abkommen mit anderen Ländern bzw. hebt sie auf. **Der gegenwärtige Staatspräsident ist Xi Jinping.**

Staatsrat

Der Staatsrat, das heißt die Zentrale Volksregierung, ist das ausführende Organ des höchsten Organs der Staatsmacht und das höchste Organ der staatlichen Verwaltung. Er ist dem NVK und dessen Ständigem Ausschuss verantwortlich und rechenschaftspflichtig. Der Staatsrat kann in seinem Zuständigkeitsbereich Verwaltungsmaßnahmen festlegen, Verwaltungsverordnungen ausarbeiten sowie Entscheidungen und Dekrete verkünden. Der Staatsrat besteht aus dem Ministerpräsidenten, den stellvertretenden Ministerpräsidenten, den Staatskommissaren, dem Generalsekretär, den Ministern, den Kommissionsvorsitzenden, dem Präsidenten der Chinesischen Volksbank, die als zentrale Notenbank agiert, und dem Präsidenten der Oberrechnungskammer. **Der gegenwärtige Ministerpräsident ist Li Keqiang.**

Staatsrat			
	Außenministerium	Überwachungsministerium	Ministerium für Verkehr und Transport
	Verteidigungsministerium	Ministerium für zivile Angelegenheiten	Ministerium für Wasserressourcen
	Staatliche Kommission für Entwicklung und Reform	Justizministerium	Landwirtschaftsministerium
	Bildungsministerium	Finanzministerium	Handelsministerium
	Ministerium für Wissenschaft und Technik	Ministerium für Land und Ressourcen	Kulturministerium
	Ministerium für Industrie und Informationstechnologie	Ministerium für Umweltschutz	Staatliche Kommission für Gesundheit und Familienplanung
	Staatliche Kommission für ethnische Angelegenheiten	Ministerium für Personalwesen und soziale Sicherung	Chinesische Volksbank
	Ministerium für öffentliche Sicherheit	Ministerium für Wohnungsbau und städtische und ländliche Entwicklung	Oberrechnungskammer
	Ministerium für staatliche Sicherheit		

Zentrale Militärkommission

Die Zentrale Militärkommission ist das Führungsorgan des Staates für das Militärwesen und leitet die Streitkräfte des Landes. Die chinesischen Streitkräfte bestehen aus der Volksbefreiungsarmee, der Bewaffneten Volkspolizei und der Volksmiliz. Die Volksbefreiungsarmee ist das stehende Heer Chinas; die Bewaffnete Volkspolizei ist für die öffentliche Sicherheit und soziale Ordnung zuständig; die Volksmiliz ist eine bewaffnete Organisation aus Bürgern, die nicht vom normalen Berufsleben freigestellt sind. Die Zentrale Militärkommission besteht aus dem Vorsitzenden, den stellvertretenden Vorsitzenden und anderen Mitgliedern. **Der gegenwärtige Vorsitzende ist Xi Jinping.**

China verfolgt eine defensive Verteidigungspolitik. Gemäß der Verfassung und den Gesetzen haben die chinesischen Streitkräfte die heilige Pflicht, gegen eine ausländische Invasion zu kämpfen, das Vaterland zu verteidigen, die gesellschaftliche Stabilität zu wahren und die friedliche Arbeit des Volkes zu schützen. Eine konsolidierte Landesverteidigung und eine starke Armee aufzubauen, welche der nationalen Sicherheit und den Entwicklungsinteressen entsprechen, ist eine strategische Aufgabe im Prozess der Modernisierung sowie die Sache aller Volksgruppen Chinas. Die chinesische Verteidigungspolitik hat in der neuen Phase vor allem folgende Ziele und Aufgaben: die Souveränität, die Sicherheit und die Entwicklungsinteressen des Landes verteidigen, die Harmonie und Stabilität der Gesellschaft schützen, die Modernisierung der Landesverteidigung und der Armee vorantreiben und den Frieden und die Stabilität der Welt wahren.

Lokale Volkskongresse und Volksregierungen

Gemäß der gegenwärtig geltenden Verwaltungsstruktur gibt es Volkskongresse und Volksregierungen auf verschiedenen Ebenen: auf Provinzebene (Provinzen, autonome Gebiete und regierungsunmittelbare Städte), auf Kreisebene (Kreise und Städte) und auf Gemeindeebene (Gemeinden und Kleinstädte). Die Volkskongresse von der Kreisebene aufwärts haben jeweils einen Ständigen Ausschuss. Die lokalen Volkskongresse

Grenzschutz

sind lokale Organe der Staatsmacht. Sie regeln die wichtigen Angelegenheiten in ihrem jeweiligen Verwaltungsgebiet. Die Volkskongresse auf Ebene der Provinzen, autonomen Gebiete und regierungsunmittelbaren Städte können auch lokale Verordnungen und Vorschriften ausarbeiten. Die lokalen Volksregierungen sind die lokalen Verwaltungsorgane. Sie unterstehen der einheitlichen Führung des Staatsrates, sind dem Volkskongress und dessen Ständigem Ausschuss der jeweiligen Ebene sowie den Verwaltungsorganen der nächsthöheren Ebene verantwortlich und rechenschaftspflichtig und leiten in ihrem jeweiligen Gebiet die Verwaltung.

Informative Internetseite

http://english.gov.cn/
GOV.cn ist eine umfassende Online-Plattform, über die der Staatsrat und die ihm unterstehenden Organe sowie die Regierungen der Provinzen, autonomen Gebiete und regierungsunmittelbaren Städte Auskunft über die Regierungstätigkeit geben und zahlreiche praktische Informationen anbieten.

Volksgerichte

Die Volksgerichte sind die staatlichen Organe der Rechtsprechung. Neben dem Obersten Volksgericht auf nationaler Ebene gibt es in den Provinzen, autonomen Gebieten und regierungsunmittelbaren Städten höhere, mittlere und untere Volksgerichte. Das Oberste Volksgericht ist die oberste gerichtliche Instanz in China. Es ist dem

Richterhammer

NVK und dessen Ständigem Ausschuss verantwortlich und überwacht die juristische Arbeit der lokalen Volksgerichte und speziellen Volksgerichte wie der Militärgerichte. **Der Präsident des Obersten Volksgerichtes ist derzeit Zhou Qiang.**

Volksstaatsanwaltschaften

Die Volksstaatsanwaltschaften sind staatliche Organe für die gesetzliche Überwachung und sind parallel zu den jeweiligen Volksgerichten eingerichtet. Die Volksstaatsanwaltschaften erfüllen ihre Aufgaben durch die Ausübung ihrer staatsanwaltschaftlichen Befugnisse. Sie üben staatsanwaltschaftliche Vollmachten gegenüber Verbrechen der Gefährdung der nationalen und der öffentlichen Sicherheit, der Störung der wirtschaftlichen Ordnung, der Verletzung der persönlichen und der demokratischen Rechte der Bürger und anderen schwerwiegenden Straftaten aus; sie überprüfen die von den Organen der öffentlichen Sicherheit ermittelten Fälle und entscheiden, ob es nötig ist, Straftäter in Haft zu nehmen, Anklage zu erheben oder auf einen Strafprozess zu verzichten; sie erheben und unterstützen öffentliche Anklagen in Kriminalfällen; sie überwachen die Aktivitäten der Organe der öffentlichen Sicherheit, der Volksgerichte, Gefängnisse, Untersuchungsgefängnisse und Anstalten zur Umerziehung durch Arbeit, damit diese den Gesetzen entsprechen. **Der Präsident der Obersten Volksstaatsanwaltschaft ist derzeit Cao Jianming.**

Politische Konsultativkonferenz des Chinesischen Volkes

Volkskongress, Konsultativkonferenz und Staatsrat

Der Volkskongress übt die Staatsmacht durch Wahl und Abstimmung aus und führt vor Wahlen und Abstimmungen Konsultationen mit der PKKCV durch. Dies sind die zwei wichtigsten Formen der sozialistischen Demokratie Chinas. Der Volkskongress konsultiert vor der Entscheidungsfindung die PKKCV, fasst danach Resolutionen, und der Staatsrat setzt die Resolutionen in die Praxis um. Die drei Organe arbeiten unter der einheitlichen Führung der KP China arbeitsteilig zusammen, ergänzen und fördern einander. Diese politische Struktur entspricht den Gegebenheiten Chinas und trägt chinesische Charakteristika.

Die Politische Konsultativkonferenz des Chinesischen Volkes (PKKCV) ist die Organisation der patriotischen Einheitsfront des chinesischen Volkes, eine wichtige Organisation für die Mehrparteien-Zusammenarbeit und die politische Konsultation unter Führung der KP Chinas und auch eine wichtige Form zur Entfaltung der sozialistischen Demokratie im politischen Leben Chinas. Sie übt vor allem die Funktionen zur politischen Konsultation, zur demokratischen Überwachung sowie zur Beteiligung an und Mitbestimmung bei Staatsangelegenheiten aus. Die PKKCV verfügt über ein Nationalkomitee und zahlreiche Lokalkomitees.

Nationalkomitee der PKKCV

Das Nationalkomitee der PKKCV setzt sich zusammen aus Vertretern der KP Chinas, der demokratischen Parteien, der parteilosen Persönlichkeiten, der Massenorganisationen, der nationalen Minderheiten und verschiedener gesellschaftlicher Kreise sowie den Vertretern der Landsleute in Hongkong, Macao und Taiwan sowie der heimgekehrten Auslandschinesen und speziell eingeladenen Persönlichkeiten. Die Amtszeit des Nationalkomitees der PKKCV beträgt fünf Jahre. **Der Vorsitzende des Nationalkomitees der PKKCV ist derzeit Yu Zhengsheng.**

Lokalkomitee der PKKCV

Provinzen, autonome Gebiete, regierungsunmittelbare Städte, autonome Bezirke, Städte mit Bezirken, Kreise, autonome Kreise, Städte ohne Bezirke und Stadtbezirke sowie alle Orte mit entsprechenden Bedingungen richten PKKCV-Lokalkomitees ein.

Politische Parteien und Massenorganisationen

Die Kommunistische Partei Chinas

Die Kommunistische Partei Chinas (KP Chinas) wurde im Jahr 1921 gegründet. Unter ihrer Führung hat das chinesische Volk durch schwierige und hartnäckige Kämpfe den Sieg der neudemokratischen Revolution errungen und im Jahr 1949 die Volksrepublik China gegründet. Ebenfalls unter ihrer Führung wurde das grundlegende sozialistische System in China etabliert und ein umfangreicher Aufbau des Sozialismus in Gang gebracht. Damit wurden die grundlegenden politischen Voraussetzungen sowie die materiellen und institutionellen Grundlagen für die Entwicklung und Fortschritte im gegenwärtigen China geschaffen. Seit 1978, mit der Einführung der Reform- und Öffnungspolitik, setzt sich die KP Chinas für die Entwicklung des Sozialismus chinesischer Prägung ein. Die sozialistische Modernisierung in China ist in eine neue Phase eingetreten.

Ende 2014 hatte die KP Chinas eine Mitgliederzahl von 85,127 Millionen. Das höchste Führungsorgan der KP Chinas ist der nationale Parteitag, der alle fünf Jahre stattfindet. In der Zeit zwischen den nationalen Parteitagen übt das Zentralkomitee die Funktion aus, die Resolutionen des nationalen Parteitags in die Tat umzusetzen und alle Arbeit der KP Chinas zu leiten. **Der Generalsekretär des ZK der KP Chinas ist derzeit Xi Jinping.**

Veranstaltungsort des Gründungsparteitags der KP Chinas (Juli 1921, Shanghai)

Informative Internetseite

http://english.cpc.people.com.cn/ CPCNews.cn ist die authentische Website der KP Chinas mit systematischen und umfassenden Informationen. Über die wichtigen Betätigungen und Reden der führenden Funktionäre des ZK der KP Chinas wird ebenso berichtet wie über die wichtigen Sitzungen und Dokumente der KP Chinas. Darüber hinaus gibt es mehrere interaktive Elemente, womit der Austausch zwischen Parteimitgliedern und -organisationen, zwischen Parteimitgliedern untereinander sowie zwischen Parteimitgliedern und den Massen gefördert wird.

Demokratische Parteien

Neben der KP Chinas gibt es in China noch acht weitere politische Parteien, die als die demokratischen Parteien bezeichnet werden. Sie unterstützen politisch die Führung der KP Chinas und genießen politische Freiheit, organisatorische Unabhängigkeit und Gleichheit vor dem Gesetz, wie es in der Verfassung verankert ist. Die grundlegenden Richtlinien für die Zusammenarbeit zwischen der KP Chinas und den demokratischen Parteien sind langfristige Koexistenz, gegenseitige Kontrolle, offener Umgang miteinander und Teilen von Freud und Leid.

Viele Mitglieder der demokratischen Parteien bekleiden leitende Positionen in den Ständigen Ausschüssen der Volkskongresse, Komitees der PKKCV und Regierungsorganen sowie in den Wirtschafts-, Kultur-, Bildungs-, wissenschaftlich-technischen und anderen Abteilungen. So sind z. B. die gegenwärtigen Vorsitzenden der Zentralkomitees der acht demokratischen Parteien gleichzeitig stellvertretende Vorsitzende des Ständigen Ausschusses des NVK bzw. des Nationalkomitees der PKKCV. Die Zahl der Mitglieder der demokratischen Parteien beträgt über 700 000. In allen Provinzen,

---

Revolutionäres Komitee der Chinesischen Guomindang

Mitglieder: vorwiegend ehemalige Mitglieder der Guomindang und Persönlichkeiten, die in der Vergangenheit mit der Guomindang Verbindung hatten

Gründung: Januar 1948

Vorsitz im Zentralkomitee: Wan E'xiang

Chinesische Gesellschaft für die Förderung der Demokratie

Mitglieder: vorwiegend Intellektuelle der Mittel- und Oberschicht aus den Bereichen Bildung, Kultur, Wissenschaft und Verlagswesen

Gründung: Dezember 1945

Vorsitz im Zentralkomitee: Yan Junqi

Chinesische Demokratische Liga

Mitglieder: vorwiegend Intellektuelle der Mittel- und Oberschicht aus den Bereichen Kultur, Bildung, Wissenschaft und Technik

Gründung: Oktober 1941

Vorsitz im Zentralkomitee: Zhang Baowen

Chinesische Demokratische Partei der Bauern und Arbeiter

Mitglieder: vorwiegend Intellektuelle der Ober- und Mittelschicht aus den Bereichen Medizin und Gesundheitswesen, Wissenschaft und Technik, Kultur und Bildung

Gründung: August 1930

Vorsitz im Zentralkomitee: Chen Zhu

Die acht demokratischen Parteien

Chinesische Gesellschaft für den Demokratischen Nationalen Aufbau

Mitglieder: vorwiegend Persönlichkeiten aus der Wirtschaft, darunter Spezialisten und Wissenschaftler

Gründung: Dezember 1945

Vorsitz im Zentralkomitee: Chen Changzhi

Zhi-Gong-Partei Chinas

Mitglieder: vorwiegend heimgekehrte Auslandschinesen, Verwandte von ím Ausland ansässigen Chinesen sowie Personen, Experten und Wissenschaftler, die mit dem Ausland in Verbindung stehen

Gründung: Oktober 1925

Vorsitz im Zentralkomitee: Wan Gang

Gesellschaft des 3. September

Mitglieder: vorwiegend Intellektuelle der Ober- und Mittelschicht aus den Bereichen Wissenschaft und Technik, Kultur und Bildung, Medizin und Gesundheitswesen

Gründung: Dezember 1944

Vorsitz im Zentralkomitee: Han Qide

Demokratische Selbstbestimmungsliga Taiwan

Mitglieder: vorwiegend Persönlichkeiten, die aus Taiwan stammen und auf dem chinesischen Festland leben

Gründung: November 1947

Vorsitz im Zentralkomitee: Lin Wenyi

autonomen Gebieten und regierungsunmittelbaren Städten sowie anderen großen und mittelgroßen Städten gibt es Lokal- und Basisorganisationen dieser Parteien.

Massenorganisationen und Nichtregierungsorganisationen

In China gibt es eine große Anzahl von Massenorganisationen, die entsprechend der Verfassung und den Gesetzen unabhängig und selbstständig aktiv sind. Mit ihren Zweigstellen in den Städten und auf dem Land spielen sie eine wichtige Rolle bei der Teilnahme am nationalen und lokalen politischen Leben sowie bei der Koordination öffentlicher Angelegenheiten und der Wahrung der legitimen Rechte und Interessen der Bevölkerung.

Die Nichtregierungsorganisationen (NGOs) sind auf verschiedenen Gebieten tätig, darunter Wissenschaft und Technik, Bildung, Kultur, Hygiene, Sport, Umweltschutz, Rechtsberatung und soziale Dienstleistungen. Dass NGOs mit der Regierung zusammenarbeiten und eine treibende Kraft beim Umweltschutz sind, ist eine wichtige Neuerung der letzten Jahre. Die Umwelt-NGOs spielen eine wichtige Rolle bei der Vermittlung von Kenntnissen über die Umwelt und machen die Bürger mit Maßnahmen für den aktiven Umweltschutz vertraut.

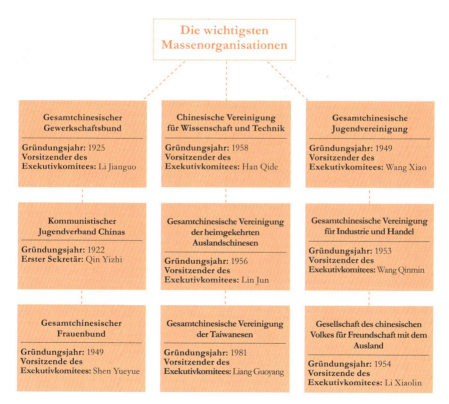

CHINA 2015

China und die Welt

China befolgt konsequent die Prinzipien des Friedens, der Entwicklung, der Zusammenarbeit und des gemeinsamen Gewinns, ist dem Gedanken verpflichtet, den Menschen in den Mittelpunkt zu stellen und diplomatische Beziehungen im Interesse des Volkes aufzunehmen und zu pflegen. China wahrt entschieden seine staatliche Souveränität, Sicherheit und Entwicklungsinteressen und schützt mit aller Kraft die legitimen Rechte und Interessen seiner Staatsbürger und juristischen Personen im Ausland. China fördert den Aufbau neuartiger internationaler Beziehungen, in deren Mittelpunkt Zusammenarbeit und gemeinsamer Gewinn stehen, und tritt dafür ein, dass jedes Land neben der eigenen auch die gemeinsame Entwicklung anderer Länder fördern soll. China verfolgt weiterhin die Öffnungsstrategie des gegenseitigen Nutzens und gemeinsamen Gewinns und entwickelt auf der Grundlage der Fünf Prinzipien der friedlichen Koexistenz umfassend die freundschaftliche Zusammenarbeit mit allen Ländern. China bleibt stets eine verlässliche Kraft für die Wahrung des Weltfriedens und die Förderung der gemeinsamen Entwicklung.

- Außenpolitik ● Beziehungen zu den umliegenden Ländern
- Beziehungen zu den Entwicklungsländern
- Beziehungen zu den Großmächten
- Beteiligung an multilateralen Angelegenheiten

Außenpolitik

Die Zielsetzung der Außenpolitik Chinas ist es, den Weltfrieden zu wahren und die gemeinsame Entwicklung zu fördern. China verfolgt eine unabhängige und selbstständige Außenpolitik des Friedens, geht konsequent einen Weg der friedlichen Entwicklung und folgt dabei unbeirrt der Öffnungsstrategie des gegenseitigen Nutzens und gemeinsamen Gewinns. China ist bereit, auf der Grundlage der Fünf Prinzipien der friedlichen Koexistenz (gegenseitige Achtung von Souveränität und territorialer Integrität, gegenseitiger Nichtangriff, gegenseitige Nichteinmischung in die inneren Angelegenheiten, Gleichberechtigung und gegenseitiger Nutzen sowie friedliche Koexistenz) eine freundschaftliche Zusammenarbeit mit allen Ländern zu entwickeln, um den Weltfrieden zu wahren und die gemeinsame Entwicklung zu fördern.

China setzt sich dafür ein, die gutnachbarschaftlichen und freundschaftlichen Beziehungen mit den umliegenden Ländern zu vertiefen, beteiligt sich aktiv an den Kooperationsstrukturen mit ihnen und fördert die Vertiefung der regionalen Zusammenarbeit, um gemeinsam in der Region ein Umfeld zu schaffen, das durch Frieden und Stabilität, Gleichberechtigung und gegenseitiges Vertrauen sowie durch Kooperation zum gemeinsamen Vorteil gekennzeichnet ist. China verstärkt die Solidarität mit den Entwicklungsländern, vertieft die traditionsreiche Freundschaft und baut die Zusammenarbeit zum gegenseitigen Nutzen aus, um die legitimen Rechte und Interessen der Entwicklungsländer zu wahren. Mit den Großmächten intensiviert China die strategischen Dialoge, stärkt das gegenseitige Vertrauen und erweitert die Bereiche der Zusammenarbeit, damit die gegenseitigen Beziehungen sich langfristig stabil und gesund entwickeln. China beteiligt sich aktiv an den multilateralen Angelegenheiten und dem Weltregieren (Global Governance) und setzt sich dafür ein, die Entwicklung der internationalen Ordnung und des internationalen Systems in eine gerechte und vernünftige Richtung zu fördern.

Eine Lehrerin der Universität Boston bringt im Dorf Huangcun, Anhui, Kindern Englisch bei.

Die chinesische Regierung und das chinesische Volk sind bereit, gemeinsam mit allen Völkern unablässige Anstrengungen für die Wahrung und Förderung des Friedens, der Entwicklung und des Fortschritts der Menschheit zu unternehmen.

Bis Februar 2015 hat China mit 172 Staaten diplomatische Beziehungen aufgenommen.

Informative Internetseite

www.fmprc.gov.cn/eng
Der Internetauftritt des Außenministeriums.

Beziehungen zu den umliegenden Ländern

China gehört zu den Ländern mit den meisten Nachbarstaaten. Bei der Entwicklung der bilateralen Beziehungen hält sich China an die Richtlinie, die Nachbarländer mit Wohlwollen zu behandeln und sie als Partner zu betrachten, und folgt dem Prinzip der guten Nachbarschaft und der gemeinsamen Sicherheit und Entwicklung. China fördert und wahrt die friedliche und stabile Umgebung und weiß sie zu schätzen. In Übereinstimmung mit dem Prinzip des gegenseitigen Nutzens arbeitet China seit vielen Jahren mit den Nachbarländern zusammen, und bemüht sich nachdrücklich darum, die gemeinsamen Interessen noch dichter zu vernetzen und die Interessenverschmelzung auf ein höheres Niveau zu heben, damit einerseits die Nachbarländer von der Entwicklung Chinas und andererseits China von der gemeinsamen Entwicklung der Nachbarländer profitieren. Zugleich schützt China entschlossen seine territoriale Souveränität und maritimen Interessen und tritt dafür ein, Streitigkeiten durch Verhandlungen zu lösen.

Ein EU-Beamter zeigt stolz seine chinesische Kalligrafie während seines Aufenthalts in China im Juli 2015.

China verstärkt die Zusammenarbeit zum gegenseitigen Nutzen mit den Nachbarländern und vervollkommnet die regionalen und subregionalen Kooperationsstrukturen einschließlich des China-ASEAN-Gipfels (10 plus 1), des Gipfels der ASEAN mit China, Japan und Südkorea (10 plus 3), des Ostasien-Gipfels und des „Greater Mekong Subregion Economic Cooperation Programme" (GMS). China treibt die Integration der regionalen Wirtschaft, wie z. B. die ASEAN-China-Freihandelszone, aktiv voran und behandelt andere Vorstellungen über die regionale Zusammenarbeit mit einer offenen Haltung. China begrüßt es, wenn die Länder außerhalb der Region den regionalen Frieden und die Entwicklung konstruktiv fördern.

China legt stets viel Wert auf die diplomatischen Beziehungen mit den Nachbarländern. Nach seinem Amtsantritt im März 2013 hat Staatspräsident Xi Jinping Russland, Turkmenistan, Kasachstan, Usbekistan, Kirgisistan, Tadschikistan, Weißrussland, Indonesien, Malaysia, die Malediven, Sri Lanka, Indien und Pakistan besucht. Ministerpräsident Li Keqiang stattete Indien, Pakistan, Brunei, Thailand, Vietnam, Russland und Kasachstan einen Staatsbesuch ab.

Beziehungen zu den Entwicklungsländern

Als Entwicklungsland betrachtet China die solidarische Zusammenarbeit mit anderen Entwicklungsländern und die Wahrung ihrer gemeinsamen Interessen stets als einen Grundpfeiler seiner Außenpolitik.

Das Forum für chinesisch-afrikanische Zusammenarbeit

Das Forum für chinesisch-afrikanische Zusammenarbeit ist eine wichtige Dialogplattform sowie ein wirksamer Mechanismus für die pragmatische Zusammenarbeit zwischen China und den afrikanischen Ländern. Es ist ein Banner für den Zusammenschluss von China und den afrikanischen Ländern und für die Förderung der internationalen Zusammenarbeit mit den afrikanischen Ländern. Auf Initiative einiger afrikanischer Länder schlug die chinesische Regierung im Jahr 2000 vor, eine Ministerkonferenz im Rahmen des Forums für chinesisch-afrikanische Zusammenarbeit abzuhalten, was auf große Resonanz unter den afrikanischen Ländern stieß und eine breite Unterstützung erfuhr. Die Ministerkonferenz des Forums für chinesisch-afrikanische Zusammenarbeit findet nun alle drei Jahre, und zwar abwechselnd in China und Afrika statt. Bis heute sind ein Gipfeltreffen und fünf Ministerkonferenzen abgehalten worden. Die 6. Ministerkonferenz wird im vierten Quartal 2015 in Südafrika stattfinden.

China verfolgt entschlossen eine freundschaftliche Politik gegenüber den afrikanischen Ländern und wahrt den Frieden und die Stabilität in Afrika. Durch das Forum für chinesisch-afrikanische Zusammenarbeit und andere Strukturen fördert China die Prosperität und Entwicklung in Afrika. Im Mai 2014 stattete Ministerpräsident Li Keqiang Äthiopien und dem Hauptsitz der Afrikanischen Union sowie Nigeria, Angola und Kenia einen Staatsbesuch ab. Auf seinem ersten Afrika-Besuch nach dem Amtsantritt schlug er Kooperationsprogramme über sechs große Projekte, den Aufbau eines Netzes von Hochgeschwindigkeitsstrecken, Autobahnen und regionalen Flugverbindungen sowie die Industrialisierung der Infrastruktur in Afrika vor, wobei die von Staatspräsident Xi Jinping initiierten Prinzipien der wahren, pragmatischen, vertrauten und ehrlichen Beziehungen Chinas mit den afrikanischen Ländern umgesetzt wurden. Nach dem Ausbruch der Ebola-Epidemie in Westafrika unterstützte China sofort die betroffenen Länder und führte internationale Kooperationen zur Unterstützung der afrikanischen Länder und zur Bekämpfung der Ebola-Epidemie herbei.

Durch gegenseitige Besuche auf verschiedenen Ebenen und durch Kooperationen in unterschiedlichen Bereichen wird eine strategische Kooperationsbeziehung zwischen China und den arabischen

Einwohner in Angola feiern die Inbetriebnahme der von China gebauten Eisenbahn.

Der erste Dubai-Tag fand am 8. Mai 2015 in Sanlitun, Beijing, statt.

Ländern entwickelt, die durch umfassende Zusammenarbeit und gemeinsame Entwicklung gekennzeichnet ist. Am 5. Juni 2014 fand in Beijing die 6. Ministerkonferenz im Rahmen des Forums für chinesisch-arabische Zusammenarbeit statt. Staatspräsident Xi Jinping nahm an der Eröffnungszeremonie teil und hielt eine wichtige Rede unter dem Thema „Im Geist der Seidenstraße die chinesisch-arabische Zusammenarbeit stärken". Inzwischen wurde der 10. Gründungstag dieses Forums gefeiert.

China setzt sich für eine umfassende Kooperationspartnerschaft der Gleichberechtigung, des gegenseitigen Nutzens und der gemeinsamen Entwicklung mit den lateinamerikanischen und karibischen Staaten ein und fördert aktiv den Aufbau einer umfassenden Kooperationsstruktur mit dem Forum für chinesisch-lateinamerikanische Zusammenarbeit als wichtigster Plattform. China ist einer der wichtigsten Handelspartner der lateinamerikanischen Staaten geworden und die Handelsstruktur verbessert sich ständig. China verfolgt dabei das Prinzip des gegenseitigen Nutzens und gemeinsamen Gewinns und das Ziel einer gemeinsamen und nachhaltigen Entwicklung. China unterstützt die gleichberechtigte Beteiligung der pazifischen Inselstaaten an internationalen Angelegenheiten und fördert ihre wirtschaftliche und gesellschaftliche Entwicklung.

Im Juni 2014 nahm Staatspräsident Xi Jinping am 6. Gipfeltreffen der BRICS-Staaten in Brasilien teil. Er stattete Brasilien, Argentinien, Venezuela und Kuba einen Staatsbesuch ab und kam mit lateinamerikanischen und karibischen Staatsoberhäuptern bzw. Regierungschefs zu bilateralen Treffen zusammen. Vom 18. bis 26. Mai 2015 besuchte Ministerpräsident Li Keqiang Brasilien, Kolumbien, Peru und Chile. Zur Förderung der Zusammenarbeit zum gemeinsamen Gewinn zwischen China und den lateinamerikanischen sowie karibischen Staaten im Bereich Infrastruktur schlug China während der 1. Ministerkonferenz des Forums für chinesisch-lateinamerikanische Zusammenarbeit vor, ein Unterforum dafür zu gründen. Das 1. Forum für chinesisch-lateinamerikanische Zusammenarbeit im Bereich Infrastruktur hat im Juni 2015 in Macao stattgefunden.

Beziehungen zu den Großmächten

China fördert die durch langfristige Stabilität und gesunde Entwicklung gekennzeichneten Beziehungen zu den Großmächten.

Die chinesisch-US-amerikanischen Beziehungen

China und die USA pflegen ihre strategische Kommunikation auf hoher Ebene und unterhalten den Strategic and Economic Dialogue, die High-Level Consultation on People-to-People Exchange und andere Kommunikationsstrukturen. Trotz der Unterschiede im politischen System, in den Wertvorstellungen, den historischen und kulturellen Traditionen sowie im Entwicklungsniveau der Wirtschaft und Gesellschaft vertiefen sich die Kontakte zwischen Spitzenpolitikern der beiden Länder seit Jahren ständig. Die wirtschaftlichen Investitionen, der kulturelle Austausch, die regionale Zusammenarbeit und das militärische gegenseitige Vertrauen zwischen China und den USA nehmen zu. Über wichtige regionale und globale Fragen wie die iranische Atomfrage, die Situation auf der koreanischen Halbinsel, den Klimawandel und die Bekämpfung der Ebola-Epidemie pflegen beide Länder in koordinierter Zusammenarbeit einen engen und effektiven Austausch. Dabei wird das gegenseitige Verständnis vertieft, das gegenseitige strategische Vertrauen gestärkt und die pragmatische Zusammenarbeit gefördert. China und die USA bemühen sich, gemeinsam neuartige Beziehungen aufzubauen, die ohne Konflikt und Konfrontation auskommen und durch gegenseitigen Respekt und Zusammenarbeit zum gemeinsamen Vorteil gekennzeichnet sind.

Im März 2014 besuchten First Lady Michelle Obama und ihre beiden Töchter China. In demselben Monat trafen sich Xi Jinping und Barack Obama in Den Haag. Beide Seiten stimmten darin überein, den Aufbau der neuartigen Beziehungen zwischen den beiden Großmächten gemeinsam zu fördern. Im 2014 fand das informelle APEC-Gipfeltreffen in Beijing statt. Barack Obama nahm daran teil und stattete China einen Staatsbesuch ab. Beim Zusammentreffen schlug Xi Jinping vor, die neuartigen Beziehungen zwischen den beiden Großmächten in sechs Schlüsselbereichen voranzutreiben. Obama schenkte den Vorschlägen von Xi Jinping große Aufmerksamkeit und war damit einverstanden, Austausch und Dialog zu verstärken, das gegenseitige Verständnis zu verbessern, die Zusammenarbeit zum gegenseitigen Nutzen zu vergrößern und die Widersprüche konstruktiv zu kontrollieren, um die neuartigen Beziehungen zwischen den beiden Großmächten gemeinsam voranzutreiben.

Die chinesisch-russischen Beziehungen

Seit der Unterzeichnung des Vertrags zur Förderung der guten Nachbarschaft, Freundschaft und Zusammenarbeit entwickelt sich die strategische Kooperationspartnerschaft zwischen China und Russland immer besser. Beide Seiten sind füreinander wichtigste Kooperationspartner geworden. Angesichts der komplizierten und wechselhaften internationalen Lage sowie des nach wie vor schwierigen globalen wirtschaftlichen Umfeldes erweitern China und Russland ihre gegenseitige politische Unterstützung und unterstützen einander dabei entschlossen, die Souveränität, die Sicherheit und die

Entwicklungsinteressen ihrer Länder zu wahren, einen den nationalen Gegebenheiten entsprechenden Entwicklungsweg zu gehen und die Weiterentwicklung und das Wiederaufleben des Landes herbeizuführen. China und Russland verbreitern umfassend ihre pragmatische Zusammenarbeit, wandeln die Vorteile in hochrangigen politischen Beziehungen in reale Errungenschaften um und realisieren eine gemeinsame Entwicklung. Beide Seiten intensivieren ihre Zusammenarbeit in internationalen und regionalen Angelegenheiten, erhalten entschlossen die gemeinsame strategische Sicherheit sowie die Zielsetzung und die Grundsätze der Charta der Vereinten Nationen und die grundlegenden Regeln der internationalen Beziehungen aufrecht, wahren die Ergebnisse des Zweiten Weltkriegs und die nachfolgende internationale Ordnung sowie die internationale Gerechtigkeit und Fairness und fördern Frieden, Stabilität und Prosperität in der Welt.

Am 9. Mai 2015 beteiligte sich Xi Jinping auf Einladung des russischen Präsidenten Putin an der Gedenkfeier zum 70. Jubiläum des Sieges über Nazi-Deutschland in Moskau und stattete Russland einen Staatsbesuch ab. Das war das 11. Zusammentreffen zwischen Xi und Putin nach seinem Amtsantritt. Xi lud Putin auch dazu ein, im September nach China zu kommen und an den Feierlichkeiten Chinas zum 70. Jahrestag des Sieges im chinesischen Widerstandskrieg gegen die japanische Aggression und im weltweiten Krieg gegen den Faschismus teilzunehmen.

Die chinesisch-europäischen Beziehungen

1975 nahmen China und die Europäische Wirtschaftsgemeinschaft diplomatische Beziehungen auf, die 2003 zu einer umfassenden strategischen Partnerschaft zwischen China und der Europäischen Union ausgebaut wurden. Regelmäßig finden Gipfeltreffen sowie strategische, wirtschaftliche und kulturelle Dialoge zwischen hochrangigen Politikern beider Seiten statt. Beratungs- und Dialogstrukturen auf verschiedenen Ebenen in den Bereichen Politik, Wirtschaft und Handel, Wissenschaft und Technik, Energieressourcen, Umweltschutz usw. wurden etabliert. Mit einem Handelsvolumen von 615,1 Milliarden Euro war Ende 2014 die EU Chinas größter Handelspartner und China der zweitgrößte Handelspartner der EU.

Vom 22. März bis 1. April 2014 besuchte Xi Jinping die Niederlande, Frankreich, Deutschland und Belgien. Er nahm am Gipfeltreffen zur Atomsicherheit in Den Haag teil, besuchte den Sitz der UNESCO und der EU und traf mit mehreren europäischen Staatsoberhäuptern bzw. Regierungschefs zusammen. Dabei brachte er den Vorschlag vor, die Kräfte, die Märkte und die Kulturen von China und Europa zu verbinden, um eine chinesisch-europäische Partnerschaft zur Förderung des Friedens, des Wachstums, der Reformen und des Kulturaustauschs aufzubauen. Vom 9. bis 18. Oktober stattete Ministerpräsident Li Keqiang

Ein Ausländer und sein Sohn nehmen am 20. Juni 2015 am internationalen Drachenbootwettbewerb in Nanjing teil.

Deutschland, Russland und Italien einen Staatsbesuch ab, führte den Vorsitz bei den 3. deutsch-chinesischen Regierungskonsultationen, nahm an zahlreichen bilateralen und multilateralen Veranstaltungen teil, besuchte den Sitz der Ernährungs- und Landwirtschaftsorganisation der Vereinten Nationen und förderte damit erneut die pragmatische Zusammenarbeit zum gegenseitigen Vorteil und gemeinsamen Gewinn zwischen China und der EU.

Am 5. Mai 2015 fand der 5. hochrangige strategische Dialog zwischen China und der EU statt, in dessen Rahmen der 40. Jahrestag der Aufnahme diplomatischer Beziehungen zwischen China und der EU gefeiert wurde. Beide Seiten vereinbarten, den Handelsverkehr zu verstärken und den Personenverkehr zu vereinfachen. Durch Reform und Innovation sollten China und die EU einen Weg der nachhaltigen Entwicklung gehen und die gemeinsamen Vorteile beim Aufbau des Wirtschaftsgürtels entlang der Seidenstraße entdecken.

Die chinesisch-japanischen Beziehungen

China und Japan sind Nachbarländer. China tritt stets dafür ein, dass beide Seiten in Übereinstimmung mit dem Prinzip „Lehre aus der Geschichte heranziehen und sich der Zukunft zuwenden" sowie dem Geist der vier wichtigen politischen Dokumenten zwischen beiden Seiten[1] die chinesisch-japanischen Beziehungen vorantreiben. Im 21. Jahrhundert verschlechterten sich jedoch die bilateralen Beziehungen wegen böswilliger Handlungen Japans in Bezug auf historische Fragen und die Diaoyu-Inseln-Frage. Im November 2014 gaben beide Seiten den Vier-Punkte-Konsens zur Behandlung und Verbesserung der chinesisch-japanischen Beziehungen bekannt. Auf dieser Basis traf Staatspräsident Xi Jinping kurz mit dem japanischen Premierminister Shinzō Abe zusammen, der zum informellen APEC-Gipfeltreffen nach China kam. Die Beziehungen zwischen beiden Seiten begannen sich zu verbessern.

2015 wurde der 70. Jahrestag des Sieges Chinas im chinesischen Widerstandskrieg gegen die japanische Aggression und im weltweiten Krieg gegen den Faschismus ge-

---

[1] Es bezieht sich auf die Gemeinsame Erklärung von China und Japan über die Wiederherstellung diplomatischer Beziehungen (1972), den Friedens- und Freundschaftsvertrag zwischen China und Japan (1978), die Gemeinsame Erklärung von China und Japan (1998) und die Gemeinsame Erklärung von China und Japan über die Förderung der strategischen Beziehungen des gegenseitigen Nutzens (2008) – *Anm. d. Ü.*

Einweihung des China-EU-Freundschaftsgartens in der Fremdsprachenuniversität Beijing am 12. Mai 2015

feiert. China fordert Japan auf, am Vier-Punkte-Konsens und dem Geist der Murayama-Erklärung strikt festzuhalten, die Aggressionsgeschichte richtig zu betrachten und sich zu prüfen und historische sowie wichtige und empfindliche Fragen angemessen zu behandeln. Gleichzeitig fördert China weiterhin den Austausch und die Zusammenarbeit mit Japan in unterschiedlichen Bereichen, um die dauerhafte Verbesserung und Entwicklung der beiderseitigen Beziehungen voranzutreiben.

Nationalflaggen in Qionghai während des Boao-Asienforums am 28. März 2015

Beteiligung an multilateralen Angelegenheiten

China geht eine immer tiefere und engere Verbindung mit der internationalen Gemeinschaft ein und beteiligt sich immer intensiver und umfassender an multilateralen Angelegenheiten. China ist ein aktiver Initiator und Teilnehmer der diplomatischen Strukturen und Aktivitäten auf multilateraler Ebene. Die Spitzenpolitiker Chinas beteiligen sich regelmäßig an den UNO-Konferenzen, den Gipfeltreffen von APEC, der Asien-Europa-Konferenz, G20 und der BRICS-Staaten und haben damit positiv auf die internationale und regionale Zusammenarbeit eingewirkt und das internationale Ansehen und die Weltstellung Chinas gesteigert.

Im Rahmen der regionalen Organisationen und multilateralen Strukturen betreibt China aktiv die regionale multilaterale Diplomatie. Im Bereich Politik und Sicherheit veranstaltete China erfolgreich die Sechs-Parteien-Gespräche über das nordkoreanische Kernwaffenprogramm. China nimmt engagiert am ASEAN-Forum teil und fördert tatkräftig die Zusammenarbeit in Politik und Sicherheit im Rahmen der Shanghai-Kooperationsorganisation.

Das Boao-Asienforum

Vor dem Hintergrund der beschleunigten Entwicklung der wirtschaftlichen Globalisierung und der regionalen Wirtschaftskooperation in Asien wurde im Februar 2001 auf Initiative von 25 asiatischen Ländern und Australien in der Gemeinde Boao auf der südchinesischen Insel Hainan die Gründungsversammlung des Boao-Asienforums abgehalten. Als eine inoffizielle, nicht gewinnorientierte, regelmäßig stattfindende internationale Organisation mit festem Tagungsort bietet das Boao-Asienforum den Regierungen, Unternehmen, Experten und Wissenschaftlern eine Plattform für hochrangige Dialoge über Wirtschaft, Soziales, Umwelt und andere Fragen. Boao ist der ständige Sitz des Forums. Vom 26. bis 29. März 2015 fand das Boao-Asienforum unter dem Thema „Asiens neue Zukunft: gemeinsam auf dem Weg zu einer Schicksalsgemeinschaft" statt.

In Bezug auf die wirtschaftliche Entwicklung legt China Wert darauf, die regionale Wirtschaftskooperation und -integration durch pragmatische Maßnahmen voranzubringen. China spielt nicht nur eine wichtige Rolle in der APEC, sondern fördert auch aktiv den Aufbau multilateraler Mechanismen wie der China-ASEAN-Freihandelszone und der umfassenden regionalen Wirtschaftspartnerschaft.

China beteiligt sich engagiert an überregionalen Süd-Nord-Gesprächen und Kooperationen zwischen Kontinenten und zwischen fachlichen Organisationen. Durch Plattformen wie die Asien-Europa-Konferenz, das Forum für chinesisch-afrikanische

Chinesische Soldaten einer UNO-Friedensmission

Zusammenarbeit, das Forum für chinesisch-arabische Zusammenarbeit, das Forum zwischen China und den lateinamerikanischen Ländern, das Weltwirtschaftsforum, das Boao-Asienforum sowie fachbezogene Konferenzen hat China eine positive und verantwortungsvolle Rolle dabei gespielt, die neue gerechte und vernünftige internationale Ordnung zu wahren, die Finanzkrise zu überwinden und die globale Klimaerwärmung zu bekämpfen. Ferner hat China bedeutende und konstruktive Beiträge zur Lösung wichtiger regionaler Fragen wie des Korea-Konflikts, der iranischen Atomfrage, des Nahostkonflikts sowie der Ukraine-Krise geleistet.

China und die UNO

Als ständiges Mitglied des UNO-Sicherheitsrates bemüht sich China um die Wahrung der Ziele und Grundsätze der Charta der Vereinten Nationen und tritt für die friedliche Lösung internationaler Konflikte durch Gespräche und Verhandlungen ein. China betrachtet die UNO als Kern der internationalen multilateralen Organisationen und Strukturen und erkennt ihre unersetzbare Rolle bei

Ein Glück verheißender Anhänger interessiert einen ausländischen Gast.

Gelände des APEC-Gipfeltreffens in Beijing

der Wahrung des Weltfriedens sowie bei der Förderung der gemeinsamen Entwicklung und der internationalen Zusammenarbeit an.

China unterstützt die UNO-Friedensmissionen und beteiligt sich engagiert an ihnen. In Bezug auf die Zahl der entsandten Soldaten steht China unter den fünf ständigen Mitgliedern des UNO-Sicherheitsrates an erster Stelle. China unterstützt die Arbeit der einzelnen UNO-Organe und nimmt aktiv daran teil. Im März 2014 besuchte Staatspräsident Xi Jinping die UNESCO und äußerte seine Meinungen und Vorschläge über den Austausch und das gegenseitige Lernen im Kulturbereich. Er betonte, dass man den gegenseitigen Respekt und die harmonische Koexistenz unterschiedlicher Kulturen fördern sollte.

China und die APEC

Die Asia-Pacific Economic Cooperation (APEC) wurde 1989 gegründet. Sie ist die ranghöchste und einflussreichste Struktur der wirtschaftlichen Kooperation im Asien-Pazifik-Raum und auch die größte multilaterale Organisation für regionale Wirtschaftszusammenarbeit. China weiß die Rolle der APEC zu schätzen und hat an allen informellen APEC-Gipfeltreffen teilgenommen. China unterstützt stets die Zusammenarbeit im Rahmen der APEC auf verschiedenen Ebenen und in unterschiedlichen Bereichen und beteiligt sich aktiv daran, und hat damit wichtige Beiträge zur ständigen Entwicklung der Zusammenarbeit geleistet. Vom 5. bis 11. November 2014 fand das informelle APEC-Gipfeltreffen in Beijing statt. Dabei wurden die Richtungen und Ziele der zukünftigen Zusammenarbeit im Asien-Pazifik-Raum festgelegt und wichtige Entscheidungen für die Errichtung der asiatisch-pazifischen Freihandelszonen getroffen, ein neuer Plan für die Vernetzung des Asien-Pazifik-Raums wurde ausgearbeitet.

China und die Shanghai-Kooperationsorganisation

Am 26. April 1996 trafen die Staatsoberhäupter von China, Russland, Kasachstan, Kirgisistan und Tadschikistan in Shanghai zum ersten Mal zusammen. Dabei wurde die so genannte Shanghai-Five, eine Struktur von regelmäßigen Konsultationen, etabliert. Am

Informative Internetseite

www.sectsco.org/EN123/
Der Internetauftritt der Shanghai-Kooperationsorganisation. Hier findet man umfassende Informationen über die Geschichte, die Mitgliedsstaaten sowie Dokumente der SCO.

15. Juni 2001 wurde auf Basis der Shanghai-Five die Shanghai-Kooperationsorganisation (SCO) ins Leben gerufen. Die SCO ist die erste in China gegründete und mit dem Namen einer chinesischen Stadt benannte internationale Organisation. Ende 2014 hatte die SCO sechs Mitglieder, fünf Beobachter und drei Gesprächspartner.

China setzt sich seit Gründung der SCO dafür ein, die gute Nachbarschaft und Freundschaft sowie die Zusammenarbeit zwischen den SCO-Mitgliedsstaaten zu fördern. Auf der 14. Konferenz des Rates der Staatsoberhäupter der SCO-Mitgliedsstaaten am 12. September 2014 in Duschanbe, der Hauptstadt Tadschikistans, tauschten die Staatsoberhäupter der SCO-Mitgliedsstaaten ihre Meinungen über die weitere Entwicklung der SCO und die internationale bzw. regionale Lage umfassend aus und kamen zu wichtigen Übereinstimmungen. Staatspräsident Xi Jinping hielt dabei eine Rede unter dem Titel „Die SCO durch ehrliche und enge Zusammenarbeit auf ein höheres Niveau bringen", fasste die Arbeit der SCO in der Vergangenheit zusammen und legte die Richtung der Schwerpunktarbeit der SCO in der nächsten Periode fest. Am 15. Dezember 2014 fand unter Teilnahme von Ministerpräsident Li Keqiang die 13. Konferenz des Rates der Regierungschefs der SCO-Mitgliedsstaaten in Astana, der Hauptstadt Kasachstans, statt.

China und die BRICS-Staaten

Die Abkürzung BRIC steht für die Anfangsbuchstaben der vier involvierten Staaten: Brasilien, Russland, Indien und China. Im Dezember 2010 führte China den Vorsitz in der Kooperationsstruktur der BRIC-Staaten und kam mit Russland, Indien und Brasilien überein, Südafrika in diese Struktur aufzunehmen. Dementsprechend wechselte der Name von BRIC zu BRICS.

Auf dem 7. Gipfeltreffen der BRICS-Staaten am 8. und 9. Juli 2015 in Ufa, Russland, tauschten die Staatsoberhäupter der BRICS-Staaten unter dem Leitgedanken „Partnerschaft der BRICS-Staaten – kräftiger Faktor für die Weltentwicklung" ihre

Kongfu trainieren

Zwei Studenten aus den ASEAN-Staaten beim Gesangs- und Tanzfest der Zhuang

Meinungen über die globale Wirtschaftslage und die internationalen Politik- und Sicherheitsfragen aus und kamen zu umfassenden Übereinstimmungen. Staatspräsident Xi Jinping hielt dabei die Grundsatzrede „Gemeinsamer Aufbau der Partnerschaft und gemeinsame Schaffung einer schönen Zukunft" und erklärte systematisch die Auffassung Chinas über die verstärkte Zusammenarbeit zwischen den BRICS-Staaten. Er appellierte, vier große Partnerschaften aufzubauen, die den Weltfrieden wahren, die gemeinsame Entwicklung fördern, unterschiedliche Kulturen verbreiten und das Weltregieren verstärken.

China und die ASEAN

1991 nahmen China und die ASEAN die Dialogbeziehungen und 2003 die strategische Partnerschaft für Frieden und Prosperität auf. Im Laufe der Zeit sind Dialog- und Kooperationsstrukturen auf unterschiedlichen Ebenen zwischen den beiden Seiten entstanden, in deren Rahmen Gipfeltreffen, Ministerkonferenzen und Konferenzen hoher Beamter regelmäßig stattfinden. Seit 1997 ist das Gipfeltreffen 17-mal veranstaltet worden. Beide Seiten legten die elf Bereiche Landwirtschaft, Informations- und Kommunikationstechnik, Personalwesen, gegenseitige Investitionen, Entwicklung des Mekong-Einzugsgebietes, Verkehr, Energie, Kultur, Tourismus, Gesundheit und Umwelt als Schwerpunkte der Zusammenarbeit fest. Seit 2009 ist China der größte Handelspartner der ASEAN und seit 2011 ist die ASEAN der drittgrößte Handelspartner Chinas. 2010 wurde die ASEAN-China-Freihandelszone gegründet und auf 94,8 Prozent aller Waren wurde kein Zoll erhoben. 2014 belief sich die Zahl des Personalverkehrs zwischen beiden Seiten auf über 18 Millionen und die Zahl der Auslandsstudenten der beiden Seiten auf über 180 000.

China und die ASEAN pflegen gute Beziehungen. Im Oktober 2003 besuchte Staatspräsident Xi Jinping die ASEAN-Staaten und initiierte den gemeinsamen Aufbau einer engeren China-ASEAN-Schicksalsgemeinschaft und der maritimen Seidenstraße des 21. Jahrhunderts. Ministerpräsident Li Keqiang stellte auf dem 16. China-ASEAN-Gipfel den „Kooperationsrahmen 2+7" vor. Darunter versteht man zwei politische Übereinstimmungen (Vertiefung des strategischen gegenseitigen Vertrauens und konzentrierte Entwicklung der wirtschaftlichen Zusammenarbeit) zur Entwicklung der China-ASEAN-Beziehungen und sieben Bereiche (Politik, Wirtschaft und Handel, Konnektivität, Finanz, maritime Zusammenarbeit, Sicherheit, Gesellschaft und Personalwesen) als Schwerpunkte für die künftige Zusammenarbeit. Auf dem 17. China-ASEAN-Gipfel schlug er vor, auf der Basis des „Kooperationsrahmens 2+7" den Vertrag zwischen China und den ASEAN-Staaten über gute Nachbarschaft und freundschaftliche Zusammenarbeit zu unterzeichnen, den Aktionsplan zur Umsetzung der gemeinsamen Erklärung für den Aufbau einer strategischen Partnerschaft zwischen China und der ASEAN für Frieden und Prosperität (2016–2020) in Gang zu setzen, ein inoffizielles Treffen der Verteidigungsminister von China und den ASEAN-Staaten in China zu veranstalten und das Jahr 2015 als Jahr der maritimen Zusammenarbeit zwischen China und der ASEAN festzulegen. Diese Vorschläge stießen auf positive Resonanz aller ASEAN-Staaten.

China und die G20

Die G20 ist ein internationales Forum der wirtschaftlichen Zusammenarbeit und wurde am 25. September 1999 von den G8-Finanzministern in Washington ins Leben gerufen. Nach dem Ausbruch der internationalen Finanzkrise 2008 hat ihre Bedeutung als Gipfeltreffen noch zugenommen. Die G20 besteht aus 19 Staaten und der EU, darunter Industrieländer wie die USA, Großbritannien, Japan und Deutschland sowie aufstrebende Länder wie China, Russland und Indien. Die Zielsetzung der G20 ist die Förderung offener und konstruktiver Diskussionen zwischen Industrie- und aufstrebenden Ländern, die die Koordination der makrowirtschaftlichen Politik verstärken sowie eine dynamische, ausgewogene und nachhaltige Entwicklung der Weltwirtschaft fördern sollen.

Am 15. November 2014 fand der 9. G20-Gipfel in Brisbane, Australien, statt. Dabei hielt Staatspräsident Xi Jinping eine Rede unter dem Titel „Förderung der Entwicklung und Innovation, Realisierung des gemeinsamen Wachstums" und schlug vor, dass alle Länder mit Blick auf die wirtschaftliche Reform und Entwicklung Partner für einander sein und die Strategie der umfassenden Entwicklung umsetzen sollten, damit sich die Weltwirtschaft von ihrer periodischen Erholung zu einer nachhaltigen Entwicklung stabilisiere. Xi betonte, dass China seine wirtschaftliche Entwicklungstendenz beibehalten und einen größeren Beitrag zur Förderung des Wachstums der Weltwirtschaft leisten werde.

China und die CICA

Die Konferenz über Zusammenarbeit und vertrauensbildende Maßnahmen in Asien (CICA) ist ein multilaterales Forum über Sicherheitsfragen. Ihr Ziel liegt darin, durch multilaterale vertrauensbildende Maßnahmen den Dialoge und die Zusammenarbeit zwischen den Mitgliedsländern zu verstärken sowie den Frieden, die Sicherheit und die Stabilität in Asien zu fördern. Zurzeit sind vertrauensbildende Maßnahmen in den Bereichen Militärpolitik, neue Bedrohungen und Herausforderungen, Wirtschaft, Ökologie und Kultur ausgearbeitet. Die CICA hat jetzt 26 Mitglieder und 12 Beobachter aus Asien und Europa. Das Gipfeltreffen und die Konferenz der Außenminister finden abwechselnd alle zwei Jahre statt.

Auf dem 4. CICA-Gipfeltreffen am 20./21. Mai 2014 in Shanghai führte Staatspräsident Xi Jinping den Vorsitz. Er betonte in seiner Rede, dass China mit allen Seiten zusammen ein gemeinsames, umfassendes, kooperatives und nachhaltiges Sicherheitskonzept in Asien auf den Weg bringen und neue Strukturen für die regionale Sicherheit und Zusammenarbeit schaffen sowie einen gemeinsamen Weg der asiatischen Sicherheit einschlagen werde, der von allen entwickelt und geteilt wird und allen dient. Auf diesem Gipfeltreffen übernahm China den CICA-Vorsitz zwischen 2014 und 2016.

Blumenmeer „Friedenstaube" in Shanghai

Die Asiatische Infrastruktur-Investmentbank

Die Asiatische Infrastruktur-Investmentbank (AIIB) ist eine zwischenstaatliche Organisation für multilaterale Entwicklung in Asien. Sie unterstützt vor allem den Infrastrukturaufbau in den asiatischen Ländern, um ihre Konnektivität und wirtschaftliche Integration zu fördern sowie die Zusammenarbeit zwischen China und anderen asiatischen Ländern bzw. Regionen zu verstärken. Der Sitz der AIIB liegt in Beijing.

Entwicklung der AIIB: Am 2. Oktober 2013 brachte Xi Jinping den Vorschlag über die Gründung der AIIB vor. Am 24. Oktober 2014 unterzeichneten in Beijing die Finanzminister oder ihre Beauftragten der ersten 21 Länder mit Beitrittsinteresse, darunter China, Indien und Singapur, den Vertrag über die Gründung der AIIB.

Am 12. März 2015 stellte Großbritannien als erstes wichtiges westliches Land den Antrag zur Teilnahme an der AIIB. Danach bekundeten auch Frankreich, Italien, Deutschland und wichtige Schwellenländer wie Südkorea, Russland und Brasilien ihr Beitrittsinteresse als Gründungsmitglieder.

Bis zum 15. April 2015 hatte die AIIB 57 Gründungsmitglieder, darunter 37 asiatische Länder und 20 außerhalb Asiens. Abgesehen von den USA, Japan und Kanada haben sich alle wichtigen westlichen Länder und die meisten Länder in Asien und Europa der AIIB angeschlossen. Später können auch andere Länder als reguläres Mitglied der AIIB beitreten.

Am 29. Juni 2015 unterzeichneten die Vertreter der 57 Gründungsmitglieder in Beijing das Gründungsabkommen der AIIB, das auch als die grundlegenden Bestimmungen für ihre Funktion gilt.

Financial Street in Beijing

Karawane auf der Seidenstraße

„Ein Gürtel und eine Straße"

„Ein Gürtel und eine Straße" bezieht sich auf den Wirtschaftsgürtel entlang der Seidenstraße und die maritime Seidenstraße des 21. Jahrhunderts. Das Konzept geht auf die Initiative Chinas zurück und repräsentiert den gemeinsamen Wunsch von China und anderen Ländern entlang der Seidenstraße. Nachdem Staatspräsident Xi Jinping das Konzept „Ein Gürtel und eine Straße" im Herbst 2013 vorgebracht hatte, haben bis heute über 60 Länder und internationale Organisationen ihr Unterstützungsinteresse bekundet. Die Teilnahme an „Ein Gürtel und eine Straße" entspricht den Interessen und Anliegen aller Seiten. Die Prinzipien der Diskussion, der gemeinsamen Entwicklung und des gemeinsamen Gewinns zeigen die offene Haltung Chinas. Gemäß dem Prinzip des gegenseitigen Nutzens und gemeinsamen Gewinns arbeitet China mit anderen Ländern entlang der Seidenstraße zusammen und teilt mit ihnen die Errungenschaften von Chinas Entwicklung.

Es ist besonders wichtig, den Geist der Seidenstraße – Friede und Zusammenarbeit, Offenheit und Toleranz, gegenseitiges Lernen und gemeinsamer Gewinn – zu pflegen und zu fördern. Er entspricht der Strömung der Zeit, die von Frieden, Entwicklung, Zusammenarbeit und gemeinsamem Gewinn geprägt ist, und wird die gemeinsame Entwicklung und gemeinsame Prosperität vorantreiben.

 CHINA 2015

07

Volkswirtschaft

Durch die Reformen und die Öffnung in den vergangenen mehr als 30 Jahren hat die sozialistische Marktwirtschaft in China Gestalt angenommen. Die Politik der Öffnung nach außen wurde in unterschiedlichen Bereichen und auf verschiedenen Ebenen umgesetzt, mit einigen Bereichen und Gebieten als Schwerpunkt. Das alles hat zur raschen Entwicklung der chinesischen Wirtschaft beigetragen. China hält die umfassende Vertiefung der Reformen für das Gesamtziel und vertieft in Übereinstimmung mit der entscheidenden Rolle des Marktes bei der Ressourcenallokation die Reform des wirtschaftlichen Systems, verfolgt und verbessert das grundlegende wirtschaftliche System konsequent weiter, beschleunigt die Verbesserung des modernen Marktsystems, der Globalsteuerung und des offenen Wirtschaftssystems, die Umwandlung des wirtschaftlichen Entwicklungsmodells und der Aufbau eines kreativen Staates, um eine effektivere, fairere und nachhaltigere Entwicklung der Wirtschaft voranzutreiben.

- Entwicklung und Transformation der Wirtschaft
- Reform des Wirtschaftssystems ● Regulierung der Wirtschaftsstruktur
- Innovationsgetriebene Entwicklung ● Öffnung nach außen
- Koordinierte Entwicklung verschiedener Regionen
- Landwirtschaft ● Industrie ● Dienstleistungen

Kläranlage

Entwicklung und Transformation der Wirtschaft

Informative Internetseite

http://de.ce.cn/
China Economic Net bietet vor allem wirtschaftliche Informationen, Nachrichten und Dienstleistungen an. Mehr als vierzig verschiedene Wirtschaftsdatenbanken runden das Informationsangebot ab.

Die wirtschaftliche Entwicklung als Hauptaufgabe des Staates zu betrachten, ist für den Aufstieg Chinas von wichtiger Bedeutung. Die wirtschaftliche Entwicklung Chinas wird durch die Umsetzung der Fünfjahrpläne realisiert. Zurzeit wird der 12. Fünfjahrplan (2011–2015) durchgeführt. Dank des ständigen und schnellen Wachstums seit der Einführung der Reform- und Öffnungspolitik hat China nun weltweit das zweitgrößte Wirtschaftsvolumen.

Die große Bevölkerungszahl und die relativ rückständige wirtschaftliche Entwicklung führen dazu, dass China ein dynamisches Wachstum aufrechterhalten kann und als eine der Wirtschaftmächte mit dem höchsten Entwicklungspotential gilt. Trotzdem zählt China immer noch zu den Entwicklungsländern.

Gegenwärtig versucht China gemäß dem Gesamtziel der umfassenden Vertiefung der Reformen und dem Wissenschaftlichen Entwicklungskonzept das Entwicklungsmodell zu verändern, indem mit konzentrierten Kräften Qualität und Effizienz gefördert werden. Dazu werden alle Marktteilnehmer zu neuer Vitalität aufgerufen, die Entwicklung vor allem durch Innovationen voranzutreiben und ein neues System für die Gestaltung der modernen Industriebranchen zu etablieren. Damit ergeben sich neue Chancen für die Entwicklung einer offenen Wirtschaft, charakterisiert durch mehr Binnennachfrage, einen modernen Dienstleistungssektor und zukunftsweisende Branchen von strategischer Bedeutung, wissenschaftlich-technische Fortschritte, qualifizierte Werktätige, innovatives Management, Ressourceneinsparung, Kreislaufwirtschaft und koordinierte Entwicklung von Stadt und Land sowie von verschiedenen Regionen.

Reform des Wirtschaftssystems

Das System der sozialistischen Marktwirtschaft hat nun in China Gestalt angenommen und soll bis 2020 vervollständigt sein.

Die Reform des Wirtschaftssystems bildet den Schwerpunkt der umfassenden Vertiefung der Reformen. Vor allem soll die Beziehung zwischen der Regierung und dem Markt vernünftig gestaltet werden, damit der Markt eine entscheidende Rolle bei der Verteilung von Ressourcen spielen und die Regierung ihre Funktion besser zur Geltung bringen kann.

Die Intensivierung der Reform des Wirtschaftssystems zielt in folgende Richtung:

- ☆ Das Gemeineigentum konsolidieren und entwickeln, vielfältige Formen der Realisierung des Gemeineigentums praktizieren, die Reform der staatseigenen Unternehmen vertiefen und verschiedene Verwaltungssysteme für das Staatsvermögen vervollkommnen.
- ☆ Die Entwicklung der nicht-gemeineigenen Wirtschaften fördern, unterstützen und anleiten und es gewährleisten, dass die Wirtschaften verschiedener Eigentumsformen gesetzesgemäß und gleichberechtigt Produktionsfaktoren verwenden, sich fair am Wettbewerb auf dem Markt beteiligen und gleichermaßen gesetzlich geschützt werden.
- ☆ Das moderne Marktsystem vervollständigen und den Aufbau in Bezug auf die Verankerung der Ziele und politischen Maßnahmen der Globalsteuerung in Mechanismen intensivieren.
- ☆ Die Reform des Finanz- und Steuersystems beschleunigen, damit sich ein Steuersystem herausbildet, das der strukturellen Optimierung und der sozialen Fairness förderlich ist.

Prächtige Lampiondekoration in einer Gastronomie-Straße

Neuer wirtschaftlicher Normalzustand in China

Staatspräsident Xi Jinping hat in seiner Rede anlässlich der Eröffnung des CEO-Gipfeltreffens der APEC am 9. November 2014 den neuen wirtschaftlichen Normalzustand in China ausführlich dargelegt.

Der neue Normalzustand ist durch folgende Merkmale gekennzeichnet: Die Wirtschaft wächst mit einer mittleren Geschwindigkeit anstatt mit Hochgeschwindigkeit; die Wirtschaftsstruktur wird stets optimiert und modernisiert; die wirtschaftliche Entwicklung wird eher durch Innovation statt durch Vermehrung der Produktionsfaktoren und Investitionen gefördert.

Der neue Normalzustand eröffnet China neue Entwicklungschancen: Das Wachstumstempo der Wirtschaft hat sich zwar reduziert, aber das Wachstumsvolumen ist immer noch beträchtlich; die Wirtschaft weist ein stabiles Wachstum auf und wird durch verschiedene Triebkräfte gefördert; die Optimierung und Modernisierung der Wirtschaftsstruktur garantiert der chinesischen Wirtschaft eine sichere Zukunft; die Regierung setzt sich für Bürokratieabbau und Kompetenzdelegation ein, wodurch die Vitalität des Marktes zur vollen Geltung gebracht wird.

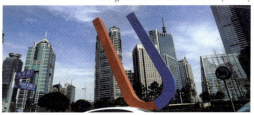

Shanghai World Financial Center (SWFC)

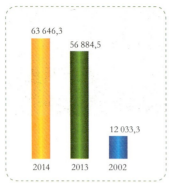

Bruttoinlandsprodukt
(Mrd. Yuan)

2014: 63 646,3
2013: 56 884,5
2002: 12 033,3

Werkhalle der Anhui GmbH für Bergbauanlagen

☆ Einen Mechanismus zur rationellen Teilhabe an den Einnahmen aus der Veräußerung von öffentlichen Ressourcen etablieren.

☆ Die Reform des Finanzwesens vertiefen, das moderne Finanzsystem, das die makroökonomische Stabilität fördert und die Entwicklung der Realwirtschaft unterstützt, vervollständigen; die privat betriebenen Finanzinstitutionen beschleunigt entwickeln, die Kontrolle und Verwaltung des Finanzwesens vervollkommnen, die Erneuerung des Finanzwesens vorantreiben und die Stabilität des Finanzwesens wahren.

Regulierung der Wirtschaftsstruktur

Seit Beginn der Reformen und der Öffnung hat China den Schwerpunkt auf die Leichtindustrie verlagert, die Einfuhr von Luxusartikeln gesteigert, den Aufbau der Grundindustrien und der Infrastruktur verstärkt und den tertiären Sektor nachdrücklich entwickelt, so dass die wirtschaftliche Struktur Chinas immer rationaler und weiter optimiert und modernisiert wird.

Die strategische Regulierung der Wirtschaftsstruktur voranzutreiben ist die Hauptstoßrichtung der beschleunigten Veränderung des wirtschaftlichen Entwicklungsmodells. Die Hauptrichtung der Regulierung der Wirtschaftsstruktur ist:

☆ Die Erweiterung der Inlandsnachfrage als strategische Grundlage fest erfassen, langfristige Mechanismen für die Erweiterung der Nachfrage im Konsumbereich beschleunigt etablieren, das Konsumpotential der Einwohner freisetzen, das vernünftige Anwachsen der Investitionen aufrechterhalten und den Umfang des Binnenmarktes erweitern.

☆ Die Entwicklung der Realwirtschaft als feste Grundlage gut in den Griff bekommen, die der Entwicklung der Realwirtschaft besser dienlichen politischen Maßnahmen ergreifen, die gesunde Entwicklung der zukunftsweisenden Industrien von strategischer Bedeutung und der fortschrittlichen Fertigungsindustrie vorantreiben, die Transformation und Modernisierung der traditionellen Industrien beschleunigen.

☆ Die Informationsinfrastruktur der nächsten Generation aufbauen, das Industriesystem für die moderne Informationstechnologie entwickeln, das System zur Wahrung der Informationssicherheit vervollständigen und die umfassende Verwendung der Informations- und Internettechnik fördern.

☆ Die Kernkonkurrenzfähigkeit der großen und mittelgroßen Unternehmen erhöhen und die Entwicklung der Klein- und Kleinstunternehmen, insbesondere der technologieorientierten, unterstützen.

☆ Die Gesamtstrategie für die regionale Entwicklung weiter durchführen, die komparativen Stärken verschiedener Regionen voll zur Entfaltung bringen, die Erschließung der westlichen Gebiete vorrangig vorantreiben, die alten Industriebasen in Nordostchina und anderen Gebieten allseitig wiederbeleben, den Aufstieg der zentralen Gebiete energisch fördern und die östlichen Gebiete aktiv unterstützen, sich als Vorreiter zu entwickeln.

☆ Den Umfang und die Standortverteilung der Ballungsgebiete wissenschaftlich planen und die Funktionen der mittelgroßen und kleinen Städte sowie der Gemeinden in Bezug auf die Entwicklung der Industrie, die öffentlichen Dienstleistungen, die Beschäftigung und die Konzentration der Bevölkerung verstärken.

Elektroautos beim Aufladen

Innovationsgetriebene Entwicklung

Die rasche Entwicklung der chinesischen Wirtschaft seit den Reformen und der Öffnung vor über dreißig Jahren basiert vor allem auf den niedrigen Kosten von Arbeitskräften, Ressourcen und Umwelt. Nach dem Eintritt in die neue Entwicklungsphase hat China die Strategie der innovationsgetriebenen Entwicklung ausgearbeitet.

Die Hauptinhalte dieser Strategie sind:

☆ Die Reform des wissenschaftlich-technischen Systems vertiefen, die enge Verbindung der Wissenschaft und Technik mit der Wirtschaft fördern, mit konzentrierten Kräften ein marktorientiertes System technischer Innovationen etablieren, das Unternehmen als Hauptträger betrachtet und Produktion, Lehre und Forschung miteinander verbindet.

☆ Das System zur Wissenserneuerung vervollkommnen, das Niveau der wissenschaftlichen Forschung und die Fähigkeit zur Umwandlung ihrer Ergebnisse in reale Produktivkräfte erhöhen.

☆ Die wichtigen nationalen Spezialprojekte für Wissenschaft und Technik durchführen und bahnbrechende Fortschritte bei der Beseitigung

Die Makers

Gegenwärtig gehen neue Impulse für die wirtschaftliche Entwicklung aus. Die Entwicklung des Dienstleistungssektors wird beschleunigt, die strategisch wichtigen aufstrebenden Branchen werden gefördert, die Online-Finanzbranche erlebt einen Boom, neue Geschäftsformen wie E-Commerce und Expresslieferung erfahren eine rasante Entwicklung, eine Menge von so genannten Makers zeigen ihr Talent und die Kultur- und Kreativindustrie nimmt einen Aufschwung.

Die Makers sind junge Leute, die nicht gewinnorientiert, sondern aus reinem Interesse ihre Ideen in die Tat umzusetzen versuchen. Zurzeit schießen private Makervereinigungen wie Pilze aus der Erde; Beijing Makerspace, Chaihuo Makerspace in Shenzhen und Xinchejian in Shanghai sind die zentralen Hackerspaces in China. Da durch den Einsatz von Internet, Open-Source-Software und -Hardware, 3D-Druckern und anderen neuen Technologien die Grenzkosten noch relativ gering bleiben, ist eine derartige Existenzgründung für viele junge Leute attraktiv.

Sonderwirtschaftszone Xiamen aus der Vogelperspektive

„Ein Gürtel und eine Straße"

Als Staatspräsident Xi Jinping im September und Oktober 2013 zentral- und südostasiatische Länder besuchte, machte er die Vorschläge, einen Wirtschaftsgürtel entlang der Seidenstraße und eine maritime Seidenstraße des 21. Jahrhunderts aufzubauen, was abgekürzt als „Ein Gürtel und eine Straße" bezeichnet wird. Seine Vorschläge erregten internationale Aufmerksamkeit.

„Ein Gürtel und eine Straße" ist weder eine Organisation noch ein Mechanismus, sondern ein Konzept und eine Initiative zur Zusammenarbeit und Entwicklung. Es beruht auf den gegenwärtigen bilateralen und multilateralen Mechanismen sowie den bestehenden effektiven Plattformen der regionalen Zusammenarbeit. China beabsichtigt, im Namen des historischen Begriffs „Seidenstraße" und unter Hochhalten des Banners der friedlichen Entwicklung aktiv die wirtschaftliche Partnerschaft mit den betreffenden Staaten zu entwickeln und mit ihnen zusammen eine Interessen-, Schicksals- und Verantwortungsgemeinschaft zu bilden, die sich durch gegenseitiges politisches Vertrauen, wirtschaftliche Integration und kulturelle Inklusivität auszeichnet.

entscheidender technischer Engpässe erzielen; die Erforschung, Entwicklung und Anwendung der neuen Technik, der neuen Produkte und Technologien beschleunigen, und die technische Integration und die Erneuerung der kommerziellen Modelle verstärken.

☆ Die Bewertungsnormen und die Anspornmaßnahmen für die wissenschaftlich-technische Innovation sowie die Mechanismen für die Umwandlung ihrer Ergebnisse in reale Produktivkräfte vervollkommnen, den Schutz des geistigen Eigentums intensivieren, die hocheffiziente Verteilung sowie die Kombination und Integration von Ressourcen zur Innovation fördern.

Öffnung nach außen

Parallel zur Reform des Wirtschaftssystems begann die chinesische Regierung 1978 planmäßig und schrittweise, eine Politik der Öffnung nach außen umzusetzen. Nach 1980 wurden in den Küstengebieten fünf Sonderwirtschaftszonen und einige wirtschaftlich geöffnete Gebiete eingerichtet sowie 14 Küstenstädte, eine Anzahl von Städten in Grenzgebieten und dann alle Hauptstädte von Provinzen und autonomen Gebieten im Landesinneren geöffnet. Dadurch gab es in allen Provinzen und autonomen Gebieten geöffnete Städte. In großen und mittleren Städten wurden Zollverschlusszonen, nationale wirtschaftlich-technische Entwicklungszonen und Hochtechnologie-Entwicklungszonen errichtet. In diesen Gebieten wurde eine jeweils unterschiedliche Vorzugspolitik praktiziert. Sie dienten als eine Art Schaufenster und motivierender Faktor gegenüber dem Landesinneren in Bezug auf die exportorientierte Wirtschaft, Deviseneinnahmen und Einführung moderner Technologien, um die Politik der Öffnung nach außen in unterschiedlichen Bereichen und auf verschiedenen Ebenen mit einigen Bereichen und Gebieten als Schwerpunkt umzusetzen.

Mit dem WTO-Beitritt am 11. Dezember 2001 ist China in eine neue Phase der umfassenden Öffnung eingetreten. Die chinesische Regierung erfüllt alle Verpflichtungen, die sie mit dem WTO-Beitritt eingegangen ist. Die früher regionale Öffnung wird durch eine umfassende Öffnung ersetzt; die geöffneten Bereiche wurden vom Warenhandel auf den Dienstleistungshandel erweitert; der Marktzugang ist gesetzlich geregelt, transparent und standardisiert.

China hat sich völlig in die Weltwirtschaft integriert und einen offenen Markt, eine offene Wirtschaft und Gesellschaft geschaffen. Beim wirtschaftlichen Aufbau fördert China den freien grenzüberschreitenden Fluss von Waren, Dienstleistungen und Produktionsfaktoren, optimiert die Verteilung von Ressourcen nach den Gesetzen des Marktes und bemüht sich um internationale Produktion und Konsum, freien Handel und Investitionen und ein markt- und global orientiertes Wirtschaftssystem.

Im August 2013 wurde das Pilotgebiet für den Freihandel in Shanghai errichtet. In diesem Gebiet werden Maßnahmen zur weiteren Öffnung durchgeführt. Im März 2015 hat die Zentralregierung die Gesamtplanung für die Pilotgebiete für den Freihandel in Guangdong, Tianjin und Fujian genehmigt. Außerdem befinden sich zahlreiche wichtige Projekte im Aufbau, darunter eine Wirtschaftszone entlang der Seidenstraße, die maritime Seidenstraße des 21. Jahrhunderts,

Pilotgebiete für den Freihandel

Die Pilotgebiete für den Freihandel in Guangdong, Tianjin und Fujian zu gründen sowie die Reform und Öffnung im Pilotgebiet für den Freihandel in Shanghai zu intensivieren, sind unter den aktuellen Umständen wichtige Maßnahmen für die Förderung der Reform und Öffnung, die intensive Zusammenarbeit des chinesischen Festlands mit Hongkong und Macao, die schnellere Umsetzung der Strategie der koordinierten Entwicklung von Beijing, Tianjin und Hebei und die Vertiefung der wirtschaftlichen Zusammenarbeit zwischen den beiden Seiten der Taiwan-Straße. Darüber hinaus tragen diese Maßnahmen dazu bei, den Funktionswechsel der Regierung zu beschleunigen, neue Managements-Modelle einzuführen, Handels- und Investitionserleichterungen auszubauen sowie neue Wege für die umfassende Vertiefung der Reformen und die Erweiterung der Öffnung zu finden und dabei neue Erfahrungen zu sammeln.

Pilotgebiet für den Freihandel in Shanghai

Kai in Lianyungang, Jiangsu

der Wirtschaftskorridor zwischen Bangladesch, China, Indien und Myanmar und der Wirtschaftskorridor zwischen China und Pakistan. Zusammen mit anderen Projekten werden sie dazu dienen, die wirtschaftliche Zusammenarbeit zwischen China und dem Ausland zu erweitern.

Nutzung ausländischen Kapitals

Die Kanäle für die Nutzung ausländischen Kapitals sind im Großen und Ganzen in drei Kategorien einzuordnen:

- ☆ Anleihen einschließlich Darlehen ausländischer Regierungen und internationaler Finanzorganisationen sowie Darlehen und Exportkredite ausländischer Handelsbanken und im Ausland emittierten Schuldverschreibungen;
- ☆ Direktinvestitionen einschließlich der Gründung von Unternehmen in chinesisch-ausländischer Zusammenarbeit, Joint Ventures und Unternehmen mit ausschließlich ausländischem Kapital sowie der Durchführung von Projekten in Zusammenarbeit mit dem Ausland;
- ☆ Andere Investitionen einschließlich internationalen Leasings, Kompensationshandel, Verarbeitungs- und Montagegeschäften sowie der Börsennotierung im Ausland.

Seit Beginn der Reformen und der Öffnung kommt China mit der Nutzung ausländischen Kapitals zügig voran. Die wichtigste Form sind Direktinvestitionen aus dem Ausland. Seit Anfang der 1980er Jahre haben der Ständige Ausschuss des NVK und der Staatsrat viele Gesetze und Verordnungen über die Außenwirtschaft erlassen und damit die rechtlichen Grundlagen und Garantien für ausländische Investitionen geschaffen. Nach den WTO-Vorschriften und gemäß den Zusagen Chinas gegenüber dem Ausland wurden die Sichtungen und Revisionen dieser Gesetze und Verordnun-

Riesiges McDonald's-Plakat in Shanghai

Arbeiter in einer CNC-Drehmaschinenfabrik in Liu'an, Anhui

gen im Großen und Ganzen abgeschlossen. China wird heute von internationalen Investoren und Finanzkreisen als eines der Länder mit den besten Investitionsbedingungen bewertet.

Außenhandel

2014 betrug das Außenhandelsvolumen Chinas insgesamt 26,43 Billionen Yuan. Zurzeit pflegt China Handelsbeziehungen mit mehr als 230 Ländern und Gebieten. Die fünf größten Handelspartner sind die Europäische Union, die USA, die ASEAN, Hongkong und Japan.

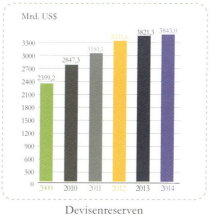

Devisenreserven

Die Merkmale des Außenhandels Chinas sind:

- ☆ Immer mehr Partner: Der Anteil der herkömmlichen Märkte wie Europa, die USA und Japan sinkt, während die neu aufkommenden Märkte wie die ASEAN-Staaten eine neue Wachstumsquelle bilden.
- ☆ Rationelle regionale Verteilung: Der Anteil von Guangdong, Jiangsu, Shanghai, Beijing, Zhejiang, Shandong und Fujian am Außenhandel sinkt, während der Handel der zentralen und westlichen Gebiete aufblüht.
- ☆ Rationale Trägerstruktur: Der Anteil der Privatunternehmen wächst und die Abhängigkeit von ausländischen Unternehmen nimmt ab.
- ☆ Optimale Warenstruktur: Der Export von Maschinen und elektronischen Geräten sowie arbeitsintensiven Produkten steigt mit sicherem Schritt und der Import von Konsumgütern und Rohstoffprodukten wächst schnell.
- ☆ Stärkere Fähigkeit zur selbstständigen Entwicklung: Der Anteil von Fertigwaren steigt und der der Veredelungswirtschaft sinkt.

Werkhalle einer nigerianischen Fabrik für kaltgewalzte Stähle mit chinesischem Kapital

Informative Internetseite

http://german.mofcom.gov.cn/
Der Internetauftritt des Handelsministeriums.

Investitionen im Ausland

China wird zu einem neuen großen Investor. Chinesische Unternehmen betätigen sich nicht mehr nur in den Bereichen Handel, Gastronomie und einfache Verarbeitung, sondern auch in den Feldern Online-Marketing, Schifffahrt und Logistik, Erschließung von Bodenschätzen, Produktion, Forschung und Entwicklung. Die Übernahme von ausländischen Unternehmen ist die wichtigste Form chinesischer Investitionen im Ausland.

Mehrere große Unternehmen und Konzerne haben durch eine spezialisierte, intensive und umfangreiche Bewirtschaftung im In- und Ausland ihre Ressourcen in einem noch größeren Rahmen optimal verteilt, die wirtschaftliche Kooperation mit dem Ausland verstärkt und sind dadurch zu international konkurrenzfähigen multinationalen Konzernen geworden.

Koordinierte Entwicklung verschiedener Regionen

Die Durchführung der Reform- und Öffnungspolitik seit 1978 hat die Entwicklung Ostchinas beträchtlich vorangetrieben und große Veränderungen gebracht. Die Einführung der Strategien für die Erschließung Westchinas, für die Wiederbelebung Nordostchinas und für den Aufstieg Mittelchinas sowie die Einrichtung von Pilotgebieten für umfassende Reformen haben zur koordinierten Entwicklung verschiedener Regionen und zu den umfassenden Reformen Chinas beigetragen.

Erschließung Westchinas

Im Jahr 2000 wurde der Vorhang für die Erschließung Westchinas aufgezogen. Westchina umfasst sechs Provinzen (Gansu, Guizhou, Qinghai, Shaanxi, Sichuan und Yunnan), fünf autonome Gebiete (Ningxia, Tibet, Xinjiang, Guangxi und die Innere Mongolei) und eine regierungsunmittelbare Stadt (Chongqing) – insgesamt über 70 Prozent der Fläche Chinas und etwa 30 Prozent der Bevölkerung. Westchina grenzt an ein Dutzend Länder und ist reich an Ackerland und Erzvorkommen, und so soll Westchina nach den Küstengebieten im Osten des Landes der zweite „Goldene Saum" für die Öffnung nach außen werden. Innerhalb von gut zehn Jahren wurden wichtige Infrastrukturprojekte in den Bereichen Verkehr, Wasserwirtschaft und Energie erfolgreich durchgeführt. Die Binnen- und Grenzgebiete werden beschleunigt erschlossen und geöffnet.

Wiederbelebung Nordostchinas

2003 führten das Zentralkomitee der KP Chinas und der Staatsrat die Strategie der Wiederbelebung der alten Industriebasen in Nordostchina ein. Die Strategie beinhaltet Maßnahmen wie ein Pilotprojekt für die soziale Sicherung, eine Reform der Mehrwertsteuer, den Erlass von Steuerschulden und Konkurserklärungen staatlicher Unternehmen. Dadurch wurden die Widersprüche im Wirtschaftssystem und in der Wirtschaftsstruktur gelöst und das Potential für eine schnellere Entwicklung enorm erhöht. Zurzeit wird die Strategie weiter intensiv durchgeführt. Pilotprojekte für den Umzug bzw. Umbau alter Industriezonen innerhalb der Stadt und alleinstehender Industrie- und Bergbaugebiete werden in Gang gesetzt. Die Planung für die Regulierung und Umgestaltung der

Windkraftwerk in Wuzhong, Ningxia – ein Projekt im Rahmen der Erschließung Westchinas

Arbeiter beim Schleifen und Polieren von Stahl in der Tochtergesellschaft der Dongbei Special Steel Group in Dalian

Pilotgebiete für umfassende Reformpakete

China hat auch Pilotgebiete für umfassende Reformpakete eingerichtet, um den Aufbau einer harmonischen Gesellschaft zu erforschen, neue Modelle für die regionale Entwicklung zu finden sowie die regionale und nationale Wettbewerbsfähigkeit zu erhöhen. In diesen Pilotgebieten werden umfassende Reformpakete umgesetzt, um neue Erfahrungen und Ideen für die Reform der wirtschaftlichen, politischen und kulturellen Strukturen etc. anzubieten. Bis Juni 2014 hat der Staatsrat zwölf Pilotgebiete auf der Nationalebene für umfassende Reformpakete genehmigt.

Techniker eines petrochemischen Betriebs in Puyang, Henan, bei der Anlagenkontrolle

alten Industriebasen im ganzen Land (2013–2022) und die Planung für die nachhaltige Entwicklung der ressourcenorientierten Städte (2013–2020) wurden ausgearbeitet.

Aufstieg Mittelchinas

Um die wirtschaftliche Entwicklung in Mittelchina (Shanxi, Jiangxi, Henan, Hubei, Hunan und Anhui) zu fördern, entwarf China im Jahr 2004 die Strategie für den Aufstieg Mittelchinas. Die Schwerpunkte der Strategie liegen darin, die Kapazität Mittelchinas zur Getreideproduktion zu steigern, eine Basis für Kohle und hochwertige Rohstoffe zu bilden und umfassende Verkehrsstrukturen zu errichten. Der Kombinationseffekt in der Entwicklung von Ballungsräumen am Mittellauf des Jangtse und von Wirtschaftszonen in Zentralchina nimmt zu. Der Aufbau von Modellregionen für die Übernahme von aus entwickelten Gebieten ausgelagerten Industrien verläuft reibungslos.

Landwirtschaft

China hat mit nur 7 Prozent der Ackerfläche der Welt das Ernährungsproblem für 20 Prozent der Weltbevölkerung gelöst. Die chinesische Regierung betrachtet die Lösung agrartechnischer und agrarsoziologischer Fragen als vorrangige Aufgabe.

Seit Beginn der Reformen und der Öffnung besteht in China eine zweigliedrige Form der

Informative Internetseite

http://english.agri.gov.cn/
Der Internetauftritt des Landwirtschaftsministeriums.

Terrassenfelder im Kreis Yuanyang, Yunnan

Landwirtschaft, die sich in Verbindung von kollektiver und individueller Bewirtschaftung auf das so genannte „vertragsgebundene Verantwortlichkeitssystem" mit den Haushalten als Basis gründet. In China hat die Regierung den Markt für Agrarprodukte umfassend geöffnet, die Landwirtschaftssteuern abgeschafft und den Bauern direkte Zuschüsse gewährt, so dass auf dem Land ein Wirtschaftssystem entstanden ist, das den Gegebenheiten Chinas und dem Entwicklungsstand der Produktivkräfte entspricht. Die Getreideproduktion wird kontinuierlich gesteigert und die Versorgung mit Agrarprodukten immer vielfältiger. Die Einkommen der Bauern steigen in grossem Maßstab. Die Überwindung der Armut durch Entwicklung des ländlichen Raums erzielte bemerkenswerte Erfolge. Die soziale Sicherung und die genossenschaftliche Krankenversicherung neuen Typs auf dem Land wurden Schritt für Schritt aufgebaut. Mit großer Kraft wird die neunjährige allgemeine Schulpflicht auf dem Land durchgesetzt. Ländliche Unternehmen und Landstädte entwickeln sich rasch. Die Märkte auf dem Land erleben einen Aufschwung. Arbeitskräfte auf dem Land verlassen ihre Heimat und suchen in großem Stil anderswo Arbeit, so dass Millionen von Bauern nun einen wichtigen Anteil der Beschäftigten in der Industrie darstellen. Die Industrialisierung, die Urbanisierung und die Modernisierung der Landwirtschaft chinesischer Prägung werden beschleunigt vorangetrieben. Die Entwicklung des Sozialwesens auf dem Land wird angekurbelt.

Die Industrialisierung der Landwirtschaft weiter zu fördern und die Modernisierung der Landwirtschaft umfassend voranzutreiben, sind wichtige Elemente der nationalen Politik, die darauf abzielt, die internationale Konkurrenzfähigkeit der Landwirtschaft zu steigern. Es hat sich eine Struktur herausgebildet, in der rund 600 Schwerpunktunternehmen auf staatlicher Ebene und über 2000 Schwerpunktunternehmen auf Provinzebene eine führende Rolle spielen und mittels verschiedener Organisationen mit den Bauern und Produktionsbasen zusammenarbeiten. Im Osten des Landes orientieren sich viele Dörfer wirtschaftlich nach außen, während zahlreiche Dörfer in Zentral- und Westchina auf Ackerbau und Viehzucht spezialisiert sind.

Weizenernte mit Mähdrescher in Lianshan, Sichuan

Yuan Longping

Mit seinen Forschungsergebnissen hat Yuan Longping, der weltberühmte „Vater des Hybridreis", die Geschichte des Reisanbaus in China in der zweiten Hälfte des 20. Jahrhunderts umgeschrieben. Hybridreis mit einem Pro-Hektar-Ertrag von über zwölf Tonnen wird heute großflächig angebaut.

Die integrierte Entwicklung von Stadt und Land

Die duale wirtschaftliche und gesellschaftliche Stadt-Land-Verwaltungsstruktur auf Basis der dualen Stadt-Land-Struktur und des Planwirtschaftssystems stellt das Haupthindernis für eine grundsätzliche Lösung der Fragen der Landwirtschaft, der ländlichen Gebiete und der Bauern in China dar.

Zu den wichtigsten Inhalten der Strategie der integrierten Entwicklung von Stadt und Land in China gehören:

☆ Sowohl an der Richtlinie, dass die Industrie der Landwirtschaft die Unterstützung vergelten soll und die Städte die ländlichen Gebiete unterstützen sollen, als auch an der Richtlinie, „mehr geben, weniger nehmen und Freiräume gewähren", festhalten und die Politik, gemäß der die Landwirtschaft verstärkt wird, der Landwirtschaft, den ländlichen Gebieten und den Bauern Vergünstigungen gewährt werden und den Bauern der Erwerb von Reichtum ermöglicht wird, mit größeren Kräften durchsetzen.

☆ Die moderne Landwirtschaft beschleunigt entwickeln, die umfassende Produktionskapazität der Landwirtschaft erhöhen sowie die Getreidesicherheit des Staates und die effektive Versorgung mit wichtigen Agrarprodukten gewährleisten.

☆ Den Schwerpunkt des Aufbaus der infrastrukturellen Einrichtungen und der Entwicklung des Sozialwesens auf ländliche Gebiete legen, den Aufbau von sozialistischen neuen Dörfern und die Überwindung der Armut durch Entwicklung tief gehend vorantreiben, Erhöhung des Einkommens der Bauern fördern.

☆ Am grundlegenden System des Wirtschaftens in den ländlichen Gebieten festhalten, dieses System vervollkommnen, die Rechte der Bauern auf die vertragliche Bewirtschaftung von Boden, die Nutzung von Grundstücken für Wohnhäuser und die Teilhabe an den kollektiven Einnahmen gesetzesgemäß schützen, die Stärke der Kollektivwirtschaft erhöhen.

☆ Die Systeme und Mechanismen der integrierten Entwicklung von Stadt und Land beschleunigt vervollkommnen, die Integration in Bereichen wie Planung, Infrastruktur und öffentlichen Dienstleistungen von Stadt und Land mit konzentrierten Kräften vorantreiben, damit sich eine neuartige Beziehung zwischen Industrie und Landwirtschaft sowie zwischen Stadt und Land herausbildet, die dadurch gekennzeichnet ist, dass die Landwirtschaft durch die Industrie vorangetrieben wird, ländliche Gebiete durch Städte gefördert werden, die Landwirtschaft und die Industrie auf gegenseitigem Nutzen beruhen und Städte und ländliche Gebiete integriert sind.

Industrie

Informative Internetseite

www.miit.gov.cn/
Der Internetauftritt des Ministeriums für Industrie und Informationstechnologie.

Seit der Einführung der Reformen und der Öffnung hat die chinesische Industrie eine sprunghafte Entwicklung erlebt. Sowohl ihr Umfang als auch ihre Struktur haben ein höheres Niveau erreicht. China hat sich die Stellung eines wichtigen Standorts für die Fertigungsindustrie erarbeitet und eine solide Grundlage für den Übergang zu einer Großmacht der Fertigungsindustrie geschaffen.

China legt Wert auf die koordinierte Entwicklung von Informatisierung und Industrialisierung und hält unbeirrbar an einem neuen Weg der Industrialisierung chinesischer Prägung fest, der durch hohes technisches Niveau, gute Wirtschaftseffizienz, niedrigen Ressourcenverbrauch, geringe Umweltverschmutzung und volle Entfaltung der überlegenen menschlichen Ressourcen gekennzeichnet ist.

In China wurden eine umfassende moderne Industriestruktur von beträchtlichem Umfang und Niveau sowie ein modernes Kommunikationswesen errichtet. Die Industriestruktur umfasst eine vollständige Branchenstruktur aus Rohstoff- und Energieindustrie, Anlagenbau, Konsumgüterindustrie, Rüstungsindustrie sowie Elektronik- und Informationsindustrie und zahlreiche Zusatzglieder. In allen wichtigen Bereichen gibt es eine Reihe von Produkten, deren Produktionskapazität an der Weltspitze liegt.

Aufbau des Stromnetzes

Von „Made in China" zu „Created in China"

Gegenwärtig entwickelt sich die Hochtechnologie in China rasant und ist eine neue Antriebskraft seiner industriellen Entwicklung geworden. Die neue Formulierung „Created in China" ersetzt zunehmend die alte „Made in China" und ist weltweit bekannt geworden. Sie ist nicht mehr der Ausdruck einfacher körperlicher Arbeit, sondern anspruchsvoller intellektueller Innovation. Durch Einführung, Übernahme und Innovation von ausländischer Technik, umfangreiche technische Verbesserung und Nutzung ausländischen Kapitals haben die chinesischen Industrieunternehmen ihre Produktionskapazität erhöht und bei einer Reihe wichtiger Projekte sprunghafte Fortschritte gemacht. Immer mehr wichtige Anlagen werden in China entwickelt und hergestellt. Die Strukturen der technischen Innovation werden stetig vervollkommnet, wobei die Unternehmen die Hauptrolle spielen; die technische Verbesserung der Industrie hat Erfolge erzielt. Der Aufbau von Innovationskapazitäten wurde durch die Einrichtung des Nationalen Ingenieurlabors, der Nationalen Forschungszentren und der Technischen Zentren der Unternehmen beschleunigt. Die Entwicklung und der Schutz geistigen Eigentums wurden verstärkt und Strukturen für die Normung wurden errichtet und werden vervollkommnet.

Ein Techniker bei der Ventilentstörung auf einer Ölbohrinsel in Qindao

Rohstoffindustrie

2014 betrug die Rohstahlproduktion Chinas 823 Millionen Tonnen, das sind 49,7 Prozent der Rohstahlproduktion der Welt. China ist der größte Produzent und Konsument von Nichteisenmetallen. Seit 2001 ist China der größte Produzent von zehn Nichteisenmetallen. China ist der größte Produzent, Konsument und Exporteur von Seltenen Erden. Im Bereich der chemischen Industrie haben sich Yunnan, Guizhou und Hubei zu den größten Produktionsgebieten von Phosphatdünger entwickelt. In Qinghai und Xinjiang wurden Projekte für die Produktion von Millionen Tonnen Kalidünger umgesetzt. China ist eines der wichtigsten Länder für die Produktion und den Konsum petrochemischer Produkte und liegt bei der Produktion mehrerer Erdölprodukte weltweit an der Spitze.

Anlagenbau

Der Anlagenbau ist heute eine der größten Industriebranchen Chinas. 2014 übertraf sein Produktionswert 20 Billionen Yuan und machte damit über ein Drittel des Produktionswertes des globalen Anlagebaus aus. Damit steht China weltweit an der Spitze. China ist auch Nummer 1 in der Produktion von vielen einzelnen Anlagen.

Die Entwicklung zukunftsweisender Branchen macht große Fortschritte. In Branchen wie intelligenten Produktionsanlagen, Anlagen zur Förderung und Nutzung maritimer Ressourcen, Anlagen für den modernen Bahntransport oder mit neuen Energiequellen betriebenen Automobilen sind sichtbare Erfolge erzielt worden. Der Produktionswert qualitativ hochwertiger Anlagen macht zurzeit über 10 Prozent des gesamten Produktionswerts des Anlagenbaus aus.

Ein Ingenieur vor dem im Bau befindlichen Kasko einer Ölbohrinsel in Dalian

Textilarbeiterin

Konsumgüterindustrie

Die Leichtindustrie hat in den letzten 30 Jahren insgesamt ein Exportvolumen von über zwei Billionen US-Dollar erreicht und ihre Wettbewerbsfähigkeit erheblich gesteigert. China ist der weltgrößte Produzent von mehr als hundert Produkten der Leichtindustrie wie Fahrrädern, Nähmaschinen, Batterien und Bier. Bei elektrischen Haushaltsgeräten, Lederwaren, Möbeln, Daunenwaren, Keramik und Fahrrädern hält China im Weltmarkt einen Umsatzanteil von mehr als 50 Prozent.

Textilien aus China genießen weltweit einen guten Ruf. China ist der größte Produzent von Chemiefasern, Garn, Baumwollstoff, Wollstoff, Seide und Bekleidung. Die Textilindustrie gehört zu den wettbewerbsfähigsten Branchen Chinas. Die Textilunternehmen mit einem Jahresumsatz von mindestens fünf Millionen Yuan beschäftigen über 20 Millionen Werktätige und mehr als 100 Millionen Personen arbeiten in vor- und nachgelagerten Branchen.

Raumfahrt

Als das fünfte Land, das selbstständig Satelliten entwickelte und in eine Erdumlaufbahn brachte, und als das dritte Land, das die Technik der Rückholung von Satelliten beherrscht, steht China in vielen wichtigen technologischen Bereichen wie der Rückholung von Satelliten, des Transports mehrerer Satelliten mit einer einzigen Trägerrakete, der Raketentechnik sowie der Ortung und Steuerung von geostationären Satelliten international mit in vorderster Reihe. Auch bei der Entwicklung und Nutzung von Fernerkundungs- und Kommunikationssatelliten sowie bei bemannten Raumschiffen wurden bedeutende Erfolge erzielt. Anwendung finden die Ergebnisse der Weltraumforschung in verschiedenen Bereichen der Volkswirtschaft und dienen der Gesellschaft.

Mit dem erfolgreichen Start von Shenzhou 10 und seiner Ankoppelung an das erste chinesische Weltraumlabor Tiangong 1 im Juni 2013 ist die Raumfahrt Chinas in die Phase des Aufbaus von Raumlabor und -station eingetreten. Am 24. Oktober 2014 wurde die experimentelle Mondsonde Chang'e 5-T1, die China selbstständig entwickelt hat, gestartet. Die Sonde umflog den Mond und kehrte dann am 1. November wieder punktgenau zur Erde zurück. Dieser Erfolg bedeutet, dass China die Schlüsseltechnik beim Wiedereintritt von Flugkörpern in die Erdatmosphäre beherrscht.

China hat bis heute zwölf Typen der Trägerrakete Changzheng entwickelt und drei Kosmodrome – in Jiuquan, Xichang und Taiyuan – errichtet. China ist auch eines der wenigen Länder, die weltraumgestützte Telemetry-Tracking-Control-Technologie beherrschen. Im Bereich der Raumfahrt wurden umfassende Forschungsstrukturen sowie Produktions- und Laborbasen errichtet, in denen militärische Hochtechnologie an erster Stelle steht, Satellitenanwendungen den Hauptteil bilden und die Entwicklung, Versuche und Produktion zusammenfassen.

China will nach den Prinzipien der gegenseitigen Achtung, der Zusammenarbeit zum gegenseitigen Nutzen, der friedlichen Nutzung und der gemeinsamen Entwicklung in großem Umfang, in verschiedenen Bereichen und auf hoher Ebene mit allen befreundeten Staaten zusammenarbeiten, damit die Entwicklung der Raumfahrt zur friedlichen Nutzung des Weltraums und zum Wohl der gesamten Menschheit beiträgt.

Techniker des Anlagenbau-Industrieparks Wuwei für neue Energiequellen beim Zusammenbau von Kompressoren

Start der experimentellen Mondsonde Chang'e 5-T1 durch die Trägerrakete Changzheng 3C im Kosmodrom Xichang am 24. Oktober 2014

Fotografieren mit dem Handy. China zählt nun knapp 1,3 Milliarden Handy-Nutzer.

Informationsindustrie

Die Informationsindustrie ist zur wichtigsten tragenden Säule der chinesischen Industrie geworden. 2014 gab es in China über 50 000 Elektronik- und Informationsunternehmen mit einem jährlichen Umsatz von 20 Millionen Yuan und mehr, die Umsatzerlöse von insgesamt 14 Billionen Yuan machten. Intelligente mobile Endgeräte entwickelten sich rasant; der Informationskonsum wuchs schnell; und der Online-Handel verzeichnete einen Umsatz von über 12 Billionen Yuan.

Seit einigen Jahren erzielt die Informationsindustrie, als Folge einer wirksamen Strukturanpassung, ständig zunehmende Gewinne, und die Tendenz zu noch mehr Intelligenz, Vernetzung und Umweltfreundlichkeit ist deutlich zu beobachten. Wichtige Projekte und neue Teilbereiche wie integrierte Schaltkreise, Flachbildschirme, intelligente Endgeräte, Cloud-Computing und mobiles Internet entwickeln sich mit sicherem Schritt. Mit der rasanten Entwicklung von neuen Technologien und Geschäftsformen ist in der Elektronik- und Informationsindustrie eine Struktur entstanden, die durch Reform, Innovation und Integration gekennzeichnet ist.

Statistiken zufolge gab es Ende 2014 in China 649 Millionen Internetnutzer, das macht 47,9 Prozent der chinesischen Bevölkerung aus; 81,1 Prozent der städtischen Haushalte hatten WLAN-Anschluss. Schon in der ersten Hälfte des Jahres 2014 wurden fast alle traditionellen Mobiltelefone durch Smartphones ersetzt.

Der kommerzielle Einsatz des 4G-Netzwerks wurde in Gang gesetzt. Ende 2014 gab es in China 97,284 Millionen 4G-Nutzer. Einige erfolgreiche Internetunternehmen wie Sina-Weibo, JD.com und Alibaba sind in den USA an die Börse gegangen. Bitcoin, Online-Vermögensverwaltung, Onlineshopping und O2O (online to offline) sind nun populär in China.

Mit der Verbreitung des Internets legt China größeren Wert auf die Internetsicherheit. Im Februar 2014 wurde die Führungsgruppe für Internetsicherheit und Informatisierung gegründet, die

http://en.cmse.gov.cn/

Die Website des bemannten Raumfahrtprojektes Chinas (Projekt 921), welches am 21. September 1992 von der chinesischen Regierung in Gang gesetzt wurde. Zur besseren Organisation des Projektes wurde das Büro für das bemannte Raumfahrtprojekt Chinas errichtet, das die Verwaltungsbefugnisse im Namen der Regierung ausübt.

sich für eine sichere Online-Umwelt einsetzt. Im August 2014 hat die Führungsgruppe für die umfassende Vertiefung der Reformen die *Vorschläge zur Förderung der integrativen Entwicklung von traditionellen und neuen Medien* angenommen. Damit wurde dieses Thema offiziell auf die Tagesordnung der wirtschaftlichen und gesellschaftlichen Entwicklung gesetzt. Man zielt darauf ab, das Internet zum neuen Hauptmedium zu machen und ein modernes Kommunikationssystem zu schaffen.

Dienstleistungen

In den letzten Jahren war die Umstrukturierung der chinesischen Industrie durch die rasante Entwicklung des Dienstleistungssektors, vor allem der modernen Dienstleistungen, gekennzeichnet. Traditionelle Dienstleistungsbranchen wie Verkehr und Transport, Groß- und Einzelhandel sowie Gastronomie haben sprunghafte Fortschritte gemacht. Um sich auf die Industrialisierung, Urbanisierung, Marktorientierung, Informatisierung und Globalisierung einzustellen, hat China die Entwicklung moderner Dienstleistungen wie des Finanz- und Versicherungswesens, der Immobilienbranche, des Consultings, des Online-Handels, der modernen Logistik und des Tourismus beschleunigt, so dass die Qualität und der Entwicklungsstand des Dienstleistungssektors beträchtlich erhöht wurde.

Zurzeit fördert die chinesische Regierung energisch die Entwicklung des Dienstleistungssektors als Schwerpunkt der Rationalisierung der Branchenstruktur, um die drei Sektoren koordiniert zu entwickeln. Bis 2015 soll der Anteil des Dienstleistungssektors am Bruttoinlandsprodukt auf 55 Prozent gesteigert werden.

Satellitennavigationssystem Beidou

Beidou ist ein globales Satellitennavigationssystem, das von China selbstständig entwickelt und in Betrieb genommen wurde. Im November 2014 wurde es vom Schiffssicherheitsausschuss der Internationalen Seeschifffahrts-Organisation ins globale Funknavigationssystem aufgenommen. Dies bedeutet, dass Beidou von den Vereinten Nationen als einer der drei Hauptanbieter eines Satellitennavigationssystems auf See anerkannt wird.

Lager eines Logistikunternehmens in Zhejiang

Sayram-Guozigou-Autobahn – die erste Gebirgsautobahn in Xinjiang

Verkehr und Transport

Sowohl die Gesamtlänge der Verkehrswege als auch der Güter- und Personentransport zeigen einen rasanten Anstieg.

Straßen

Moderne Verkehrsführung

Fernstraßen sind ein wichtiger Teil der Infrastruktur. Ende 2014 betrug die Gesamtlänge des chinesischen Straßennetzes etwa 4,4639 Millionen Kilometer.

Der Bau von Autobahnen zeigt weiter eine steigende Tendenz. Ende 2014 betrug die Gesamtlänge des chinesischen Autobahnnetzes

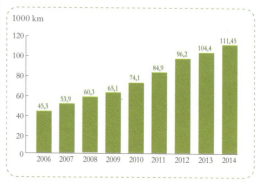

Gesamtlänge der Autobahnen

111 450 Kilometer. Der Plan für das nationale Autobahnnetz sieht vor, dass Beijing mit den Provinzhauptstädten sowie die Provinzhauptstädte untereinander und mit anderen wichtigen Städten verbunden und die wichtigsten Kreisstädte abgedeckt werden.

Eisenbahn

In den letzten Jahren wurden in China Eisenbahnlinien in größtem Umfang, unter höchsten Qualitätsmaßstäben und für höchste Geschwindigkeiten gebaut. Die 2006 in Betrieb genommene Qinghai-Tibet-Bahn ist die höchstgelegene und die längste Eisenbahnlinie auf einem Hochplateau. 2010 überschritt das jährliche Transportvolumen auf der Bahnstrecke zwischen Datong (Shanxi) und Qinhuangdao (Hebei) 400 Millionen Tonnen, damit wurde der Weltrekord gebrochen. Ende 2014 betrug die Gesamtlänge der in Betrieb befindlichen Eisenbahnstrecken über 112 000 Kilometer.

Zugleich baute China in großem Umfang Hochgeschwindigkeitsstrecken. Bis Ende 2014 betrug die Gesamtlänge der Eisenbahnlinien mit einer Fahrgeschwindigkeit von 200 Kilometern pro Stunde und höher mehr als 19 369,8 Kilometer und machte damit mehr als die Hälfte aller Hochgeschwindigkeitsstrecken der Welt aus. In Bezug auf die Entwicklungsgeschwindigkeit, das technische Niveau, die Integrationsfähigkeit, die Länge, die Geschwindigkeit und den Bauumfang der Hochgeschwindigkeitsstrecken ist China die Nummer Eins auf der Welt.

Heute ist ein Hochgeschwindigkeitsbahnnetz für den Personenverkehr mit vier von Norden nach Süden und vier von Osten nach Westen verlaufenden Strecken als Hauptverkehrsadern im Großen und Ganzen fertiggestellt worden. Die Verkehrszone mit Beijing im Mittelpunkt, in deren Rahmen alle Provinzhauptstädte ausschließlich Ürümqi (Xinjiang), Lhasa (Tibet) und Haikou (Hainan) innerhalb von acht Zugstunden erreichbar sind, hat Gestalt gewonnen. Mit dem Ausbau von Hochgeschwindigkeitsstrecken wird die Zugfahrt günstiger, schneller und bequemer.

Der erste Hochgeschwindigkeitszug fährt von Wuhan nach Guangzhou ab.

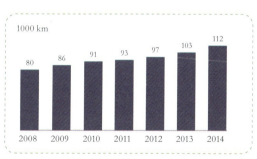

Betriebene Bahnstrecken

S-Bahn

Um den Verkehrsdruck zu mildern, hat China in den letzten Jahren verstärkt S-Bahn-Strecken gebaut. Zurzeit sind mehrere S-Bahn-Linien in Beijing, Tianjin, Shanghai, Chongqing, Guangzhou, Dalian und Nanjing in Betrieb. Bis 2020 sollen S-Bahn-Strecken mit einer Länge von 2000 Kilometern und bis 2050 weitere Strecken mit einer Länge von 4500 Kilometern gebaut werden. Die S-Bahn wird dann mit der U-Bahn, der städtischen Eisenbahn und anderen Schienenverkehrsmitteln, die miteinander vernetzt sein werden, ein integriertes städtisches Schnellbahnnetz bilden. Das Netz wird in der Lage sein, 50 bis 80 Prozent des städtischen Verkehrsvolumens aufzunehmen.

S3 in Changchun – die erste S-Bahnlinie auf dem chinesischen Festland

Häfen

China hat entlang dem Jangtse, dem Xi Jiang und dem Kanal Beijing-Hangzhou mehrere umfangreiche und spezialisierte Häfen gebaut. Der Hafenaufbau hat beträchtliche Erfolge erzielt und ist nun der Motor für die Entwicklung der Industrie in den Gebieten rund um den Hafen und der regionalen Wirtschaft geworden.

Unter den sechzehn Häfen mit einer Umschlagskapazität von über 100 Millionen Tonnen zählen die Häfen von Shanghai, Shenzhen, Qingdao, Tianjin, Guangzhou, Xiamen, Ningbo und Dalian zu den fünfzig größten Containerhäfen der Welt. Der Hafen von Shanghai ist der größte Hafen der Welt.

Hafenanlagen in Ningbo

Flugzeug von Air China

Zivilluftfahrt

Der Geschäftsumfang der Luftfahrt erweitert sich rasant. China verfügt über das zweitgrößte Luftfahrtsystem der Welt. 2014 gab es auf dem chinesischen Festland 202 zivile Flughäfen. Die Transportkapazität und die Pünktlichkeit der zivilen Luftfahrt haben sich ständig erhöht, das Flugzeug ist zu einem beliebten Verkehrsmittel geworden. 2014 wurden 390 Millionen Personen und 5,91 Millionen Tonnen Güter transportiert, die gesamte Transportleistung betrug 74,2 Milliarden Tonnenkilometer.

Die meisten Fluggesellschaften in China sind im Staatsbesitz, darunter Air China, China Southern, China Eastern und Hainan Airlines. Seit einigen Jahren werden private und Joint-Venture-Fluggesellschaften von der Regierung unterstützt und zeigen eine aufstrebende Tendenz.

Inlandsflugstrecken

Finanz- und Versicherungswesen

Finanzsystem

In China hat sich ein von der Zentralbank gesteuertes und überwachtes Finanzsystem mit staatlichen Banken als Rückgrat herausgebildet, in dessen Rahmen das politische und kommerzielle Finanzwesen der Arbeitsteilung ausgesetzt sind und Geldinstitute unterschiedlichen Typs einander ergänzen. Zugleich entwickeln sich die Finanzdienstleistungen im Internet schnell.

Bankwesen

Die Banken bilden den Hauptteil des chinesischen Finanzwesens. Nach ihrer Eigenschaft und Funktion werden sie in drei Kategorien eingeteilt: die Zentralbank, Geschäftsbanken und Banken politischen Charakters.

Die Chinesische Volksbank übt die Funktionen der Zentralbank aus und beschäftigt sich mit Geldpolitik, Notenemission sowie den Devisen- und Goldreserven. Die Industrial and Commercial Bank, die Bank of China, die Agricultural Bank of China und die China Construction Bank sind staatliche Geschäftsbanken. Die Agricultural Development Bank of China, die China Development Bank und die China Exim Bank (Export-Import Bank of China) waren einmal Banken politischen

Finanzdienstleistungen im Internet

Finanzdienstleistungen im Internet sind ein stark zunehmender Trend im Finanzwesen, die mit Hilfe von Internettechnik wie mobiler Zahlungen, Cloud-Computing und sozialer Netzwerke angeboten werden. Mit der Reform des Finanzwesens sind sie in China ein viel diskutiertes Thema geworden. Die Online-Finanzdienstleistungen wie Yu'ebao (ein Online-Fond von Alipay), Crowdfunding, kollektive Investitionen und Peer-to-Peer-Kreditgewährung entwickeln sich explosionsartig. Auch traditionelle Finanzinstitute sind ins Internetgeschäft eingestiegen und haben der Entwicklung der Finanzdienstleistungen im Internet einen neuen Impuls gegeben. Unterschiedliche Dienstleistungen wie Online-Kreditgewährung, Big-Data-Finance, Third-Party-Payment, Crowdfunding und Online-Informationsvermittlung werden angeboten.

Zum Frühlingsfest 2015 verteilten einige große Internetunternehmen Online-Geldgeschenke an Handy-Nutzer, um den mobilen Zahlungsverkehr anzukurbeln.

Charakters. Die China Development Bank wurde zu einer Geschäftsbank in Form einer Aktiengesellschaft umstrukturiert und ein Reformplan für die China Exim Bank hat Gestalt angenommen.

Darüber hinaus gibt es in den Städten über hundert Geschäftsbanken und tausend Kreditgenossenschaften und eine große Zahl von Kreditgenossenschaften auf dem Land. Gegen 200 ausländische Finanzinstitute gehen in China ihren Geschäften nach. Mehr als 80 von ihnen wurde erlaubt, Renminbi-Geschäfte zu betreiben.

Bei den Reformen der chinesischen Finanzinstitute wurden Durchbrüche erzielt. Die Bank of China, die China Construction Bank, die Industrial and Commercial Bank und die Agricultural Bank of China wurden in Aktiengesellschaft umstrukturiert und sind in Hongkong und Shanghai an die Börse gegangen. Die Umwandlung der Banken politischen Charakters in Geschäftsbanken in Form von Aktiengesellschaft ist im Gange. In Bezug auf Börsenwert, Gewinnpotential, Kapital, Markeneffekt, Größe und Einlagen liegen die vier staatlichen Geschäftsbanken Chinas an der Spitze der Welt.

Renminbi und Devisenkurs

Der Renminbi („Volkswährung") ist die gesetzliche Währung Chinas; er wird ausschließlich von der Chinesischen Volksbank emittiert und verwaltet. Der Kurs des Renminbi wird von der Chinesischen Volksbank festgelegt und vom Staatlichen Amt für Devisenkontrolle bekannt gegeben. In China werden Devisengeschäfte einheitlich unter der Kontrolle des Amtes für Devisenkontrolle betrieben.

Der Renminbi hat einen Wandel vom einheitlichen Wechselkurs über den multiplen Wechselkurs (d. h. es gab zwei Devisenkurse, ein amtlich festgelegter und ein verteuerter Transferkurs) wieder zum einheitlichen Wechselkurs erlebt. China führt eine konsequente und verantwortliche Wechselkurspolitik durch und fördert sicheren Schrittes die Reform des Mechanismus zur Bildung des Wechselkurses. China wird nach den Prinzipien der Initiative, der Kontrollierbarkeit und des schrittweisen Vorgehens das System eines kontrollierten und flexiblen Wechselkurses vervollkommnen und die Rolle von Angebot und Nachfrage auf dem Markt in höherem Maße zur Entfaltung bringen, um die Flexibilität des Wechselkurses zu erhöhen und seine Stabilität auf einem vernünftigen und ausgewogenen Niveau beizubehalten.

Chinesische Volksbank (Zentralbank der VR China)

Geldzählmaschine

Ob meine Aktien heute schon gestiegen sind?

Wertpapiermarkt

1990 und 1991 wurden in Shanghai und Shenzhen Wertpapierbörsen gegründet. Innerhalb von 20 Jahren hat sich der chinesische Aktienmarkt konsolidiert; viele andere Länder brauchten dafür über hundert Jahre. Für die Bevölkerung sind Sparguthaben nicht mehr die einzige Möglichkeit für eine private Geldanlage, sondern auch die Börsen sind nun eine wichtige Investitionsmöglichkeit.

In ganz China hat sich ein Wertpapier- und Abrechnungssystem mit den Börsen in Shanghai und Shenzhen als Zentren herausgebildet. Es werden papierlose Emittierungen und Geschäftsabwicklungen durchgeführt, und die technischen Voraussetzungen haben internationalen Standard erreicht. Mit der Entwicklung des Internets haben Wertpapierfirmen vielfältige flexible Online-Geschäftsformen entwickelt.

Nach zehnjähriger Vorbereitungszeit ist das Growth Enterprises Board im Oktober 2009 in Shenzhen entstanden. 2012 wurde die viel beachtete Delisting-Regel für das Growth Enterprises Board eingeführt, die als die erste Regel ihrer Art im wahren Sinne in der Geschichte der chinesischen A-Aktien gilt. Im Dezember 2013 dehnte die Börse National Equities Exchange and Quotations, die so genannte chinesische

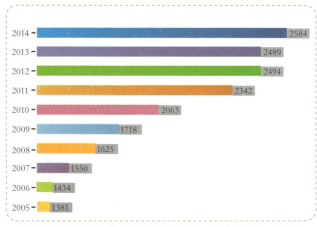

Zahl der börsennotierten Unternehmen

NASDAQ, ihre Dienstleistungen auf das ganze Land aus und eröffnete damit zahlreichen kleinen und mittleren Unternehmen willkommene Perspektiven hinsichtlich ihrer Kapitalfinanzierung.

Versicherungswesen
Nach 20-jährigem Stillstand lebte die chinesische Versicherungswirtschaft im Jahr 1980 wieder auf. Sie betätigt sich nicht nur auf dem heimischen, sondern auch auf dem internationalen Markt. In Südostasien, Europa und Nordamerika wurden zahlreiche Geschäftsstellen und Vertretungen eingerichtet.

Tourismus

Marktlage
Seit einigen Jahren erlebt der Tourismus in China ein schnelles Wachstum. 2014 betrug die Zahl der chinesischen Touristen 3,61 Milliarden, das ist eine Zunahme von 10,7 Prozent gegenüber 2013; die Tourismuseinnahmen beliefen sich auf 3031,2 Milliarden Yuan, ein Wachstum von 15,4 Prozent. 128,49 Millionen Touristen sind ins chinesische Festland eingereist, darunter 26,36 Millionen ausländische Touristen und 102,13 Millionen Touristen aus Hongkong, Macao und Taiwan;

Ausgereiste Touristen

Im Sommerpalast in Beijing

Miao-Dorf in der Gemeinde Xijiang, Guizhou

die Deviseneinnahmen betrugen 56,9 Milliarden US-Dollar, das ist eine Zunahme von 10,2 Prozent gegenüber 2013. 117 Millionen Chinesen machten eine Auslandsreise.

Im Durchschnitt ist jeder chinesische Bürger jährlich zweieinhalb Mal auf Reisen. Damit ist China der größte touristische Markt der Welt. Die Zahl der eingereisten Touristen mit Hotelübernachtungen übertrifft im Jahr 50 Millionen. Damit rangiert China weltweit an dritter Stelle.

Service

Dank der raschen Entwicklung des Zivilluftverkehrs, der Eisenbahn, des Straßenverkehrsnetzes und der Passagierschifffahrt ist China in der Lage, ausländischen Touristen eine bequeme Reise zu garantieren. Alle großen und mittelgroßen Städte sowie alle berühmten Reiseziele verfügen über Hotels mit vollem Komfort und gutem Service.

In China gibt es mehr als 20 000 Reisebüros. Davon bieten etwa 2000 internationale Reisebüros ausländischen China-Reisenden ihre Dienste an und 1070 bieten auch chinesischen Touristen Auslandsreisen an. Seit 2003 ist die Einrichtung von Reisebüros mit ausländischer Mehrheitsbeteiligung und von Reisebüros mit ausschließlich ausländischem Kapital in China gestattet. Gegenwärtig gibt es in China über 20 derartige Reisebüros.

China verfügt über reiche touristische Ressourcen. 110 Städte mit einer Geschichte von über tausend Jahren sind als kulturell bedeutende Städte und 400 Städte als hervorragende Reisestädte bekannt. In China leben 56 Volksgruppen, und jede einzelne hat ihre eigene Kultur und Gebräuche. Besonders Yunnan, Guizhou, Sichuan, Guangxi, Hunan und Hubei im Süden, Gansu, Ningxia, die Innere Mongolei und Xinjiang im Westen sowie Tibet, wo viele Angehörige der nationalen Minderheiten wohnen, weisen eine besondere kulturelle Vielfalt auf.

Im Oktober 2013 trat in China das erste Tourismusgesetz in Kraft. Dadurch wird der chinesische Tourismusmarkt besser geregelt.

 CHINA 2015

Umweltschutz

In China, einem Entwicklungsland mit weltweit der größten Bevölkerungszahl, zeigen sich mit der stetigen und schnellen Entwicklung der Wirtschaft jene Umweltprobleme, die in den entwickelten Ländern während der verschiedenen Stufen der Industrialisierung in mehr als hundert Jahren aufgetreten sind, in konzentrierter Form, so dass die Widersprüche zwischen Umwelt und Entwicklung immer deutlicher hervortreten. 2015 veröffentlichte der Staat die *Vorschläge zur Förderung des Aufbaus der ökologischen Zivilisation*, um den Aufbau der ökologischen Zivilisation intensiv und nachhaltig voranzutreiben und beschleunigt eine neue Situation in der Modernisierung zu schaffen, die durch Harmonie zwischen Mensch und Natur gekennzeichnet ist.

- Gesetze und Strukturen ● Klimaschutz ● Luftverschmutzung
- Wasserverschmutzung ● Waldressourcen ● Feuchtgebiete
- Meere ● Naturschutzgebiete
- Rettung der vom Aussterben bedrohten Tier- und Pflanzenarten
- NGOs ● Internationale Zusammenarbeit

Techniker eines petrochemischen Betriebs in Puyang, Henan, beim Aufbau von Anlagen für die CO_2-Rückgewinnung

Gesetze und Strukturen

In der Verfassung Chinas steht: „China schützt und verbessert die Lebensumgebung und die Umwelt, verhütet und bekämpft Verschmutzung und andere Umweltschäden." In den 1980er Jahren hat die chinesische Regierung den Umweltschutz zu einer grundlegenden Richtlinie erklärt. 1989 wurde das erste Umweltschutzgesetz der Volksrepublik China erlassen. Am 1. Januar 2015 trat das revidierte Umweltschutzgesetz in Kraft. In den letzten zwanzig Jahren wurden mehrere umweltbezogene Gesetze, Vorschriften und Dokumente erlassen, darunter das Gesetz zum Energiesparen, das Gesetz über erneuerbare Energien, das Gesetz zur Förderung der Kreislaufwirtschaft, der Aktionsplan zur Vorbeugung und Beseitigung von Luftverschmutzung, die Vorschläge zur Verstärkung des Schutzes und der Verwaltung von Schwerpunktgebieten mit einer wichtigen ökologischen Funktion, die Vorschriften zur Einführung der strengsten Methoden zur Prüfung der Wasserressourcenverwaltung, der Aktionsplan zur Vorbeugung und Beseitigung von Wasserverschmutzung und die Vorschläge zum beschleunigten Aufbau der ökologischen Zivilisation. Die Zahl der gültigen nationalen Normen für den Umweltschutz ist um 135 auf 1499 gestiegen. Allmählich wird die Gesetzgebung für den Umweltschutz vervollständigt. Außerdem wurden in China systematisch nationale und lokale Standards für den Umweltschutz geschaffen. Das Staatliche Hauptamt für Umweltschutz wurde 2008 zum Ministerium für Umweltschutz aufgewertet.

China praktiziert ein Umweltkontrollsystem, in dessen Rahmen die Regierungen aller Ebenen für die lokale Umweltqualität und die Umweltschutzbehörden laut Gesetz für die einheitliche Überwachung und Kontrolle zuständig sind. Um die Koordination und Zusammenarbeit zwischen den verschiedenen Behörden und Regionen zu verstärken, haben die zuständigen Ministerien ein System gemeinsamer Sitzungen für den landesweiten Umweltschutz ins Leben gerufen und regionale Außenstellen für Umweltkontrolle eingerichtet.

Im Weißbuch *Fortschritte in der Entwicklung der Menschenrechte in China 2012* wurde zum ersten Mal der Schutz der Menschenrechte beim ökologischen Aufbau angesprochen und der ökologische Aufbau als Maßnahme zum Schutz der Menschenrechte angesehen. China hat sich ein ökologisches Konzept im Sinne des Respekts vor der Natur, der Anpassung an die Natur und des Naturschutzes zu Eigen gemacht und räumt dem ökologischen Aufbau eine herausragende Stellung ein.

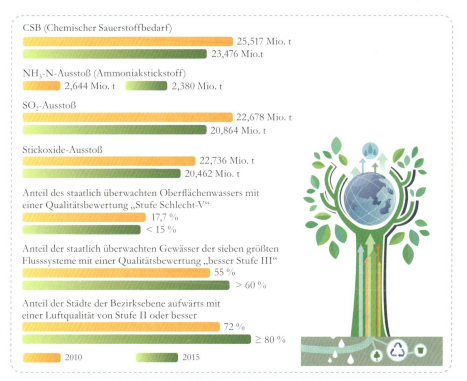

Wichtige Umweltindizes zwischen 2011 und 2015

Entwicklung energiesparender und mit neuen Energiequellen betriebener Automobile

Zum Programm für die Entwicklung energiesparender und mit neuen Energiequellen betriebener Automobile (2012–2020) haben mehrere Städte wie Beijing und Shanghai entsprechende Subventionsmaßnahmen erlassen. Diese Maßnahmen veranlassten viele Autohersteller, sich für die Entwicklung von mit neuen Energiequellen betriebenen Automobilen einzusetzen. Diese Branche wird in der Zukunft eine neue Wachstumsquelle des Automobilmarktes in China sein. Auf der Beijinger und der Shanghaier Automesse präsentieren sich immer mehr mit neuen Energiequellen betriebene Automobile, die die fortschrittlichsten Technologien verkörpern.

Klimaschutz

Im Bericht auf dem 18. Parteitag der KP Chinas wurde zum ersten Mal ein separates Kapitel dem ökologischen Aufbau gewidmet, in dem erstmals die Forderungen aufgestellt wurden, „eine grüne, eine Kreislauf- und eine kohlenstoffarme Entwicklung herbeizuführen" und „China zu einem schönen Land aufzubauen". Auf jeder UNO-Klimakonferenz in den letzten zehn Jahren hat China ernsthafte Versprechen über seine grüne Entwicklung abgegeben und danach praktische Maßnahmen getroffen. So die Festlegung von Kennziffern für die Reduzierung des Energieverbrauchs; Regulierung der Branchen mit hohem Energieverbrauch wie beispielsweise die Stahlindustrie; Umsetzung mehrerer Projekte zum ökologischen Aufbau wie z. B. die Sanierung der Sandsturmherde bei Beijing und Tianjin; Erlassung eines Plans zur Energieeinsparung und Emissionssenkung; Einführung eines Systems von Zahlungen für Ökosystemdienstleistungen. Damit konnte der Energieverbrauch in Relation zum Bruttoinlandsprodukt um 12,9 Prozent gesenkt werden. China beendet Schritt für Schritt die energieintensive Entwicklung und geht einen Weg der grünen Entwicklung.

2006 wurde als Kennziffer festgelegt, dass bis 2010 der Energieverbrauch in Relation zum Bruttoinlandsprodukt im Vergleich zu 2005 um rund 20 Prozent reduziert werden soll. 2007 erließ China als erstes Entwicklungsland ein Nationales Programm für den Klimaschutz. 2009 wurde das Ziel gesetzt, bis 2020 die Treibhausgasemissionen in Relation zum Bruttoinlandsprodukt im Vergleich zu 2005 um 40 bis 45 Prozent zu reduzieren. Zurzeit hat China eine Reihe von rechtlich verbindlichen Zielvorgaben festgelegt: 2020 soll der Kohlendioxid-Ausstoß in Relation zum Bruttoinlandsprodukt gegenüber 2005 um 40 bis 45 Prozent reduziert werden; der gesamte Wasserverbrauch soll unter 670 Milliarden Kubikmetern liegen, und der Wasserverbrauch in Relation zu 10 000 Yuan industrieller Wertschöpfung unter 65 Kubikmetern; der Wassernutzungskoeffizient bei

Elektro-Taxis beim Aufladen. Ab Mai 2015 sind Elektroautos und -schiffe in Beijing von Fahrzeugsteuer befreit.

Windkraftwerk in Xinjiang

der Ackerbewässerung soll über dem Wert von 0,55 liegen, und der Anteil nichtfossiler Energieträger am Primärenergiebedarf bei 15 Prozent.

China hält daran fest, dass die Klimaverhandlungen zweigleisig, sowohl im Rahmen der UNO-Rahmenkonvention zum Klimawandel (Klimakonvention) als auch im Rahmen des Kyoto-Protokolls, geführt werden, und verfolgt konsequent die Prinzipien, dass die Unterzeichnerstaaten eine führende Rolle spielen, die Verhandlungen öffentlich, transparent und mit breiter Beteiligung erfolgen und Einigung durch Beratungen zu erzielen ist. China setzt sich dafür ein, dass die UNO-Klimaverhandlungen die wichtigste Rolle im internationalen Kampf gegen den Klimawandel spielen.

2007 beteiligte sich China engagiert an der UNO-Klimakonferenz auf Bali und leistete einen substanziellen Beitrag zum Fahrplan von Bali. 2009 nahm China aktiv an der UNO-Klimakonferenz in Kopenhagen teil und gab den Ausschlag dafür, die Pattsituation bei den Verhandlungen zu überwinden und Übereinstimmung unter den Beteiligten zu erreichen.

Auf der UNO-Klimakonferenz 2013 in Warschau veröffentlichte China seine Nationale Strategie zur Anpassung an den Klimawandel, das erste derartige strategische Programm Chinas. Xie Zhenhua, stellvertretender Vorsitzender der Staatlichen Kommission für Entwicklung und Reform, betonte, dass der Standpunkt Chinas offen und transparent sei. China werde sich aktiv für den Klimaschutz einsetzen und seine Bemühungen um Energieeinsparung und Emissionssenkung noch verstärken.

Vor der UNO-Klimakonferenz 2014 in Lima veröffentlichten China und die USA die *Gemeinsame Erklärung über den Klimawandel*, in der die Zielsetzungen der beiden Staaten bei der Anpassung an den Klimawandel ab 2020 bekannt gegeben wurden. Außer-

Informative Internetseite

http://english.mep.gov.cn/
Der Internetauftritt des Ministeriums für Umweltschutz.

dem wurden mehrere Kooperationsprojekte in den Bereichen kohlenstoffarme Wirtschaft, Umweltschutz und saubere Energieträger vereinbart.

China ist das erste Entwicklungsland, das ein Nationales Programm für den Klimaschutz ausgearbeitet hat und umsetzt. China hat eine Reihe von Gesetzen und Verordnungen wie das Gesetz zum Energiesparen, das Gesetz über erneuerbare Energien, das Gesetz zur Förderung der Kreislaufwirtschaft, das Gesetz zur Förderung der ökologischen Produktion, das Wald- und das Steppengesetz sowie die Bestimmungen zum Energiesparen in Gebäuden ausgearbeitet bzw. revidiert und betrachtet diese als wichtige Mittel für den Klimaschutz. In den letzten Jahren hat China sich von allen Ländern der Welt am stärksten für das Energiesparen und die Reduzierung von Emissionen eingesetzt. So wurde die Besteuerung ständig verbessert, die Reform der Preise für ressourcenintensive Produkte vorangetrieben und die Etablierung eines Preisbildungsmechanismus beschleunigt, der Angebot und Nachfrage, Ressourcenknappheit und Umweltkosten berücksichtigt; Schwerpunktprojekte für das Energiesparen und ein Plan für das Energiesparen in Unternehmen wurden durchgeführt und in wichtigen Bereichen wie der Industrie, des Verkehrs- und des Bauwesens Kampagnen für das Energiesparen eingeleitet; Pilotversuche zur Entwicklung der Kreislaufwirtschaft wurden intensiv vorangetrieben, die Verbreitung von energiesparenden und umweltfreundlichen Autos wurde energisch gefördert und ein Projekt zur Bevorzugung energiesparender Produkte durchgeführt; die Stilllegung rückständiger Kapazitäten mit hohem Energieverbrauch und starker Verschmutzung wurde gefördert. China ist das Land, in dem die Erzeugung neuer und erneuerbarer Energien am schnellsten wächst. Zum Schutz des Ökosystems entwickelt China planmäßig die Wasserkraft. Ländliche Gebiete, entlegene Grenzgebiete und Gebiete mit entsprechenden Voraussetzungen werden angeregt, tatkräftig neue und erneuerbare Energien wie Erdwärme sowie Solar- und Windenergie zu entwickeln. China ist auch das Land mit der größten aufgeforsteten Fläche auf der Welt und es führt kontinuierlich die Umwidmung von Ackerland in Waldflächen und groß angelegte Aufforstungen durch.

Luftverschmutzung

China begann Anfang der 1970er Jahre, der Luftverschmutzung vorzubeugen und sie zu bekämpfen. Die wichtigsten Aufgaben lagen darin, einerseits neue Verschmutzung zu verhüten und zu bekämpfen, andererseits die vorhandenen Verschmutzungsquellen zu sanieren und strenger zu kontrollieren, um die Luftverschmutzung zu mäßigen.

Anfang der 1970er Jahre unternahm China landesweit eine Untersuchung über die Luftqualität. Im August 1973 fand die erste Nationale Umweltschutzkonferenz statt und im Dezember wurde die erste Umweltnorm erlassen, die Vorläufige Norm für die Emission von industriellem Abwasser, Abgas und Abfall, die eindeutig vorschrieb, dass parallel zu Bau-, Umbau- und Ausbauprojekten Umweltschutzanlagen entworfen, gebaut und in Betrieb genommen werden sollen.

Auf der 15. Tagung des Ständigen Ausschusses des 9. NVK im April 2000 wurde das revidierte Gesetz zur Verhütung und Bekämpfung der Luftverschmutzung verabschiedet, was einen wichtigen Fortschritt in der Gesetzgebung auf diesem Gebiet bedeutete. Im Mai 2010 gab das Hauptbüro des Staatsrates die Anleitung zur Förderung der gemeinsamen Verhütung und Kontrolle der Luftverschmutzung und zur Verbesserung der regionalen Luftqualität heraus. Das war die erste umfassende Vorschrift über die Verhütung und Bekämpfung der Luftverschmutzung in China. Darin wurden die Leitgedanken, die Arbeitsziele und die Schwerpunktmaßnahmen in der Zukunft deutlich gemacht.

2012 gab China die revidierte Norm für die Umwelt- und Luftqualität bekannt, die die achtstündige Ozon- und die PM2,5-Feinstaubkonzentration berücksichtigt. Seit Januar 2013 leiden viele Städte immer wieder unter einer Smogglocke. Die Luft ist schwer bzw. mittelmäßig verschmutzt. Beijing hat erstmals seinen Warnpegel auf die zweithöchste Stufe Orange erhöht und Maßnahmen

PM2,5

PM2,5 ist eine Kategorie von Partikeln, deren aerodynamischer Durchmesser weniger als 2,5 Mikrometer misst. Sie werden auch lungengängiger Feinstaub oder Feinstaub genannt und gelten als eine wichtige Norm zur Bewertung der Umwelt- und Luftqualität.

Ein Hochgeschwindigkeitszug durchquert das Blumenmeer am Mauerabschnitt bei Juyongguan.

APEC-Blau

Der Begriff „APEC-Blau" war im Jahr 2014 eines der neuen Schlagwörter im Internet. Er spiegelt die ernste Tatsache wider, dass die Chinesen über die Luftverschmutzung sehr besorgt sind. Das im November 2014 in Beijing beobachtete APEC-Blau war das Ergebnis des intensiven Kampfes gegen den Smog während des APEC-Gipfeltreffens. Dank einer Reihe von Maßnahmen, vor allem des abwechselnden Fahrverbotes für Autos mit einer geraden oder ungeraden Endziffer auf dem Nummernschild, wurde die Luftqualität in den zwölf Tagen beträchtlich verbessert. An elf Tagen hatte Beijing eine gute Luftqualität und die PM2,5-Feinstaubkonzentration sank um 55 Prozent im Vergleich zum gleichen Zeitraum des Vorjahrs.

gegen Extremverschmutzung ergriffen. Die Smogglocke und der Sandsturm haben die Luftqualität, die Gesundheit der Bevölkerung und die Verkehrssicherheit sehr beeinträchtigt. 2013 erließ China den Aktionsplan zur Vorbeugung und Beseitigung der Luftverschmutzung. Das ist der strengste Plan Chinas für die Luftreinhaltung seit 1949. Demnach soll die PM10-Feinstaubkonzentration bis 2017 landesweit um 10 Prozent, die PM2,5-Feinstaubkonzentration in Beijing, Tianjin und Hebei, im Jangtse-Delta und im Perlfluss-Delta jeweils um 25 Prozent, 20 Prozent und 15 Prozent gesenkt werden. Innerhalb von fünf Jahren soll die Luftqualität in China im Wesentlichen verbessert werden. Die Verbesserung der Umweltqualität wird in das Beamten-Bewertungssystem aufgenommen.

2014 haben die Zentral- und die Lokalregierungen zahlreiche politische Maßnahmen zur Bekämpfung der Smogglocke ergriffen und entsprechende Projekte in Gang gesetzt. Dies bedeutet, dass die Beseitigung der Smogglocke nun zu den Schwerpunktaufgaben der chinesischen Regierung gehört. In den ersten drei Jahren des 12. Fünfjahrplans (2011–2015) haben die Finanzmittel für Investitionen in den Umweltschutz jährlich um mehr als 200 Milliarden Yuan zugenommen.

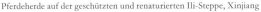

Pferdeherde auf der geschützten und renaturierten Ili-Steppe, Xinjiang

Sinterterrassen im Landschaftsgebiet Huanglong, Sichuan

Wasserverschmutzung

1972 begann China mit dem ersten großen Sanierungsprojekt, der Untersuchung der Verschmutzung und der Sanierung des Guanting-Stausees. Das Projekt dauerte acht Jahre und es wurden 112 Sanierungsprojekte abgeschlossen.

Im August 1991 veranstalteten das Staatliche Hauptamt für Umweltschutz und das Bauministerium im Auftrag des Umweltschutzausschusses des Staatsrates die 2. Tagung für den Umweltschutz in den Städten. Die Regierungen der Städte wurden aufgefordert, die Verschmutzung aktiv und zentralisiert zu bekämpfen, den Bau der Infrastruktur zu verstärken, den Schutz der Trinkwasserquellen zu intensivieren sowie Flüsse und Seen in den Städten zu sanieren. Die umfassende Sanierung der Wasserverschmutzung wurde in den Städten vorangetrieben. Dadurch wurde die Wasserverschmutzung in einigen Städten etwas eingedämmt und mehrere Kriterien für die Wasserqualität blieben stabil.

Im Februar 1989 wurde der Fluss Huai He zum ersten Mal von einer schlimmen Verschmutzung heimgesucht, die das Leben von Millionen Menschen bedrohte und einen wirtschaftlichen Verlust

Sicheres Trinkwasser für Bauern

Auf dem Weltgipfel für nachhaltige Entwicklung in Johannesburg 2002 wurde gefordert, bis 2015 die Zahl der Weltbevölkerung auf dem Land, die mit unsicherem Trinkwasser versorgt wird, um die Hälfte zu reduzieren. Ende 2013 hatte China das Trinkwasserproblem für 400 Millionen Menschen auf dem Land gelöst. 2015 hat die Zentralregierung 3,6 Milliarden Yuan bereitgestellt, um 5,583 Millionen Dorfbewohnern in den von Tibetern konzentriert bewohnten Gebieten in den Provinzen Gansu, Qinghai, Sichuan und Yunnan, im Uigurischen Autonomen Gebiet Xinjiang und Produktions- und Aufbaukorps Xinjiang, in der Drei-Schluchten-Region bei Chongqing und in der Umgebung des Dongting-Sees in der Provinz Hunan den Zugang zu sicherem Trinkwasser zu ermöglichen.

von mehr als hundert Millionen Yuan verursachte. 1993 beschloss der Staatsrat, die Verschmutzung des Huai He mit aller Kraft zu bekämpfen. Mit dem Schwerpunkt auf die Flüsse Huai He, Hai He und Liao He sowie die Seen Tai Hu, Chao Hu und Dian Chi hat China eine umfangreiche Sanierung der Einzugsgebiete durchgeführt. Die Verhütung und Bekämpfung der Wasserverschmutzung ist in die Phase der Beseitigung der Wasserverschmutzung in den wichtigsten Einzugsgebieten eingetreten.

Seit 2003 veröffentlicht das Staatliche Hauptamt für Umweltschutz jährlich Daten über den Fortschritt bei der Verhütung und Bekämpfung der Verschmutzung der wichtigsten Flüsse und anderer Gewässer im ganzen Land. Durch langjährige und effektive Sanierungsmaßnahmen wurde die Wasserqualität in einst stark verschmutzten Einzugsgebieten deutlich verbessert. Seit mehr als zehn Jahren ist keine stellenweise Austrocknung des Gelben Flusses aufgrund von Wassermangel mehr vorgekommen.

Seit 2007 hat China Milliarden Yuan in das Projekt zur Bekämpfung und Sanierung der Wasserverschmutzung mit drei Schwerpunkten – Sicherheit des Trinkwassers, Umweltsanierung in den Einzugsgebieten und Behebung der Wasserverschmutzung in den Städten – investiert. Die Regierung hat die Sicherheit des Trinkwassers auf dem Land verbessert, um das Problem zu lösen, dass 400 Millionen Menschen auf dem Land keinen Zugang zu sicherem Trinkwasser haben. Der 12. Fünfjahrplan sieht vor, die Gesamtemission der wichtigen Schadstoffe zu beschränken, die Trinkwasserquellen systematisch und streng zu schützen, die Klärung der Abwässer in der Papierherstellung, Färberei, Chemieindustrie, Gerberei und Massentierhaltung zu verstärken, die Verhütung und Bekämpfung der Wasserverschmutzung in wichtigen Einzugsgebieten und Regionen weiter voranzutreiben und die Sicherheit des Trinkwassers in den Städten und auf dem Land als wichtigste Aufgabe zu garantieren.

Auf der Routinesitzung des Staatsrates im Juli 2013 wurden unter Vorsitz von Ministerpräsident Li Keqiang folgende Themen besprochen: die beschleunigte Entwicklung der energiesparenden und umweltfreundlichen Branchen, die Erweiterung des Informationskonsums und der effektiven Inlandsnachfrage sowie die Förderung der Transformation und Modernisierung der Wirtschaft. Im Jahr 2015 wurde der Aktionsplan zur Vorbeugung und Beseitigung von Wasserverschmutzung erlassen, der 238 konkrete Maßnahmen beinhaltet und eine kompromisslose Prävention und Bekämpfung der Wasserverschmutzung durch industrielle Schadstoffe vorsieht. Bis 2020 soll der gesamte Wasserverbrauch des Landes unter 670 Milliarden Kubikmetern liegen.

Yoigilanglêb-Becken – Quellgebiet des Gelben Flusses

Kirschblüten in Dali, Yunnan

Waldressourcen

Zurzeit beträgt die Waldfläche Chinas ca. 208 Millionen Hektar und ihr Anteil an der gesamten Landesfläche 21,63 Prozent. Der Holzvorrat erreicht 15,137 Milliarden Kubikmeter. Während die Waldressourcen weltweit abnehmen, nehmen die in China seit mehr als dreißig Jahren kontinuierlich zu. Im Jahr 2020 wird über 23 Prozent der Gesamtfläche Chinas bewaldet sein. Trotzdem ist China immer noch ein waldarmes Land mit einer empfindlichen Ökologie. Der Anteil der bewaldeten Fläche ist erheblich niedriger als der Weltdurchschnitt von 31 Prozent. Die Waldfläche und der Holzvorrat pro Kopf entspricht nur einem Viertel bzw. einem Siebtel des Weltniveaus. Seit den 1950er Jahren hat sich in China ein Wunder in Bezug auf die Aufforstung vollzogen. Die Fläche der künstlich angelegten Wälder ist von 22 auf 69 Millionen Hektar angewachsen. Damit steht China an der Weltspitze. Während die Waldressourcen weltweit kontinuierlich abnehmen, haben die Waldflächen und der Holzvorrat in China zugenommen. Laut dem Umweltprogramm der Vereinten Nationen (UNEP) ist China eines der 15 Länder mit den meisten erhaltenen Waldflächen. Eine Maßnahme zum effektiven Schutz von Waldressourcen ist das Projekt zum Schutz der Naturwälder, das 1998 in Angriff genommen wurde. Danach wurde landesweit der Holzeinschlag in Naturwäldern gestoppt. In zahlreichen Gebieten wurden aus Holzfällern Waldhüter.

Schwarzhalskraniche am Napa-See, Shangri-la

Feuchtgebiete

Feuchtgebiete, Wälder und Meere sind die drei größten Ökosysteme der Welt. Feuchtgebiete gelten als Nieren der Erde. China verfügt über verschiedenartige Feuchtgebiete mit großer biologischer Vielfalt. Die Gesamtfläche der einzelnen Feuchtgebiete, die größer als 100 Hektar sind, beträgt 38,48 Millionen Hektar. Damit steht China in Asien an erster und weltweit an vierter Stelle.

Die chinesische Regierung hat viele Maßnahmen zum Schutz von Feuchtgebieten getroffen. 1992 trat China der Internationalen Konvention über Feuchtgebiete bei, inzwischen sind schon 41 Schutzgebiete in die Liste der international wichtigen Feuchtgebiete aufgenommen worden. Seit einigen Jahren werden die Feuchtgebiete aber manchmal zweckentfremdet genutzt, wie z. B. durch Bebauung und blinde Urbarmachung. Im Jahr 2012 erstellte das Institut für die Anwendung der Fernerkundung der Chinesischen Akademie der Wissenschaften eine Bewertung der Schutzeffekte der Feuchtschutzgebiete auf Staatsebene. Die

Feuchtgebiete in China

Die Gesamtfläche der Feuchtgebiete in China beträgt 53,6026 Millionen Hektar, die 5,58 Prozent der Landesfläche ausmachen. Im Vergleich zum Jahr 2003 entspricht das einem Rückgang um 8,82 Prozent, und zwar um 3,3963 Millionen Hektar. 87,08 Prozent der Feuchtgebiete oder 46,6747 Millionen Hektar sind natürliche Feuchtgebiete. Feuchtgebiete mit einer Fläche von 23,2432 Millionen Hektar stehen unter staatlichem Schutz. Das sind 43,51 Prozent der Gesamtfläche der Feuchtgebiete in China.
Feuchtgebiete gelten als Genpool. In den chinesischen Feuchtgebieten gibt es 4220 Pflanzenarten, 483 Biotope, 2312 Wirbeltierarten aus fünf Klassen, 51 Ordnungen und 266 Familien, darunter 231 Vogelarten.

Untersuchung zeigt, dass die Gesamtfläche der Feuchtgebiete in den Schutzgebieten auf Staatsebene sich in den letzten dreißig Jahren verringert hat. Um eine missbräuchliche Nutzung zu unterbinden und den Schutz solide sicherzustellen, wurden am 1. Mai 2013 die Vorschriften zum Schutz der Feuchtgebiete erlassen. Demzufolge sind außer gesetzlichen Sonderbestimmungen alle Aktivitäten verboten, die die Feuchtgebiete bzw. ihre ökologischen Funktionen zerstören, wie z. B. Urbarmachung, Weiden, Fischen, Sand- oder Erdarbeiten, Bergbau und Abwassereinleitung. 2014 wurde das Subventionssystem für Feuchtgebiete eingerichtet, was eine wichtige institutionelle Verbesserung beim Schutz der Feuchtgebiete bedeutet. Die Finanzmittel werden vor allem zum Schutz und zur Renaturierung der Feuchtgebiete sowie zur Auszeichnung von Regionen für ihre herausragenden Leistungen in diesem Bereich eingesetzt.

Feuchtgebiet Gahai

Meere

2015 hat die Staatliche Ozeanverwaltung die Gründung der Meeresschutzgebiete Tuanshan in der Provinz Liaoning, Chongwu in der Provinz Fujian und Nan'ao in der Provinz Guangdong genehmigt. Damit gibt es in China 260 Meeresschutzgebiete verschiedener Typen, die eine Gesamtfläche von mehr als 100 000 Quadratkilometern umfassen und 3,3 Prozent der Gesamtfläche der chinesischen Meeresgebiete ausmachen.

Diese Meeresschutzgebiete schützen sowohl das maritime Ökosystem der Küsten, Flussmündungen, Inseln usw., die von hohem Wert für die wissenschaftliche Forschung, den Unterricht und die Naturgeschichte sind, als auch seltene und wertvolle gefährdete Meerestiere wie den Jangtse-Delfin und ihre Lebensräume sowie typische maritime Ökosysteme wie Mangrovenwälder, Korallenriffe und Feuchtgebiete an Meeresstränden. Im Gesetz über den Schutz der Meere sind genaue Bestimmungen bezüglich der Überwachung und Verwaltung sowie Untersuchung, Kontrolle, Bewertung und Erforschung der Meere formuliert.

Beobachter des Arktischen Rates

Schon im Jahr 2006 stellte China beim Arktischen Rat einen Antrag auf die Mitgliedschaft als Beobachter. Erst nach sieben Jahren erhielt China im Mai 2013 den ordnungsgemäßen Beobachterstatus. Seit den 1990er Jahren verstärkt China die Forschung in der Arktis und schenkt den arktischen Angelegenheiten große Aufmerksamkeit. 1999 wurde die erste von bisher fünf Forschungsgruppen in die Arktis entsandt. 2004 errichtete China die Huanghe-Station, sie dient als Hauptquartier der chinesischen Forscher in der Arktis.

Es legt ferner Projekte zur Verhütung der Verschmutzung der Meere und zur Eindämmung der Belastung der Meere durch Einleitung von Abfallstoffen fest.

Naturschutzgebiete

Das erste Naturschutzgebiet Chinas, Dinghushan, wurde 1956 in Zhaoqing in der Provinz Guangdong eingerichtet. Ende 2013 gab es in China 2697 Naturschutzgebiete, darunter 407 auf Nationalebene. Die Fläche aller Naturschutzgebiete macht mehr als 15 Prozent der chinesischen Landesfläche aus, das ist mehr als das durchschnittliche Weltniveau von 12 Prozent. In diesen Naturschutzgebieten werden etwa 90 Prozent der Ökosystemtypen, ca. 85 Prozent der Wildtierarten und gegen 65 Prozent der höheren Pflanzen wirksam geschützt.

Das im August 2000 ausgewiesene Naturschutzgebiet Sanjiangyuan (Quellen der drei Flüsse) auf der Qinghai-Tibet-Hochebene, wo der Jangtse, der Gelbe Fluss und der Lancang Jiang (Mekong) entspringen, nimmt sowohl hinsichtlich seiner Größe (31,80 Millionen Hektar) und seiner Höhe (im Durchschnitt 4200 Meter) als auch der Artenvielfalt den ersten Platz in China ein. 2005 wurde ein Projekt zum Umweltschutz im Quellgebiet der drei Flüsse mit einer Gesamtinvestition von 7,5 Milliarden Yuan in Gang gebracht. Ende 2011 errichtete der Staatsrat in diesem Gebiet die erste Nationale Versuchszone zum Umweltschutz. Damit nahm der Umweltschutz in diesem Gebiet auf höherer Ebene seinen Anfang. Mit 300 Naturschutzgebieten ist die Provinz Guangdong die Nummer eins in China. Das Wolong- und das Jiuzhaigou-Naturschutzgebiet in Sichuan, das Changbaishan-Naturschutzgebiet in Jilin, das Dinghushan-Naturschutzgebiet in Guangdong und das Baishuijiang-Naturschutzgebiet in Gansu wurden von der UNESCO in die Liste der Biosphärenschutzgebiete der Welt aufgenommen.

Rettung der vom Aussterben bedrohten Tier- und Pflanzenarten

China ist reich an Wildtier- und -pflanzenressourcen, verfügt über die meisten Vogelarten und die meisten Nacktsamer-Arten der Welt. China ist also eines der Länder mit der größten Artenvielfalt. Diese Artenvielfalt ist jedoch in Gefahr, denn 15 bis 20 Prozent der höheren Pflanzen, über 40 Prozent der Nacktsamer und Orchideen sowie 233 Wirbeltierarten sind vom Aussterben bedroht, bei 44 Prozent der Wildtierarten nehmen die Bestände ab und die Zahl der Wildtiere, die nicht zu den schwerpunktmäßig geschützten Tierarten gehören, zeigt deutlich sinkende Bestände.

China zählt zu den ersten Unterzeichnerstaaten der Konvention über den Erhalt der Artenvielfalt, hat sich aktiv an den entsprechenden internationalen Bemühungen beteiligt und eigene Vorschläge zur Umsetzung der Konvention geäußert. China ist auch eines der wenigen Länder, die als Erste das Aktionsprogramm der Konvention erfüllt haben.

Die Konvention über den Erhalt der Artenvielfalt (kurz Konvention) schreibt vor, dass jeder Unterzeichnerstaat entsprechend seinen Gegebenheiten eine Strategie, einen

① Makak im Nationalpark Zhangjiajie, Hunan

② Auswilderung eines Schwarzbären im Naturschutzgebiet des Kreises Wangqing, Jilin

③ Eine Freiwillige füttert eine junge Tibetische Antilope in Hoh Xil.

Plan oder ein Programm für den Schutz der Artenvielfalt ausarbeiten und aktualisieren soll. Schon im Jahr 1994 arbeitete China ein Aktionsprogramm für den Schutz der Artenvielfalt aus, das Maßnahmen für den Umweltschutz vorschreibt. Die sieben Ziele des Aktionsprogramms wurden im Großen und Ganzen bereits erreicht. Die Umsetzung des Aktionsprogramms fördert den Schutz der Artenvielfalt in China.

In den letzten Jahren traten Probleme wie die Sicherheit genetisch veränderter Organismen, biologische Invasionen sowie der Zugang zu genetischen Ressourcen und deren Nutzung auf. Deswegen legt die internationale Gemeinschaft großen Wert auf den Schutz der Artenvielfalt. Die Verringerung der Artenvielfalt in China wird derzeit nicht effektiv genug eingedämmt und das rasche Verschwinden von Arten nicht grundlegend aufgehalten.

Vernichtung von beschlagnahmtem Elfenbein in Dongguan, Guangdong

Um die Verordnungen der Konvention in die Tat umzusetzen, die Artenvielfalt zu erhalten und wirksame Maßnahmen gegen die neuen Probleme und Herausforderungen zu ergreifen, hat China das Aktionsprogramm für den Schutz der Artenvielfalt (2011–2030) fertiggestellt, in dem die Hauptziele, die strategischen Aufgaben und die vorrangigen Aktionen für die nächsten 20 Jahren festgelegt sind.

Die zuständigen Regierungsabteilungen schenken dem wirksamen Schutz der biologischen Ressourcen große Aufmerksamkeit. In China wurden über 400 Pflegezentren und Genbanken für Wildpflanzenressourcen errichtet. Rund tausend Wildpflanzen haben stabile, künstlich gezüchtete Populationen. Das Projekt zur Rettung der vom Aussterben bedrohten Wildtierarten erzielte ebenfalls erste Erfolge. Bisher errichtete China 250 Zuchtzentren für Wildtiere und realisierte Rettungsprojekte für sieben große Arten wie den Großen Panda und den Nipponibis. Gemäß dem Gesetz zum Schutz der in freier Wildbahn lebenden Tiere drohen jenen, die Wildtierressourcen schädigen, schwere Strafen. Durch diese Schutzmaßnahmen wird die Abnahme der vom Aussterben bedrohten Wildtiere und -pflanzen gestoppt. Die Bestände von über siebzig bedrohten Tierarten wie der Große Panda, der Nipponibis und der China-Alligator erholen sich schrittweise, und ihr Habitat wird ständig verbessert.

Kunstaktion gegen Tierquälerei in Ningbo, Zhejiang

Kämpfen wir gegen den Smog!

NGOs

Die nicht staatlichen Umweltschutzorganisationen haben in China eine Geschichte von mehr als zwanzig Jahren. Sie haben zahlreiche Aktionen organisiert, darunter einen autofreien Tag, „Klimaanlagen auf 26 Grad" und den „Schutz des Gelben Flusses", und sind eine unentbehrliche Kraft für den Umweltschutz geworden. Die Chinesische Vereinigung für den Umweltschutz ist die größte und wichtigste halbstaatliche Umweltschutz-NGO.

Die Jahre 1991 bis 2003 waren die Anfangszeit der Umweltschutz-NGOs in China. Am 20. April 1991 wurde in Liaoning die erste Umweltschutz-NGO Chinas – der Verband zum Schutz der Saundersmöwen – gegründet. Im März 1994 gründete Liang Congjie in Beijing mit weiteren zwanzig Freiwilligen die „Naturfreunde".

Außerdem gründete damals Tang Xiyang das „Grüne Lager für die Studenten Chinas" und leitete junge Studenten zum Umweltschutz an. Viele Mitglieder wurden später Pioniere bei Umweltschutz-NGOs. Erschüttert von der Geschichte von Soinam Dorjê, dem Schützer der Tibetischen Antilopen, setzt sich Yang Xin für den Schutz der

Kleine Models in Kleidern aus Zeitungspapier. Diese in Nantong, Jiangsu, veranstaltete Aktion plädiert für einen kohlenstoffarmen Lebensstil.

Quellen des Jangtse und der Tibetischen Antilopen ein. Liao Xiaoyi gründete nach einem Studienaufenthalt im Ausland das Umweltzentrum „Globales Dorf" Beijing. Wang Yongchen, ein Journalist vom Chinesischen Nationalen Radio, gründete die „Green Earth Volunteers".

Mit der rasanten gesellschaftlichen Entwicklung traten Umweltprobleme wie regionaler Umweltschutz und die Verschmutzung durch täglichen Konsum auf. Die Umweltschützer begannen, sich mit verschiedenen gesellschaftlichen Widersprüchen und Konflikten zu beschäftigen, vor allem mit wichtigen Umweltproblemen.

Ein kennzeichnendes Ereignis in dieser Zeit war die Kontroverse über den exzessiven Bau von Staudämmen in Südwestchina. Über dieses Problem wird seit Langem diskutiert. Die Umweltschutz-NGOs in verschiedenen Teilen des Landes reagierten unterschiedlich auf die verneinenden Stimmen aus der Regierung. Diese Kontroverse markierte eine neue Phase für die Umweltschutz-NGOs in China. Sie begannen, die öffentliche Verwaltung zu überwachen. Sie bewerteten die Einflüsse großer wirtschaftlicher Aktivitäten auf die Umwelt und intervenierten beim Bauprojekt am Zijin Shan in Nanjing.

In dieser Zeit schlossen sich die Umweltschutz-NGOs zusammen, um größer und stärker zu werden. Ein wichtiges Ereignis war die Gründung des Bündnisses für umweltbewusstes Einkaufen. Das Institut für die Anliegen der Öffentlichkeit und der Umwelt unter der Leitung von Ma Jun begann dieses Projekt im Jahr 2007 gemeinsam mit den Naturfreunden, den Green Earth Volunteers, dem „Globalen Dorf" Beijing und anderen Umweltschutzorganisationen. 21 NGOs gründeten gemeinsam das Bündnis für umweltbewusstes Einkaufen. Sie riefen den Einzelhandel und die Öffentlichkeit auf, Produkte von Unternehmen, welche die Umwelt belasten, nicht zu kaufen und ihren Produkten den Marktzugang zu verwehren, so dass die Produktion von Unternehmen stets unter den Augen der Öffentlichkeit steht. Das Bündnis wuchs und intensivierte die Überwachung der Umwelt und der Unternehmen, welche Umweltverschmutzung verursachen. Das erregte so großes öffentliches Aufsehen, dass die einflussreichsten Medien, darunter der nationale Fernsehsender CCTV, die Untaten dieser Unternehmen aufgriffen.

In Nanjing vereinigten sich acht NGOs, um die Umwelt rund um den Zijin Shan zu schützen. Liao Xiaoyi und Wang Yongchen initiierten in Beijing die Aktion „Klimaanlagen auf 26 Grad", die von der Regierung übernommen und zur staatlichen Politik erhoben wurde.

Zurzeit gibt es in China ca. 8000 Umweltschutz-NGOs. In den letzten Jahren haben sie zu wichtigen Umweltproblemen immer klar Stellung genommen und aktiv bei der Entscheidungsfindung über den Umweltschutz bei großen wirtschaftlichen Projekten mitgewirkt, darunter die Müllverbrennungsanlage in Liulitun in Beijing und das Projekt der Magnetschwebebahn in Shanghai. Ihre umfassende Teilnahme fand in der Öffentlichkeit große Resonanz, wodurch sie zu einer unübersehbaren gesellschaftlichen Kraft geworden sind.

Internationale Zusammenarbeit

China beteiligt sich als Großmacht stets aktiv an globalen Aktivitäten für den Umweltschutz und spielt in internationalen Angelegenheiten für den Umweltschutz eine konstruktive Rolle. Bis heute hat China mehr als 50 internationale Abkommen über Umweltschutz unterzeichnet und ist aktiv den entsprechenden Verpflichtungen nachgekommen. Die chinesische Regierung hat über hundert politische Richtlinien und Maßnahmen zum Schutz der Ozonschicht erlassen und erreichte so mühelos die Etappenziele des Montreal-Protokolls zum Schutz der Ozonschicht.

China hat der Welt sein Modell einer Internationalen Kooperationskommission für Umwelt und Entwicklung vorgestellt. Diese Kommission ist ein hochrangiges Beratungsorgan der Regierung, das sich aus über vierzig international anerkannten Persönlichkeiten und Experten zusammensetzt. Sie hat der chinesischen Regierung zahlreiche konstruktive Vorschläge unterbreitet und wird von der Weltöffentlichkeit als Vorbild für die internationale Zusammenarbeit im Bereich des Umweltschutzes gerühmt.

China ist aktiv an der regionalen Zusammenarbeit im Umweltschutz beteiligt. Ein Netzwerk zur Kooperation, vor allem mit den Nachbarländern, nimmt langsam Gestalt an. Konferenzen der Umweltminister Chinas, der Republik Korea und Japans, Konferenzen der Umweltminister Chinas und Europas, die Umweltkooperation zwischen China und dem übrigen Asien, Konferenzen der Umweltminister Asiens und Europas, Konferenzen zur Umweltkooperation Chinas mit den arabischen Staaten und andere Kooperationsstrukturen im Rahmen der Shanghai-Kooperationsorganisation haben Fortschritte gemacht.

Eröffnungszeremonie der Earth Hour 2015 im Hauptstadtmuseum, Beijing

China unterhält gute Beziehungen und wirksame Zusammenarbeit mit internationalen Organisationen wie dem Umweltprogramm der Vereinten Nationen (UNEP), dem Entwicklungsprogramm der Vereinten Nationen (UNDP), dem Globalumweltfonds (GEF), der Weltbank und der Asiatischen Entwicklungsbank. China hat mit den USA, Japan, Russland und anderen Ländern bilaterale Kooperationsabkommen und Memoranden über den Umweltschutz unterzeichnet und im Rahmen kostenloser gegenseitiger Hilfe zusammen mit der EU, Deutschland und Kanada und internationalen Organisationen eine Reihe von Umweltschutzprojekten umgesetzt.

Außerdem arbeiten Umweltschutz-NGOs wie der World Wide Fund for Nature (WWF) und der Internationale Tierschutzfonds (IFAW) mit den zuständigen Regierungsabteilungen und chinesischen NGOs auf vielen Gebieten zusammen und erzielten positive Resultate.

CHINA 2015

Bildungswesen, Wissenschaft und Technik

Heute hat China weltweit die meisten Schüler und Studenten. Das durch akademische Bildung, Berufsbildung und lebenslange Weiterbildung gekennzeichnete vielschichtige Bildungssystem wird immer weiter vervollständigt. Die Popularisierung der allgemeinen Bildung fördert auch den wissenschaftlichen und technischen Fortschritt. Über 60 Prozent der Technologien Chinas haben internationales Niveau erreicht oder sind ihm näher gekommen.

- Bildungswesen ● Bildungsplan
- Internationale Kooperation im Bildungsbereich
- Entwicklung von Wissenschaft und Technik
- Internationale Zusammenarbeit in Wissenschaft und Technik
- Sozialwissenschaften

Eines der ältesten Gebäude auf dem Campus der Tsinghua-Universität

Bildungswesen

Hochschulbildung	Magisterstudien, Doktoratsstudien
	Universitäten, Hochschulen
	Fachhochschulen, technische Fachhochschulen
Mittelschulbildung	Fachschulen (technische und pädagogische Mittelschulen)
	Berufsschulen (Unterstufe und Oberstufe)
	Allgemeine Mittelschulen (Unterstufe und Oberstufe)
Grundschul- und Vorschulbildung	Grundschulen
	Kindergärten, Vorschulklassen
Erwachsenenbildung, Militärhochschulen, Abschlussprüfung für Autodidakten bei einem Hochschulstudium, private Hochschulen, religiöse Hochschulen	
Sonderschulen (bzw. -klassen)	
Aus- und Weiterbildung, Berufsbildung u. a.	

In China besteht eine kostenfreie neunjährige Schulpflicht. Der Pflichtschule vorgeschaltet ist die Vorschulbildung (Kindergärten etc.) und nach der Pflichtschulzeit besteht die Möglichkeit des Übergangs zur Oberstufe der Mittelschule, zur Berufsoberschule oder später zur Hochschule einschließlich der zweijährigen Hochschulbildung. Darüber hinaus gibt es weitere verschiedene Formen der Fort- und Weiterbildung.

Wir machen einen Ausflug!

Die kostenfreie neunjährige Schulpflicht stellt die Grundlage des Bildungswesens dar. Für China als bevölkerungsreiches Land ist die Grundschulbildung sehr wichtig. Der kostenfreie Pflichtschulbesuch wird in den Städten und auf dem Land durchgeführt und die Ausgaben für Pflichtschulen wurden ins nationale Budget aufgenommen. Dies ist ein historischer Wandel des Bildungssystems. Damit wurde das Ideal „Bildung für alle" Wirklichkeit. Als Nächstes ist das Problem der unausgeglichenen Verteilung der Bildungsressourcen zu lösen. Dabei sollen die ländlichen, von nationalen Minderheiten bewohnten Grenzregionen und armen Gebiete bevorzugt werden; innerhalb einer Stadt oder eines Kreises sollen Schulen, denen es an Bildungsressourcen mangelt, bevorzugt werden,

Eröffnungszeremonie eines Grundschulsportfestes

Niveauhebung im Bildungswesen

Nach der sechsten Volkszählung im Jahr 2010 ist die Analphabetenrate in China auf 4,08 Prozent gesunken. Die Zahl der Personen mit einem Hochschulabschluss pro 100 000 Einwohner ist von 3611 im Jahr 2000 auf 8930 im Jahr 2010 gestiegen. Die Nettoeinschulungsrate der Grundschulen beträgt über 99,79 Prozent, die der Unterstufen und Oberstufen der Mittelschulen jeweils 100 und 85 Prozent und die der Hochschulen 30 Prozent. Der Anteil der Analphabeten unter Jugendlichen und Menschen mittleren Alters liegt bei unter 2 Prozent und der unter Erwachsenen bei weniger als 5 Prozent. Das bedeutet, dass das chinesische Bildungswesen das durchschnittliche Niveau der mittelmäßig entwickelten Länder erreicht hat.

Schüler in einem offenen Unterricht, einer innovativen Unterrichtsform

damit die Lehrkräfte, Unterrichtseinrichtungen, Bücher und Schulgebäude gleichmäßig verteilt werden. Wegen des Ungleichgewichts der wirtschaftlichen und gesellschaftlichen Entwicklung ist der Entwicklungsunterschied im Bildungsbereich zwischen verschiedenen Teilen des Landes nicht in kurzer Zeit zu beseitigen. Die Kluft zu verringern ist die wichtigste Aufgabe bei der Förderung der Gleichheit in der Bildung.

Das über die Schulpflicht hinausgehende Bildungswesen wird ständig vervollkommnet. In China ist das Grundrecht jedes Kindes auf Bildung garantiert. China hat ein differenziertes Finanzierungssystem errichtet, dazu gehören nationale Stipendien und Ermutigungsstipendien, staatliche Studienzuschüsse und -kredite, Nebenjobs, Universitätsstipendien, Zuschüsse

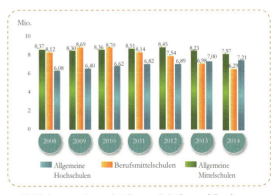

Zahl der neu eingeschriebenen Schüler und Studenten

für besonders bedürftige Schüler und Studenten sowie zum Lebensunterhalt und Reduzierung bzw. Erlass von Studiengebühren. Außerdem sind andere Maßnahmen getroffen worden, wie z. B. erleichterte Immatrikulation für Studenten aus einkommensschwachen Familien und Erlass von Studienkrediten für Absolventen, die sich für eine Arbeit auf der Basisebene entscheiden oder ihre Wehrpflicht erfüllen. In den letzten Jahren wurde die staatliche Studienbeihilfe ständig verbessert und ein System zur finanziellen Unterstützung für Schüler und Studenten aus bedürftigen Familien eingeführt. Damit sind alle Bildungsphasen – von der Vorschulbildung bis zum Magisterstudium – abgedeckt. Die jährliche finanzielle Unterstützung belief sich auf nahezu 100 Milliarden Yuan, fast 80 Millionen Schüler bzw. Studenten profitierten davon. Die praktizierte Politik für die gebührenfreie mittlere Berufsausbildung erfasst alle Schüler vom Land und jene Schüler aus der Stadt, die landwirtschaftsbezogene Fächer lernen bzw. aus bedürftigen Familien stammen.

Dem Schulbesuch eines bestimmten Kreises von Kindern wird besondere Beachtung geschenkt. Aufgrund der raschen Industrialisierung und Urbanisierung arbeiten zahlreiche Wanderarbeiter vom Land in den Städten. Die Frage des Schulbesuchs ihrer Kinder wird immer schwieriger und komplizierter. China wird die entsprechenden Maßnahmen verbessern, um den Kindern der Wanderarbeiter Zugang zu den kostenfreien staatlichen ganztägigen Pflichtschulen zu verschaffen. Der Staat hat eine Reihe von Gesetzen und Verordnungen erlassen, um auch das Recht der Behinderten auf Bildung zu schützen: Neben den Sonderschulen dürfen alle behinderten Kinder und Jugendlichen, die dem normalen Lernen gewachsen sind, die allgemeinen Grund- und Mittelschulen besuchen. China wird die Gleichberechtigung der behinderten Kinder und Jugendlichen in der Bildung garantieren, die Errichtung von Sonderschulen beschleunigen und die Bedingungen dafür schaffen, dass mehr behinderte Schüler und Studenten allgemeine Schulen besuchen.

Das Projekt „Hoffnung"

Das gemeinnützige Projekt „Hoffnung" wurde im Jahr 1989 auf Initiative der Chinesischen Stiftung für die Entwicklung der Jugendlichen ins Leben gerufen. Es zielt darauf ab, Kindern, die wegen Armut gezwungen sind, ihren Schulbesuch abzubrechen, einen weiteren Schulbesuch zu ermöglichen, Grundschulen zu errichten und das Bildungswesen auf dem Land zu verbessern. Die zwei wichtigsten Aufgaben des Projekts bestehen darin, den Aufbau von Grundschulen und den Schulbesuch armer Kinder finanziell zu unterstützen. Am 20. Mai 2007 wurde das Projekt „Hoffnung" auf eine höhere Stufe gehoben. Der Schwerpunkt wurde von der reinen finanziellen Unterstützung auf „Unterstützung und Entwicklung" verlagert, wobei großer Wert auf das Potential der Kinder zur eigenständigen Entwicklung gelegt wird.

Schüler erhalten Bücherspenden.

Das Bildungswesen auf dem Land ist sehr wichtig. Von den 1,3 Milliarden Chinesen leben mehr als die Hälfte auf dem Land. Dort wachsen auch mehr als die Hälfte der Schulkinder auf. In den letzten Jahren wurden im Bildungswesen auf dem Land viele Fortschritte gemacht: Seit 2006 werden für den Pflichtschulbesuch keine Schulgebühren mehr erhoben; der Staat stellt schulpflichtigen Kindern kostenlos Lehrbücher zur Verfügung und die Zahl der Analphabeten hat erheblich abgenommen. 2011 wurde der Plan zur Ernährungsverbesserung der Pflichtschüler auf dem Land in Gang gesetzt; zurzeit sind 135 700 Schulen mit 33 Millionen Schülern davon erfasst. 2013 nahm China das Projekt zur Armutsbekämpfung durch Bildungsförderung in Angriff und führte den Plan zur Verbesserung der Unterrichtsbedingungen jener ländlichen Schulen, denen es an den nötigen Bildungsressourcen mangelt, durch. Darüber hinaus hat sich die chinesische Regierung stets für den Aufbau des Lehrerkontingents auf dem Land eingesetzt. Lehrer in von schwerer Armut betroffenen Gebieten erhalten einen Zuschuss zum Lebensunterhalt.

In den letzten Jahren hat sich das Bildungswesen noch tiefgreifender und umfangreicher entwickelt. Die Zahl der Studenten, die ein Magister- oder ein Doktoratsstudium machen, steigt ständig. Der Bildungsmarkt entwickelt sich rapide. Das Angebot an Kursen und Prüfungen zur Qualifikation in Computertechnik, Fremdsprachen und anderen Fächern nimmt überall zu. Fort- und Weiterbildung sind in Mode gekommen.

Ausschlaggebend für die rasche Entwicklung des Bildungswesens ist die starke Erhöhung der Ausgaben in diesem Bereich. Seit 1998 stieg der Anteil der Bildungsausgaben an den Staatsausgaben jährlich um mehr als einen Prozentpunkt. Nach einem Ent-

Prüfungsarbeiten im Fachbereich bildende Kunst bei der Hochschulaufnahmeprüfung 2015 in Shaanxi

wicklungskonzept des Bildungsministeriums wird die Regierung im Rahmen des staatlichen Budgets ein Finanzierungssystem für das Bildungswesen etablieren, um die Verantwortlichkeit der Regierungen aller Ebenen für die Finanzierung des Bildungswesens zu forcieren und um zu gewährleisten, dass das Wachstum der Bildungsausgaben höher als das der laufenden Staatseinkünfte ist.

Bildungsplan

Das Programm für die mittel- und langfristige Entwicklung und Reform des Bildungswesens (2010–2020) ist das erste umfassende Bildungskonzept Chinas im 21. Jahrhundert. Derzeit gilt die Umstrukturierung als Schlüssel zur Reform des Bildungswesens. Die im Programm betonten Fragen wie die Umstrukturierung der Grundschul-, der Berufs- und der Hochschulbildung, die Reform der Unterrichtsmethoden, die Lehrerausbildung und die Unterstützung des Bildungswesens werden großen Einfluss auf das gegenwärtige Bildungssystem ausüben.

Das Programm schreibt vor, dass bis 2020 die Modernisierung des Bildungswesens verwirklicht und China ein Land mit hoch qualifizierten Arbeitskraftreserven sein soll. Die stärkere Verbreitung der Bildung ist ein wichtiges Ziel: Die Vorschulbildung soll ausgeweitet werden; das Niveau der neunjährigen Pflichtschule soll konsolidiert und angehoben werden; der Besuch der Oberstufe der Mittelschule soll stärker verbreitet werden und deren Einschulungsrate 90 Prozent erreichen; die Hochschulbildung soll in höherem Maße verbreitet werden und die Immatrikulationsrate 40 Prozent betragen; das Analphabetentum unter den Jugendlichen und den Mittelaltrigen soll beseitigt werden. Die durchschnittliche Bildungsdauer der neuen Arbeitskräfte soll von 12,4 Jahren auf 13,5 Jahre gesteigert werden; die der erwerbstätigen Bevölkerung im Alter von 25 bis 64 Jahren soll von 9,5 Jahren auf 11,2 Jahre zunehmen. Der Anteil der Arbeitskräfte mit einem Hochschulabschluss soll 20 Prozent erreichen und im Vergleich zum Jahr

Informative Internetseiten

www.moe.gov.cn/publicfiles/business/htmlfiles/moe/moe_2792/index.html
Der Internetauftritt des Bildungsministeriums bietet autoritative Informationen und Nachrichten aus dem chinesischen Bildungswesen.

www.jyb.cn/
Die Website für Bildungsnachrichten aus China wird vom Verlag der Chinesischen Bildungszeitung betreut und es werden vor allem Nachrichten aus dem Bildungswesen verbreitet.

Bildhauerunterricht im Berufsbildungszentrum Dazu in Chongqing

Ein ausländischer Student beim Internationalen Kulturfest an der Beijinger Universität für Sprachen und Kulturen

Informative Internetseiten

http://en.csc.edu.cn/
Die Staatliche Auslandsstudium-Website wird vom China Scholarship Council betreut, das direkt dem Bildungsministerium untersteht. Sie bietet unter anderem Informationen über das Studium im Ausland sowie über den Erwerb von Stipendien, die sich nicht nur an chinesische, sondern auch an ausländische Studenten richten, die in China studieren möchten.

www.cscse.edu.cn/publish/portal0/tab132/default.htm
Die Chinesische Auslandsstudium-Website wird vom Chinese Service Center for Scholarly Exchange (CSCSE) betreut, einer Einrichtung des Bildungsministeriums, und bietet Informationen über das Studium im Ausland und in China sowie über den internationalen Austausch und die Zusammenarbeit im Bildungsbereich.

2009 soll sich die Zahl der Personen mit einem Hochschulabschluss verdoppeln.

Darüber hinaus wird im Programm die Gleichberechtigung im Bildungswesen betont, die dem gesamten Volk zugute kommt. Es soll ein System der öffentlichen Bildung errichtet werden, das die Stadt- und die Landbevölkerung einbezieht; eine gleichmäßige Verteilung der öffentlichen Bildungsressourcen soll schrittweise verwirklicht werden; das Gefälle im Bildungsbereich zwischen verschiedenen Teilen des Landes soll verringert werden. Das Problem des Pflichtschulbesuchs der Kinder von bäuerlichen Wanderarbeitern soll gelöst und das Recht der Behinderten auf Bildung garantiert werden.

Um die wachsende Nachfrage nach hoch qualifizierten Fachkräften zu befriedigen, hat der Staat schwerpunktmäßig zwei Berufsbildungsprojekte durchgeführt, nämlich die Ausbildung von dringend benötigten Fachkräften für die moderne Fertigungsindustrie und Dienstleistungsbranche sowie die Ausbildung von Arbeitskräften vom Land, die in den Städten Arbeit suchen.

Internationale Kooperation im Bildungsbereich

Die internationale Kooperation und der Austausch im Bildungsbereich werden Jahr für Jahr weiter ausgebaut. Ein wichtiges Element dabei ist das Studium im Ausland. China ist das Land mit den meisten Studenten im Ausland. Im Jahr 2020 wird diese Zahl 500 000 erreichen, damit wird China das Land mit den meisten Auslandsstudenten in Asien sein. Das Studium im Ausland ist eine wichtige Brücke für den freundschaftlichen Austausch zwischen Chinesen und Ausländern geworden.

Die Beschäftigung von erstklassigen Lehrkräften aus dem Ausland ist eine wichtige Tendenz. China erwartet, dass mehr Fachleute und Intellektuelle von Weltrang zum Unterrichten, zur Forschung und für Managementaufgaben nach China kommen, und lädt planmäßig hoch qualifiziertes Personal ein sowie importiert erstklassiges Lehrmaterial. China erhöht den Anteil der ausländischen Lehrer an den Hochschulen und ermutigt fähige Chinesen, die ein Studium im Ausland abgeschlossen haben, nach China zurückzukehren.

Zurzeit wollen immer mehr Ausländer die chinesische Sprache lernen. Seit 2004 richtet China im Ausland nicht gewinnorientierte Konfuzius-Institute ein, die vor allem Chinesischunterricht anbieten und die chinesische Kultur vermitteln. Zurzeit gibt es in 133 Ländern und Gebieten 485 Konfuzius-Institute und 886 Konfuzius-Hörsäle.

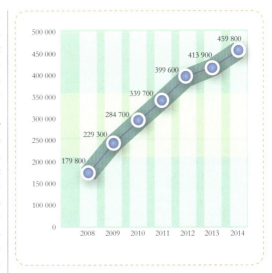

Zahl der chinesischen Auslandsstudenten

Ausländische Studentinnen beim Internationalen Kulturfest an der Beijinger Universität für Sprachen und Kulturen

Entwicklung von Wissenschaft und Technik

Hochgeschwindigkeitszüge

Ende 2014 betrug die Gesamtlänge der in Betrieb befindlichen Eisenbahnstrecken Chinas 112 000 Kilometer. Davon waren 16 000 Kilometer Hochgeschwindigkeitsstrecken, damit ist China die Nummer eins auf der Welt. Die Zahl der Zugpassagiere übertraf die 2-Milliarden-Schwelle und belief sich auf 2,36 Milliarden, was einer Steigerung von 11,9 Prozent gegenüber dem Vorjahr entspricht. Das Gütertransportvolumen betrug 3,81 Milliarden Tonnen.

Zu Beginn des 21. Jahrhunderts hat sich der Abstand zwischen dem chinesischen und dem internationalen Niveau im Bereich der Hochtechnologieforschung und -entwicklung merklich verkleinert. Über 60 Prozent der Technologien wie Atomtechnik, Raumfahrt, Hochenergiephysik, Biotechnologie, Simulationsroboter, Computer- und Informationstechnologie haben internationales Niveau erreicht oder sind ihm näher gekommen. Am 24. Oktober 2007 wurde die erste Mondsonde Chang'e I, die von China selbstständig entwickelt und gebaut wurde, ins All gebracht und das erste dreidimensionale Bild der Mondoberfläche empfangen. Gemäß dem Plan zur Erkundung des Mondes wird China bis 2020 Gesteinsproben vom Mond gewinnen. Im September 2008 wurde das bemannte Raumschiff Shenzhou 7 ins All geschickt. Der chinesische Taikonaut Zhai Zhigang absolvierte erfolgreich einen Weltraumspaziergang und China ist somit das dritte Land der Welt geworden, das die Technologie für einen Ausstieg aus der Kapsel ins All beherrscht. Am 29. September 2011 wurde das unbemannte Weltraumlabor Tiangong I in eine erdnahe Umlaufbahn gebracht. Nach der bemannten Raumfahrt und dem Weltraumspaziergang hat China einen weiteren wichtigen Schritt beim Aufbau einer permanent bemannten Raumstation gemacht. Das Andocken des Raumschiffs Shenzhou 9 ans Tiangong I im Juni 2012 bedeutete einen wichtigen Fortschritt der bemannten Raumfahrt Chinas. Der Start des Raumschiffs Shenzhou 10 im Juli 2013 ist ein neuer Meilenstein beim Aufbau einer chinesischen Raumstation.

Im Gesetz für den Fortschritt von Wissenschaft und Technik, das im Jahr 1993 erlassen wurde, sind das Ziel für die Entwicklung der Wissenschaft und Technik in China, ihre Rolle, die Finanzierung, das Auszeichnungssystem für wissenschaftlich-technische Errungenschaften usw. umfassend festgelegt. Dieses grundlegende Gesetz

Modell der Ölbohrinsel 981 auf der Internationalen Hochtechnologiemesse Beijing 2015

ist die Richtschnur für die Entwicklung von Wissenschaft und Technik in China.

Im Gesetz für die Popularisierung von Wissenschaft und Technik, das im Jahr 2002 erlassen wurde, werden die Verbreitung von Wissenschaft und Technik und die Verbesserung der wissenschaftlichen Qualifikation der Bürger als ein Prinzip festgelegt und alle Bürger aufgefordert, dieses umzusetzen. Alle Provinzen, autonomen Gebiete und regierungsunmittelbaren Städte haben eigene Gesetze und Verordnungen erlassen, um Wissenschaftlern und Technikern attraktive Arbeitsplätze zu garantieren und eine stetige finanzielle Unterstützung für Wissenschaft und Technik zu gewähren sowie die Entwicklung von Hochtechnologie sicherzustellen.

Im Februar 2006 verabschiedete der Staatsrat das Programm für die mittel- und langfristige Entwicklung von Wissenschaft und Technik (2006–2020). In diesem Programm wurden 16 wissenschaftlich-technische Sondervorhaben bestimmt, mit denen in diesen 15 Jahren Schlüsselprobleme in folgenden Bereichen gemeistert werden sollen: strategische Industriebranchen wie Informations- und Biotechnologie; dringliche Probleme von Energie, Ressourcen, Umwelt und Volksgesundheit; Forschung und Entwicklung in den Bereichen Großflugzeuge, bemannte Raumfahrt, Erkundung des Mondes usw. Programmgemäß soll bis 2020 der Anteil der Ausgaben für Forschung und Entwicklung am Bruttoinlandsprodukt von 1,33 Prozent im Jahr 2005 auf über 2,5 Prozent erhöht werden und der Beitrag der Fortschritte in Wissenschaft und Technik zur Entwicklung des Landes mehr als 60 Prozent betragen.

Die Investitionen der chinesischen Regierung in den Bereich Wissenschaft und Technik nehmen jährlich zu. Im Jahr 2014 betrugen die Forschungs- und Entwicklungsausgaben 1331,2 Milliarden Yuan, was einen Zuwachs um 12,4 Prozent gegenüber dem Vorjahr bedeutet und 2,09 Prozent des Bruttoinlandsprodukts ausmacht. Mit seinem gesamten wissenschaftlich-technischen Niveau steht China heute in der ersten Reihe unter den

Meeresforschungssonde

Akademie der Wissenschaften und Akademie der Ingenieurwissenschaften

Die Chinesische Akademie der Wissenschaften ist die höchste akademische Institution und die umfassende Forschungszentrale für Naturwissenschaften in China. Ihr unterstehen akademische Abteilungen für Mathematik und Physik, Chemie, Geowissenschaft und Ingenieurwissenschaft, zwölf Zweigstellen, 100 Forschungsinstitute, mehr als 100 Labors und Projektzentren auf nationaler Ebene sowie 212 Freiluftobservatorien und über 50 000 wissenschaftliche Mitarbeiter.

Die Chinesische Akademie der Ingenieurwissenschaften ist das höchste akademische Forschungs- und Beratungsorgan auf ihrem Gebiet. Sie beschäftigt sich mit der strategischen Erforschung wichtiger ingenieurwissenschaftlich-technischer Probleme und berät die Regierung vor Entscheidungen.

Die Akademiemitglieder beider Akademien tragen den höchsten akademischen Titel auf wissenschaftlich-technischem Gebiet, der vom Staat auf Lebenszeit verliehen wird. Die beiden Institutionen haben ausländische Mitglieder.

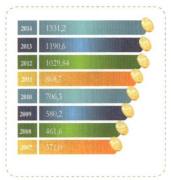

Forschungs- und Entwicklungsausgaben (Mrd. Yuan)

Wang Shidong, der gerade sein Masterstudium an der Tsinghua-Universität macht, zeigt ein Werk der von seinem technologieorientierten Unternehmen selbstständig entwickelten 3D-Drucktechnik.

Existenzgründungen in großer Zahl

Seit März 2013 sind in China immer mehr Existenzgründungen durch gewöhnliche Leute zu beobachten. 2014 gab es in China mehr als 1600 Gründerzentren, die über 80 000 Unternehmen betreuten; in den 115 Hochtechnologie-Entwicklungszonen gab es über 500 000 registrierte Unternehmen, allein in Zhongguancun, Beijing, waren 13 000 technologieorientierte Neugründungen zu verzeichnen; außerdem gab es über 1000 Venture-Capital-Einrichtungen mit einem Gesamtkapitalvolumen von 350 Milliarden Yuan; etwa 300 000 technische Errungenschaften wurden durch den Technologiemarkt transferiert.

Entwicklungsländern. Viele wissenschaftlich-technische Errungenschaften Chinas im Bereich der Landwirtschaft haben internationales Spitzenniveau erreicht, z. B. der Impfstoff gegen Vogelgrippe, schädlingsresistente Baumwolle, Hybridweizen, Super-Hybridreis und eine Rapsart, die wenig Erucasäure und Senfölglykoside enthält. In China wurde auch eine Reihe von allgemeinen Technologien für den Einsatz in Präzisionsherstellung, sauberer Energiegewinnung sowie intelligenten Verkehrs- und Informationssicherheitssystemen entwickelt. Bei Schlüsseltechnologien zur Bekämpfung von Umweltverschmutzung in den Städten, zur Erkundung und Erschließung von Bodenschätzen, zur Reduzierung und Vorbeugung von Naturkatastrophen sowie zum Umweltschutz wurden Durchbrüche erzielt. Auch an vorderster Front der Wissenschaft, z. B. bei mikroelektronischen und fotoelektronischen Materialien, Keramikwerkstoffen, Nanotechnologie und biomedizinischen Substanzen konnten Erfolge verbucht werden.

Internationale Zusammenarbeit in Wissenschaft und Technik

China hat derzeit mit 150 Ländern und Gebieten Regierungsabkommen über wissenschaftlich-technische Zusammenarbeit unterzeichnet. Ferner ist China Mitglied in über tausend internationalen Organisationen für wissenschaftlich-technische Zusammenarbeit. Die Zusammenarbeit in Wissenschaft und Technik ist ein wichtiger Aspekt in den bilateralen Beziehungen u. a. mit den USA, Russland und der EU geworden.

China und die USA führen gemeinsam mehrere tausend wissenschaftlich-technische Projekte durch, und mehrere zehntausend chinesische und US-amerikanische Wissenschaftler pflegen einen häufigen Austausch. Die Zusammenarbeit zwischen China und Russland erfolgt in zahlreichen Bereichen. Russlands Stärken im Flugzeugbau, in der Kernkraft- und Raumfahrttechnik bleiben weiterhin Schwerpunkte der zukünftigen wissenschaftlich-technischen Zusammenarbeit. Im März 2014 fand in Brüssel ein China-Europa-Symposium statt, um die Erfolge von wichtigen Kooperationsprojekten in der Luftfahrt zwischen beiden Seiten zu präsentieren sowie um über zukünftige Kooperationen zu beraten. Zugleich hat China seine Zusammenarbeit mit den USA, Deutschland und Japan u. a. in den Bereichen neue Energiequellen und Umweltschutztechnik verstärkt.

China beteiligt sich engagiert an internationalen wissenschaftlich-technischen Kooperationsprojekten. China ist beispielsweise einer der sieben Teilnehmerstaaten des International Thermonuclear Experimental Reactor (ITER) und übernimmt einen zehnprozentigen Anteil der Aufträge zur Ausstattung des Kernfusionsreaktors. Im Juni 2013 lieferte China die erste ITER-Komponente ab.

Chinesische Wissenschaftler sind in internationalen Projekten, wie z. B. dem Beijing Electron Positron Collider, dem Humangenom-Projekt, dem Satellitennavigationssystem Galileo und dem Daya-Bay-Experiment zunehmend präsent. Sie finden sich nicht mehr damit ab, lediglich einen

Stromerzeugungsmodelle auf der Internationalen Hochtechnologiemesse Beijing

Schüler aus Ningqiang, Shaanxi, verfolgen fasziniert die Übertragung einer Lehrstunde der Taikonautin Wang Yaping aus dem Raumschiff Shenzhou 10.

Supercomputer Tianhe 2

Austausch mit ausländischen Kollegen zu pflegen, sondern streben viel mehr danach, durch Zusammenarbeit den gegenseitigen Nutzen und das gemeinsame Gewinnen zu realisieren.

Mit der Verbesserung seiner wissenschaftlich-technischen und wirtschaftlichen Stärke ist China bei der wissenschaftlich-technischen Zusammenarbeit nicht mehr passiv, sondern aktiv geworden. Früher ging es für China vor allem um die Einführung von Technologien, nun kann es eine ausgeglichene Bilanz zu anderen Partnern präsentieren. Die Teilnehmer der Zusammenarbeit sind vielfältiger geworden. Lokale Regierungen, Universitäten und Unternehmen sind in der Lage, eine aktive Rolle zu übernehmen. Landesweit werden internationale Symposien, Messen sowie Studienreisen veranstaltet. Die Zusammenarbeit beschränkt sich nicht mehr nur auf Personalaustausch und Techniktransfer, sondern erfolgt vielmehr in gemeinsamer Entwicklung und Forschung auf hohem Niveau und in gemeinsamer Überwindung von Schwierigkeiten bei der Entwicklung von Schlüsseltechnologien.

Sozialwissenschaften

Eine Mitarbeiterin des Humangenom-Forschungszentrums in Shanghai beim Experiment

Mitarbeiter der Chinesischen Akademie für Sozialwissenschaften bei Ausgrabungen an der Fundstätte Xipo in Sanmenxia, Henan

Die Chinesische Akademie der Sozialwissenschaften (CASS) ist die höchste Forschungsinstitution Chinas auf dem Gebiet der Philosophie und Sozialwissenschaften. Sie verfügt über 31 Forschungsinstitute, 45 Forschungszentren und rund 300 Fachgebiete, darunter 120 Schwerpunktfachgebiete. Es gibt über 4200 Mitarbeiter, darunter mehr als 3200 Fachleute, von denen 1676 hohen Ranges und über 1200 mittleren Ranges sind. Viele von ihnen genießen dank ihres hohen Leistungs- und Kenntnisstandes in akademischen Kreisen des In- und Auslandes einen guten Ruf. Mehrere Nachwuchswissenschaftler zeichnen sich durch beachtete Forschungserfolge aus.

Seit einigen Jahren veröffentlicht die CASS jedes Jahr eine Reihe von Forschungsberichten über die chinesische Gesellschaft, die als autoritative Informationsquelle für alle Branchen gelten. Die einzelnen CASS-Institute dienen dem Staat auch als Beraterstab und stehen bei der Ausarbeitung politischer Maßnahmen beratend zur Seite. Sie veröffentlichen jedes Jahr verschiedenartige Untersuchungsberichte und bieten der Entwicklung der chinesischen Gesellschaft richtungsweisende Datenanalysen und Informationsmaterialien an.

Die Forschungseinrichtungen der Kultur- und Sozialwissenschaften sind an Hochschulen weit verbreitet. Die Peking-Universität, die Chinesische Volksuniversität, die Fudan-Universität und andere Universitäten verfügen über erstklassige Experten und Forschungseinrichtungen. Der Wu-Yuzhang-Preis, erstmals 2012 verliehen, ist eine von den chinesischen Universitäten initiierte hohe Auszeichnung für Kultur- und Sozialwissenschaftler mit herausragenden akademischen Leistungen. Die ersten Preisträger waren Wu Cangping, Demograf und Ehrenprofessor an der Chinesischen Volksuniversität, Feng Qiyong, Akademiker für traditionelle chinesische Kultur und Ehrendirektor des Instituts für chinesische traditionelle Kultur an der Chinesischen Volksuniversität, und Tang Yijie, Philosoph und Professor an der Peking-Universität.

Chinesische Forscher und Experten der Sozialwissenschaften beteiligen sich in weiter zunehmendem Maße an internationalen Veranstaltungen. Im Mai 2014 fand die 9. Jahreskonferenz der Weltvereinigung für Politische Ökonomie (WAPE) in Vietnam statt, mit über hundert Teilnehmern aus mehr als zwanzig Ländern, darunter China, die USA und Japan. Im April 2014 fand ein von chinesischen Forschern initiiertes Symposium unter dem Thema „Förderung der globalen Entwicklung durch die Steigerung der Konkurrenzfähigkeit in Innovationen" im UNO-Hauptquartier in New York statt. Der Austausch und die Zusammenarbeit der Forschungseinrichtungen an Hochschulen mit dem Ausland nehmen an Häufigkeit zu. Auch zukünftig werden die Forschungseinrichtungen Chinas die internationale Zusammenarbeit weiter vorantreiben und Spitzenfachleute aus aller Welt in ihren Reihen begrüßen.

Kinder beim Unterricht über die Klassiker der Chinakunde in der Kinderbibliothek von Changchun

Informative Internetseiten

http://casseng.cssn.cn/
Die Startseite der Chinesischen Akademie der Sozialwissenschaften.

http://english.cssn.cn/
Das Chinese Social Sciences Net wird von der CASS und dem Verlag der Zeitschrift der Chinesischen Sozialwissenschaften betreut. Hier findet man autoritative Informationen über die Entwicklung der Sozialwissenschaften in China.

CHINA 2015

10

Lebensstandard

China ist ein großes Land mit großer Bevölkerung. Nach der von der Weltbank festgelegten Armutsgrenze sind in den letzten mehr als zwanzig Jahren über 600 Millionen Einwohner von Armut befreit worden. Im Vergleich zu der Zeit vor über sechzig Jahren, kurz nach der Staatsgründung, hat sich der Lebensstandard der Chinesen kräftig erhöht.

- Einkommen und Konsum ● Beschäftigung
- Soziale Absicherung
- Medizinische Versorgung und Gesundheitsvorsorge

Kinder beim kostenfreien Fußballtraining

Informative Internetseite

www.stats.gov.cn/english/
Der Internetauftritt des Nationalen Statistikamtes. Das Nationale Statistikamt untersteht dem Staatsrat und ist zuständig für die Durchführung von nationalen statistischen Erhebungen und die Abschlussrechnung der Volkswirtschaft, für die Ausarbeitung der Vorschriften zur Statistik und die Planung der Statistikreform und -modernisierung und der nationalen statistischen Untersuchungen, für die Organisation, Anleitung und Überwachung der statistischen Erhebungen und volkswirtschaftlichen Abschlussrechnungen unterschiedlicher Gebiete und Abteilungen sowie für die Kontrolle der Umsetzung von Gesetzen und Vorschriften zur Statistik.

Einkommen und Konsum

Ende 2014 hat China 1,368 Milliarden Einwohner, davon leben 750 Millionen in den Städten. Der Anteil der Chinesen an der Weltbevölkerung betrug im Jahr 1820, 1950, 1980 und 2013 jeweils 35,0 Prozent, 21,8 Prozent, 22,1 Prozent und 19,0 Prozent, und sinkt immer noch. Seit der Bekanntmachung des Indexes für menschliche Entwicklung (Human Development Index, HDI) im Rahmen des Entwicklungsprogramms der Vereinten Nationen (United Nations Development Programme, UNDP) gehört China zu den Ländern mit „hohem Index". Im Jahr 1990 lag China am 91. Platz unter den 187 Ländern. 2013 war der HDI Chinas 0,719, das ist ein deutlicher Fortschritt gegenüber dem HDI für 1980 von 0,407.

Im 12. Fünfjahrplan werden mehrere Hauptziele für die Entwicklung von 2011 bis 2015 vorgestellt. Das Bruttoinlandsprodukt soll jährlich um 7 Prozent steigen, während das verfügbare

Pro-Kopf-Einkommen der Stadtbewohner und das Pro-Kopf-Nettoeinkommen der Landbewohner jeweils um mehr als 7 Prozent pro Jahr wachsen sollen, d. h. das Einkommen der Bevölkerung soll schneller wachsen als das Bruttoinlandsprodukt; dies ist auch in den Fünfjahrplänen von fünf Provinzen vorgesehen.

Skiläufer im Skigebiet des Kreises Chongli, Hebei

2014 betrug das verfügbare Jahreseinkommen der Bevölkerung auf dem Land 10 489 Yuan pro Kopf, was preisbereinigt einer Steigerung von 9,2 Prozent gegenüber 2013 entsprach; das durchschnittliche Nettoeinkommen auf dem Land betrug 9892 Yuan pro Kopf; das verfügbare Jahreseinkommen der städtischen Bevölkerung betrug 28 844 Yuan pro Kopf, was einer Steigerung von 9,0 Prozent und preisbereinigt einer Steigerung von 6,8 Prozent gegenüber 2013 entsprach.

Mit der Erhöhung des Lebensstandards in den Städten und auf dem Land hat sich die Konsumstruktur deutlich verbessert. Es geht nicht mehr vor allem um warme Kleidung und ausreichende Ernährung, sondern um Genuss. Die Ausgaben für Bildung, Wohnungen, Autos, Computer, Wertpapiere und Auslandsreisen stehen an der

Wir haben geheiratet!

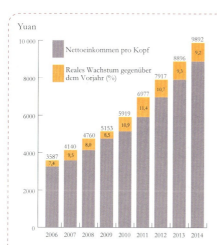

Durchschnittliches Nettoeinkommen pro Kopf auf dem Land und dessen reales Wachstum

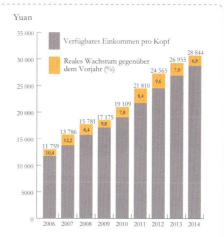

Durchschnittliches verfügbares Einkommen pro Kopf in den Städten und dessen reales Wachstum

Asiatische Fahrradmesse (Asia Bike) in Nanjing

Spitze der Investitionen und des Konsums. Die Konsumgewohnheiten bei den Grundbedürfnissen haben sich auch geändert: Bei der Bekleidung legt man nun großen Wert auf Mode, bei der Ernährung auf gesunde Nahrungsmittel und beim Wohnen auf Geräumigkeit und Bequemlichkeit. Ein Taxi zu nehmen oder ein Privatauto zu fahren ist auch keine Seltenheit mehr.

Die aufsteigenden Bereiche des Konsums sind Verkehr, Telekommunikation, Immobilien und Kultur. Privatautos, mobile Telekommunikation und Information, Eigentumswohnungen sowie Bildung und Reisen sind die repräsentativen Konsumgüter.

In manchen Städten Chinas ist der Trend zu beobachten, dass der öffentliche Verkehr allmählich von Privatautos abgelöst wird; immer mehr Menschen haben eigene Autos. Nach Angaben des Nationalen Statistikamtes nimmt die Zahl der Privatautos in China jährlich um 20 Prozent zu. Wegen der großen Bevölkerungszahl haben manche Städte wie Beijing jedoch den Autokauf eingeschränkt und zudem den öffentlichen Verkehr beschleunigt entwickelt, um Verkehrsstaus zu verringern und um ihre Ziele beim Energiesparen und zur Senkung der Treibhausgas-Emissionen zu erreichen; das ist der Trend in der Zukunft.

Internationale Ausstellung für Wohnmobile 2015 in Nanjing

Chinesische Touristen machen Fotos mit Skulpturen von Fußballstars in Frankfurt.

In den Städten dominieren nun Eigentumswohnungen. Da die Wohnungsfrage für den Lebensstandard des Volkes von zentraler Bedeutung ist, legt die chinesische Regierung seit einigen Jahren großen Wert auf die stabile Entwicklung des Wohnungsmarktes. 2003 begann die Regulierung in diesem Bereich. Seit Ende 2009 hat der Staatsrat kontinuierlich Maßnahmen wie die Standardisierung der Marktordnung, die Verbesserung der Boden-, Steuer- und Finanzpolitik, die Verringerung der Investitions- und Spekulationsnachfrage, die Förderung des Angebots von Eigentumswohnungen, die Beschleunigung des Baus von Sozialwohnungen und die Entwicklung öffentlicher Mietwohnungen ergriffen, um eine vernünftige Angebotslage zu schaffen und den vielfältigen Bedarf nach Wohnungen zu befriedigen.

Mit der Erhöhung des Einkommens und der Vermehrung der Freizeit entwickelt sich auch der Tourismus rasch. In den nächsten Jahren wird das durchschnittliche Konsumniveau Chinas kontinuierlich steigen und die Konsummuster sich verändern: Die dominierende Position des Konsums von Waren wird zunehmend vom Konsum von Dienstleistungen angegriffen. In Bezug auf die durchschnittliche Urlaubsdauer wird sich

Touristen in Sanya, Hainan

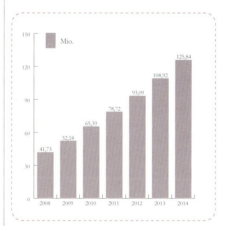

Privatautos

China dem Niveau eines mäßig entwickelten Landes annähern; damit wird rasch ein gigantischer Fremdenverkehrssektor entstehen und Reisen werden zu einem wichtigen Lebensaspekt werden.

Den Konsum der Landbevölkerung zu fördern, ist allmählich zu einem wichtigen Aspekt für die Steigerung der Binnennachfrage geworden. Berechnungen zufolge vermehrt sich die Binnennachfrage um 900 Milliarden Yuan, wenn jeder Einwohner auf dem Land 1000 Yuan mehr ausgibt. Auf dem Land gibt man Geld nach wie vor hauptsächlich dafür aus, Grundbedürfnisse zu decken und landwirtschaftliches Material zu beschaffen; Computer und Privatautos sind noch immer nicht sehr verbreitet. Die Regierung hat in den letzten Jahren durch eine gezielte Finanz- und Handelspolitik die Entwicklung und Herstellung von funktionellen Haushaltsgeräten für die Landbevölkerung gefördert und seit 2008 Aktionen zum Vertrieb von Haushaltsgeräten, Privatautos und Motorrädern auf dem Land durchgeführt, was der Entwicklung des Konsummarktes auf dem Land wichtige Impulse verliehen hat.

Beschäftigung

Die Gesamtbevölkerung Chinas wird auch in den kommenden Jahren kontinuierlich wachsen und jedes Jahr wird eine große Anzahl neuer Arbeitskräfte und Arbeitsloser in den Städten und eine große Zahl überflüssiger Arbeitskräfte auf dem Land entstehen.

Im 12. Fünfjahrplan wurde zum ersten Mal eine Strategie vorgestellt, die der Beschäftigung Vorrang einräumt und der Entwicklung von Branchen, die besonders viele Arbeitsplätze anbieten sowie die Ausbildung und den Einsatz von Arbeitskräften fördern, besonderes Gewicht beimisst. Die Regierung wird also eine aktive Politik zur Ausweitung der Beschäftigung und der Firmengründungen betreiben, um insbesondere Arbeitsplätze für Hochschulabgänger, für Arbeitssuchende vom Land und in den Städten, die derzeit Schwierigkeiten haben, zu schaffen. Sie wird Maßnahmen zur beruflichen Ausbildung von bäuerlichen Wanderarbeitern und zur politischen Unterstützung von Firmengründungen treffen. Während der Ausführung des 12. Fünfjahrplans sollen jährlich neun Millionen neue Arbeitsplätze geschaffen werden und die Rate der registrierten Arbeitslosen in den Städten soll unter 5 Prozent gehalten werden.

Studentinnen auf einer Karrieremesse

Ein Bildschirm im Hauptquartier von Taobao.com zeigt den Umsatz am 11. 11. 2014 an.

In der Geschäftsstelle der Behörde für die Verwaltung des Sozialversicherungsfonds von Haikou, Hainan

Soziale Absicherung

Die chinesische Regierung hat vor, bis 2020 ein System der sozialen Absicherung einzurichten, das sämtliche Bewohner in den Städten und auf dem Land erfasst. Neben einer Sozialversicherung umfasst es die Sicherung des Existenzminimums, Sozialhilfe, Wohltätigkeitseinrichtungen und kommerzielle Versicherungen. Dadurch wird in China das weltweit größte System sozialer Absicherung vervollkommnet.

Die soziale Absicherung hat weltweit eine Geschichte von mehr als 120 Jahren. Durch mehrere internationale Wirtschaftskrisen wurde sie allmählich vervollständigt und hat sich als starke Kraft für die dauerhafte Stabilität eines Landes erwiesen.

Vor der Gründung der Volksrepublik gab es in China überhaupt keine soziale Absicherung. Durch langjährige Anstrengungen wurde ein System der sozialen Absicherung chinesischer Prägung etabliert, das die grundlegende Renten-, Kranken-, Arbeitslosen-, Arbeitsunfall- und Mutterschutzversicherung sowie die Sozialhilfe in den Städten und auf dem Land mit der Sicherung des Existenzminimums als Schwerpunkt umfasst und dessen Niveau ständig erhöht wird.

Für Arbeitnehmer in China gibt es „Fünf Versicherungen und einen Fonds", nämlich die Renten-, Kranken-, Arbeitslosen-, Arbeitsunfall- und Mutterschutzversicherung sowie den Wohnungsfonds. In die ersten drei Versicherungen zahlen Arbeitgeber und Arbeitnehmer gemeinsam Beiträge ein, die Beiträge zu den letzten beiden Versicherungen werden vom Arbeitgeber allein bestritten. Die Höhe der Beiträge wird aufgrund der Gesamtlohnsumme berechnet und ist in verschiedenen Regionen unterschiedlich. Nehmen wir Beijing als Beispiel: In die Rentenversicherung zahlen Arbeitgeber 20 Prozent und Arbeitnehmer 8 Prozent ein, in die Krankenversicherung 10 Prozent bzw. 2 Prozent plus drei Yuan und in die Arbeitslosenversicherung 1,5 Prozent bzw. 0,5 Prozent; die Beiträge zur Arbeitsunfallversicherung sind je nach Branche festgelegt und betragen zwischen 0,5 und 2 Prozent, sie sind allein vom Arbeitgeber zu entrichten; in die Mutterschutzversicherung zahlt ebenfalls nur der Arbeitgeber ein, und zwar 0,8 Prozent; für den Wohnungsfonds gibt es in Beijing eine einheitliche Regel, nach der Arbeitgeber und Arbeitnehmer jeweils 12 Prozent des Lohns zahlen sollen, damit sich auch die Arbeitnehmer mit geringem oder mittlerem Einkommen eine Wohnung kaufen können.

China ist ein Entwicklungsland mit einer großen Bevölkerung, die etwa ein Fünftel der Weltbevölkerung ausmacht. Daher ist die soziale Absicherung in China nicht mit der in Industrieländern zu vergleichen; sie kann nur das Existenzminimum sichern. Sie umfasst eine Rentenversicherung für einen mittleren Lebensstandard im Ruhestand, eine Arbeitslosenversicherung zur Sicherung des Existenzminimums und eine Krankenversicherung für eine medizinische Grundversorgung.

Seit 1990 hat der Staatsrat die Bestimmungen über die Arbeitslosenversicherung, die Vorläufigen Bestimmungen über die Erhebung und Zahlung von Sozialversicherungsbeiträgen und die Bestimmungen zur Sicherung des Existenzminimums der Stadtbevölkerung erlassen, womit die gesetzliche Grundlage für die Einführung eines Systems der sozialen Absicherung geschaffen wurde. Inzwischen hat sich ein gesellschaftlich verwaltetes System herausgebildet, das die Renten-, die Kranken- und die Arbeitslosenversicherung sowie die Sicherung des Existenzminimums umfasst.

Der Umfang der sozialen Absicherung wird immer mehr ausgeweitet. Nicht nur Staats- und Kollektivbetriebe, sondern auch Privatunternehmen und Institutionen werden einbezogen; auch die Rechte und Interessen von Erwerbstätigen, die keine feste Arbeitsstelle in einem Unternehmen oder einer Institution haben, werden geschützt.

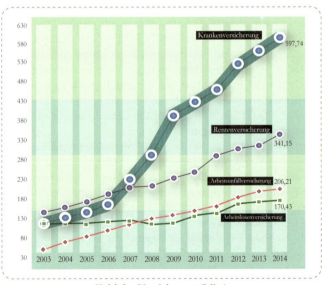

Zahl der Versicherten (Mio.)

In allen Städten und Kreisstädten wurde ein System zur Sicherung des Existenzminimums für städtische Haushalte, deren Pro-Kopf-Einkommen unterhalb des Grundunterhalts des jeweiligen Ortes liegt, eingerichtet. Wegen des niedrigen Entwicklungsniveaus der Produktivkräfte und der großen Unterschiede zwischen verschiedenen Regionen gibt es in China derzeit keinen landesweit einheitlichen Zuschuss für das Existenzminimum. Mit der wirtschaftlichen und gesellschaftlichen Entwicklung und mit der Zunahme der Finanzeinnahmen von verschiedenen Regierungsebenen werden die Zuschüsse für das Existenzminimum ständig erhöht.

Um die gesundheitliche Absicherung der Landbevölkerung zu verbessern, begann China im Jahr 2002, ein neues genossenschaftliches System der medizinischen Versorgung für die Bevölkerung auf dem Land in Form einer Krankenversicherung einzurichten, die für die Kosten schwerer Krankheitsfälle aufkommt. In den Fonds zahlen die Bauern festgesetzte Beiträge ein, und das Kollektiv und die Regierung leisten Zuschüsse. Wenn ein an dem System beteiligter Bauer krank wird und stationär behandelt werden muss, bekommt er einen bestimmten Anteil der Behandlungskosten erstattet. Trotz eines geringen Finanzierungsniveaus erfasst dieses System eine weltweit größte Bevölkerungszahl von mehr als 800 Millionen, die 98,7 Prozent der Landbevölkerung Chinas ausmacht. Mit der Erhöhung des Anteils der erstatteten Behandlungskosten wird die finanzielle Belastung der Bauern durch eine Erkrankung verringert. Der Fonds muss zweckgebunden eingesetzt werden, d. h. ausschließlich für Arztbesuche der Landbevölkerung. Dafür wurde eine offene und transparente Kontrollstruktur gegründet. Ferner wurde ein System des medizinischen Beistandes auf dem Land etabliert, um kranken Bauern aus armen Familien bei hohen medizinischen Kosten Unterstützung zu gewähren. Dieses Beistandssystem hat sich bereits landesweit durchgesetzt. Der Beistandsfonds wird durch Einzahlungen aller Regierungsebenen und durch freiwillige Spenden aufgebracht.

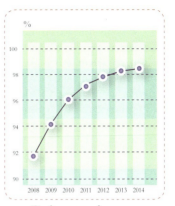

Deckungsrate der neuen genossenschaftlichen Krankenversicherung auf dem Land

Soziale Altersversicherung auf dem Land

In den Fonds dieser Versicherung zahlen die Bauern festgesetzte Beiträge ein, und das Kollektiv und die Regierung leisten Zuschüsse; die Zentralregierung gewährt den lokalen Regierungen Subventionen, die direkt den Bauern zugeteilt werden. Die Auszahlungen aus dieser Versicherung erfolgen in Form einer Basisrente, die aus dem Staatshaushalt angewiesen wird, und einer Rente, die aus dem individuellen Konto des Versicherten stammt. Alle Bauern über 60 sollen garantiert die Basisrente bekommen. Nach dem Plan sollen bis 2020 alle Menschen auf dem Land von dieser Versicherung erfasst werden.

Nach dem 12. Fünfjahrplan soll die Gesamtbevölkerungszahl Chinas bis 2015 unter 1,39 Milliarden liegen. In dem Plan sind u. a. folgende Ziele für die soziale Absicherung festgelegt: Die durchschnittliche Lebenserwartung soll um ein Jahr auf 74,5 Jahre steigen; die gesamte Bevölkerung auf dem Land soll in das System der Altersversicherung einbezogen werden; 357 Millionen Menschen sollen an der grundlegenden Rentenversicherung in den Städten teilnehmen; der Anteil der Bevölkerung, die von den drei grundlegenden Krankenversicherungen erfasst ist, soll um 3 Prozent zunehmen; 36 Millionen Sozialwohnungen für Stadtbevölkerung sollen gebaut werden; die Zahl der von Armut betroffenen Menschen soll erheblich reduziert werden.

Medizinische Versorgung und Gesundheitsvorsorge

In China kommen derzeit auf je 1000 Einwohner 2,06 Ärzte und 4,55 Krankenhausbetten. Der Pro-Kopf-Zuschuss für die öffentliche medizinische Versorgung hat sich von 15 Yuan im Jahr 2009 auf 35 Yuan im Jahr 2014 erhöht. In den großen Städten wie Beijing, Shanghai, Tianjin und Chongqing gibt es Spitzenkrankenhäuser, die auf die Behandlung von Tumoren sowie von Herz- und Gehirngefäßkrankheiten, auf Augen- und Zahnbehandlungen, auf Traditionelle Chinesische Medizin sowie auf die Behandlung von Infektionskrankheiten spezialisiert sind, und zahlreiche allgemeine Krankenhäuser. Auch die mittelgroßen Städte verfügen über allgemeine Krankenhäuser und

Freie medizinische Beratung zur Verbreitung der TCM in Beijing

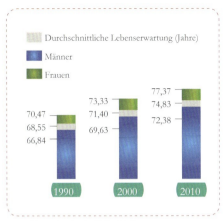

Durchschnittliche Lebenserwartung

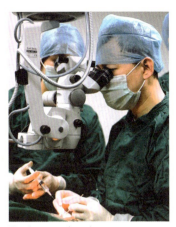

Hornhauttransplantation

Spezialkliniken mit modernen Einrichtungen. Auf dem Land hat sich ein dreistufiges System der Gesundheitsvorsorge auf Kreis-, Gemeinde- und Dorfebene gebildet. Es gibt in jedem Kreis ein zentrales Krankenhaus, in jeder Gemeinde eine Sanitätsstation und in jedem Dorf eine Sanitätsstelle. Mit dem Aufbau und der Verbesserung der medizinischen Einrichtungen und der Entwicklung hygienischer Gewohnheiten sind die hauptsächlichen Todesursachen heute nicht mehr so wie früher epidemische Krankheiten und Parasitenbefall, sondern Krebs sowie Gehirngefäß- und Herzkrankheiten, so wie in den entwickelten Ländern. Die Bevölkerung in den Städten sowie auf dem Land ist heute wesentlich gesünder als früher. Die durchschnittliche Lebenserwartung beträgt nun 74,83 Jahre und erreicht das Niveau eines mäßig entwickelten Landes.

„Vorbeugen ist besser als Heilen." Nach dieser wichtigen Erfahrung wurden auf allen Verwaltungsebenen Gesundheits- und Vorsorgeeinrichtungen wie Sanitäts- und Quarantänestationen eingerichtet. So hat sich ein nationales Netz für Hygienekontrolle und Quarantäne gebildet. Im Mai 2003 gab der Staatsrat die Verordnung für Notstandssituationen in der öffentlichen Gesundheit heraus, um eine rechtliche Grundlage für solche Notfälle zu schaffen.

Mit den intensiven Reformen im Gesundheitswesen seit 2009 hat die Zahl der krankenversicherten Stadtbewohner auf 598 Millionen zugenommen. Mehr als 99 Prozent der Bevölkerung Chinas, etwa 1,3 Milliarden Menschen, sind an einer der drei grundlegenden Krankenversicherungen beteiligt. Das Ziel, dass alle Bürger krankenversichert sind, ist im Wesentlichen erreicht worden.

Von 2011 bis 2015 werden die Reformen im Gesundheitswesen weiter vertieft und das grundlegende Gesundheitssystem verbessert, um so rasch wie möglich allen Bürgern Zugang zu einer grundlegenden medizinischen Versorgung zu ermöglichen; die grundlegenden Alters- und Krankenversicherungen in den Städten und auf dem Land sollen die gesamte Bevölkerung erfassen. Die Zahl der Teilnehmer an den drei grundlegenden Krankenversicherungen in den Städten und auf dem Land wird stetig erhöht; mehr als 70 Prozent der Kosten für medizinische Behandlungen werden erstattet.

 CHINA 2015

11

Kultur und Kunst

Die chinesische Kultur entstammt der Huaxia-Zivilisation und steht für die Gesamtheit der Kulturen von 56 Volksgruppen. Die Huaxia-Zivilisation, das heißt die Kultur der Han-Chinesen, bildet den überwiegenden Teil, und die Kulturen der Auslandschinesen und der nationalen Minderheiten, darunter die Kultur der Tibeter, der Mongolen, der Hui, der Zhuang und der Miao, sind wichtige Bestandteile. Die Huaxia-Zivilisation zählt neben der ägyptischen, mesopotamischen und indischen Zivilisation zu den ältesten menschlichen Zivilisationen und ist die am längsten gepflegte aller Zivilisationen.

- Bibliotheken ● Museen ● Denkmalschutz
- Immaterielles Kulturerbe ● Natur- und Kulturerbe
- Literatur ● Theater ● *Quyi* ● Musik ● Tanz
- Kalligrafie und Malerei ● Film ● Medien

Bibliotheken

Zurzeit gibt es in China etwa 3000 öffentliche Bibliotheken mit einem gesamten Bücherbestand von gegen 800 Millionen Bänden; die meisten Städte, Kreise und Gemeinden verfügen über eine öffentliche Bibliothek. Unter den Universitäts- und Hochschulbibliotheken rangieren die Bibliothek der Universität Beijing und die Bibliothek der Universität Wuhan hinsichtlich ihrer Sammlungen an der Spitze. Das chinesische Bibliothekswesen umfasst außerdem Bibliotheken der wissenschaftlichen Forschungsinstitutionen, Bibliotheken verschiedener Institutionen auf Basisebene und Bibliotheken in Grund- und Mittelschulen.

Die Chinesische Nationalbibliothek ist mit einem Bestand von rund 32,44 Millionen Objekten und 874,5 Terabyte Digitalressourcen die größte Bibliothek Asiens und die fünftgrößte Bibliothek der Welt. Ihr Bestand nimmt jedes Jahr um ca. eine Million zu; mit ihren Spezialsammlungen – darunter antike Orakelknochen, Schriften aus den Mogao-Grotten bei Dunhuang, Lokalchroniken und handschriftliche Manuskripte bekannter Persönlichkeiten – zählt sie sowohl in Bezug auf Anzahl wie auch auf Qualität zu den besten Bibliotheken in China und der ganzen Welt. Die Nationalbibliothek hat auch den Auftrag, alle in China veröffentlichten Publikationen aufzubewahren.

Ausstellung für moderne Keramik- und Porzellanwerke aus Jingdezhen in der Shanghaier Bibliothek

So besitzt sie Exemplare der meisten zeitgenössischen Bücher und Zeitschriften aus China. Seit den 1920er Jahren werden auch fremdsprachige Publikationen aufbewahrt. Druckerzeugnisse in 123 Fremdsprachen stellen heute 40 Prozent des Bestandes dar, das ist mehr als in jeder anderen Bibliothek des Landes. Außerdem werden Publikationen von internationalen Organisationen und ausländischen Regierungen aufbewahrt. Im Jahr 1916 begann die Nationalbibliothek damit, sämtliche offiziellen Publikationen im Land zu registrieren. Seit 1987 registriert sie auch alle elektronischen Publikationen des Landes. Sie fungiert darüber hinaus als das nationale ISSN-Zentrum und als das Network Information Center des chinesischen Bibliothekswesens. Die Nationalbibliothek hat mit mehreren inländischen Bibliotheken einen digitalen Bibliothekenverbund gebildet, um die Entwicklung und Anwendung digitaler öffentlicher Informationsdienste voranzutreiben. Mit 273 verfügbaren chinesisch- und fremdsprachigen Datenbanken sowie Computern, Digitalfernsehern, Smartphones und Touchbildschirmen bietet die Nationalbibliothek den Lesern zahlreiche digitale Ressourcen sowie individuelle und interaktive Dienstleistungen an. Die Digitale Bibliothek für Blinde und die Digitale Bibliothek für Behinderte haben im Jahr 2012 mehr als einer Million behinderter Menschen Bücher, Vorlesungen, Musik etc. zur Verfügung gestellt. Im August 2013 wurde die Datenbank der Ausgangsmaterialien für Animationsfilme (Puppen, Zeichnungen, Scherenschnitte, Knetfiguren u. ä.) eingerichtet. Gegenwärtig sind 14 000 Animationsfilmmaterialien digital archiviert.

Mit einem Bestand von über 54 Millionen in- und ausländischen Publikationen ist die Shanghai-Bibliothek die größte Bibliothek auf Provinzebene. Hier lagern insgesamt über 1,7 Millionen Bände antiker Bücher und Dokumente, davon sind 25 000 Titel mit 180 000 Teilbänden alte Prachtausgaben, manche sind die einzigen noch erhaltenen Exemplare weltweit. Die ältesten sind etwa 1500 Jahre alt.

Lesesaal in der Nationalbibliothek, Beijing

System der öffentlichen kulturellen Dienstleistungen

Seit Ende 2012 können alle administrativen Dörfer und Ansiedlungen mit mehr als zwanzig Bauernhaushalten, die ans Stromnetz angeschlossen sind, Rundfunk- und Fernsehprogramme empfangen. Mehr als 600 000 Bibliotheken wurden in allen administrativen Dörfern mit den erforderlichen Bedingungen aufgebaut. In den Städten wurde eine Reihe moderner Museen, Kunstgalerien, Theater und Konzerthäuser eröffnet; Kunstgalerien auf Staats- und Provinzebene, alle öffentlichen Bibliotheken und Kulturhäuser(-stationen) sind der Öffentlichkeit frei zugänglich. Dies alles bedeutet, dass das System der öffentlichen kulturellen Dienstleistungen Gestalt gewonnen hat.

Die erste Zusammenarbeitszone für die Kultur- und Kreativindustrie zwischen dem chinesischen Festland und Taiwan wurde im Mai 2015 in Nantong, Jiangsu, eröffnet.

Kultur und Kunst **193**

Kaiserpalast in Beijing

Museen

Das Museumswesen in China hat eine Geschichte von mehr als hundert Jahren. Das erste Museum Chinas, das Nantong-Museum, wurde 1905 von Zhang Jian (1853–1926) in Nantong gegründet. Die Zahl der Museen hat sich in den vergangenen zehn Jahren verdoppelt und wird in den folgenden Jahren jedes Jahr um 200 zunehmen. Zurzeit gibt es im ganzen Land 4165 Museen, die über 28,64 Millionen Exponate besitzen. Davon sind 3354 staatliche Museen. Die Museen veranstalten jedes Jahr rund 10 000 Ausstellungen, die von 640 Millionen Gästen besucht werden. Mehrere Museen wie das Museum der Terrakottaarmee aus der Qin-Dynastie bei Xi'an sind zu weltberühmten Attraktionen geworden. Die Regierung motiviert die Museen, gemeinsame Sonderausstellungen zu veranstalten, und ermutigt Einzelpersonen, ihre privaten Sammlungen der Öffentlichkeit zugänglich zu machen.

Das Chinesische Nationalmuseum an der östlichen Seite des Tian'anmen-Platzes in Beijing hat eine Gesamtfläche von 200 000 Quadratmetern. Es verfügt über eine reiche Sammlung von Kulturgegenständen, betreibt archäologische Forschung, sammelt Exponate und organisiert Ausstellungen. Seine Sammlung besteht aus mehr als einer Million wertvoller Kulturgegenstände, welche die alte, die moderne und die Zeitgeschichte Chinas widerspiegeln, und einer Million Dokumente und Bücher. In weltweit erstklassiger Ausstattung wurden Meisterwerke von Leonardo da Vinci, Michelangelo, Raffael etc. hier ausgestellt.

Die Privatmuseen spielen heute eine wichtige Rolle als Kunstvermittler, indem die Sammler dem Publikum den Zugang zu ihren wertvollen Sammlungen gewähren. Das

Guanfu-Museum ist das erste Privatmuseum der Volksrepublik China und wurde 1996 gegründet. Zurzeit gibt es in China 811 Privatmuseen, die 19,5 Prozent der sämtlichen Museen Chinas ausmachen und deren Zahl um 100 pro Jahr zunimmt. Die Privatmuseen bilden einen wichtigen Bestandteil des chinesischen Museumswesens. Im Februar 2014 wurde die Partnerschaft der chinesischen Privatmuseen ins Leben gerufen, damit werden die Privatmuseen genossenschaftlich als Plattform für die Entwicklung des Museumswesens und die Verbreitung der chinesischen Kultur dienen. Wie die staatlichen Museen werden die Privatmuseen Schritt für Schritt den Besuchern kostenfrei zugänglich sein. Einen ersten Schritt machte das Denkmalschutzamt Shanghai mit dem „Fonds zur Unterstützung der Privatmuseen in Shanghai". Privatmuseen erhalten Subventionen, wenn sie Besuchern den freien Zugang ermöglichen.

Denkmalschutz

China hat ein ausgedehntes Territorium sowie eine Jahrtausende alte Zivilisation und verfügt daher über ein reiches historisches Erbe. Zu den berühmtesten archäologischen Stätten gehören die Fundstelle des Peking-Menschen (*Homo pekinensis*) in Zhoukoudian, das Mausoleum des ersten Kaisers der Qin-Dynastie (221–206 v. u. Z.) bei Xi'an, die Gräber aus der Han-Dynastie (206 v. u. Z.–220 u. Z.) in Mawangdui bei Changsha, die Mogao-Grotten bei Dunhuang und der unterirdische Palast im Famen-Kloster.

China besitzt unzählige Kulturgegenstände. Leider ist eine große Menge davon ins Ausland gelangt. Seit dem Opiumkrieg im Jahr 1840 hat China zahlreiche wertvolle Kulturgegenstände infolge von Kriegen und illegalen Handelspraktiken verloren, mehr als zehn Millionen Artefakte wurden nach Japan, Südostasien, Europa und in die USA gebracht. Nach unvollständigen Statistiken der UNESCO befinden sich in den Sammlungen von mehr als 200 Museen in 47 Ländern insgesamt über 1,64 Millionen Kulturgegenstände aus China,

Die Nische Fengxiansi in den Longmen-Grotten, Henan

Restaurierung der Terrakottaarmee

Überprüfung eines Steinpanzers aus der Terrakottaarmee vor seiner Ausstellung in den USA

und das ist weniger als ein Zehntel der im Privatbesitz befindlichen chinesischen Kulturschätze im Ausland. In China gibt es 770 000 geschützte Baudenkmäler, davon stehen 4295 Objekte unter besonderem nationalem Denkmalschutz. In der letzten Zeit haben die jeweiligen Provinzen und Städte aktualisierte Listen der unter Schutz stehenden Denkmäler bekannt gegeben, über 120 000 Denkmäler wurden neu aufgenommen.

In den letzten Jahren wurde immer mehr Geld für den Kulturerbeschutz eingesetzt. So sind 2014 für diesen Zweck aus dem Budget der Zentralregierung 8,843 Milliarden Yuan bereitgestellt worden, das ist eine Zunahme von 14,35 Prozent oder 1,11 Milliarden Yuan gegenüber 2013. Davon waren 8,13 Milliarden Yuan speziell zum Schutz von 2299 unter besonderem nationalem Denkmalschutz stehenden Objekten einschließlich der Großen Mauer, des Großen Kanals und des Klosters Trashilhünpo bestimmt.

Chinas Denkmalschutz wird Schritt für Schritt gesetzlich geregelt. China ist bereits allen vier internationalen Konventionen für den Denkmalschutz beigetreten. Das Gesetz über den Denkmalschutz aus dem Jahr 1982 regelt Baudenkmäler, archäologische Ausgrabungen, Kulturgegenstände im Besitz von Museen und Einzelpersonen sowie die Ein- und Ausfuhr von Kulturgegenständen.

Im Jahr 2003 wurden die Ausführungsbestimmungen zum Gesetz über den Denkmalschutz und die Vorläufigen Bestimmungen über Auktionen von Kulturgegenständen erlassen. Im Jahr 2006 wurden die Bestimmungen zum Schutz der Großen Mauer erlassen, die ersten spezifischen gesetzlichen Regelungen für ein einzelnes Baudenkmal.

Bis heute wurden von den zuständigen Abteilungen der Regierung 125 Städte auf nationaler Ebene und über 80 auf Provinzebene als historisch und kulturell bedeutende Städte sowie 528 als historisch und kulturell bedeutende Kreise bzw. Dörfer eingestuft. Für den Schutz dieser Städte stellt der Staat jedes Jahr 200 Millionen Yuan bereit.

Als traditionelles Agrarland hat China viele sehr alte Dörfer, die über weite Gebiete verstreut liegen. Das ist weltweit ganz selten. Die natürliche Umgebung dieser Dörfer bleibt unversehrt erhalten, und hier ist eine große Menge von volkstümlichen Kulturgegenständen und von Materialien der Volkskunst zu finden. Gegenwärtig wird von den Abteilungen für Denkmalschutz eine groß angelegte Aktion zum Schutz alter Dörfer geplant.

„Nationalmannschaft" für unterseeische Archäologie

In 1980er Jahren hat China mit der unterseeischen Archäologie begonnen. Heute hat dieser Wissenschaftszweig in China ein international beachtetes Niveau erreicht. 2009 wurde das Zentrum für den Schutz des unterseeischen Kulturerbes Chinas vom Kulturministerium und dem Nationalen Denkmalschutzamt mit Unterstützung der Chinesischen Akademie des Kulturerbes gegründet, am 1. März 2015 fand die Einweihungsfeier statt. Das heißt, dass China heute über eine „Nationalmannschaft" für unterseeische Archäologie verfügt.

Paifangs (Gedenkbögen) in Tangyue, Anhui

Immaterielles Kulturerbe

China besitzt ein großes geistiges Kulturerbe. Die Zentralregierung hat seit 2006 bereits 3,514 Milliarden Yuan in den Schutz des immateriellen Kulturerbes investiert, davon waren 3,04 Milliarden Yuan für den Schutz von 1372 Objekten des nationalen geistigen Kulturerbes, 1986 repräsentative Träger des nationalen geistigen Kulturerbes und 18 nationale Pilotgebiete zum Schutz der kulturellen Atmosphäre bestimmt. Im Jahr 2014 wurden dafür 663 Millionen Yuan zur Verfügung gestellt. In den Jahren 2006, 2008, 2011 und 2014 hat der Staatsrat jeweils eine Nationale Liste des geistigen Kulturerbes erstellt, in die 1372 Elemente in zehn Kategorien aufgenommen wurden: Volksliteratur, Volksmusik, Volkstanz, volkstümliche Theater- und Opernformen, traditionelle Gesangs- und Vortragskunst, traditionelle bildende Kunst, traditionelles Handwerk, Traditionelle Chinesische Medizin, Sitten und Gebräuche sowie traditionelle Sportarten und Akrobatik. 2014 wurde die Nationale Liste des geistigen Kulturerbes in die

Holzgravur eines Textes

Nationale Liste der repräsentativen Objekte des geistigen Kulturerbes umbenannt.

Am 4. Dezember 2013 verkündete die UNESCO, das *Zhusuan* (Wissen und Praxis der mathematischen Kalkulation mit dem Abakus) in die Repräsentative Liste des immateriellen Kulturerbes der Menschheit aufzunehmen. Bis dahin befanden sich dreißig chinesische Objekte auf dieser Liste, darunter die *Kunqu*-Oper, die *Guqin*-Kunst (Zitherspiel), das *Mukam* der Uiguren (eine Kunstform aus Musik, Gesang und Tanz) und das *Urtin Duu* der Mongolen (eine Gesangsform). Das *Urtin Duu* ist das erste Projekt dieser Art, das China mit einem anderen Land (hier: der Mongolischen Republik) verbindet. Darüber hinaus wurden sieben Objekte, darunter das Neujahr der Qiang und die Drucktechnik mit beweglichen Lettern, auf die Liste des dringend erhaltungsbedürftigen immateriellen Kulturerbes gesetzt. Außerdem wurden ein Archiv von Tonträgern mit traditioneller chinesischer Musik, das Archiv des Kabinetts der Qing-Dynastie, die Listen der erfolgreichen Kandidaten bei den Palastexamen der Qing-Dynastie, die antiken Dongba-Schriften der Naxi und ein Archiv von Planskizzen der Architektenfamilie Lei aus der Qing-Dynastie in die Liste des Weltdokumentenerbes aufgenommen. Im Jahr 2001 nahm die UNESCO das tibetische Epos *König Kêsar*, das längste historische Epos der Welt, in die Liste des Jahrtausendjubiläums der Welt auf.

Die chinesische Regierung hat große Ressourcen zum Schutz des geistigen Kulturerbes aufgewendet. So stellten chinesische Gelehrte z. B. im Auftrag der Regierung *Zehn Sammlungen chinesischer Volksliteratur und -kunst* in 300 Bänden mit insgesamt 500 Millionen Schriftzeichen zusammen, wodurch eine große Menge wertvollen Kulturgutes gerettet und konserviert wurde. Im Februar 2006 erließ der Staatsrat ein Rundschreiben über den Schutz des Kulturerbes, in dem konkrete Regeln für die Auffindung, Bewahrung und Rettung des geistigen Kulturerbes festgelegt wurden. 2011 wurde das Gesetz über das immaterielle Kulturerbe erlassen, womit der Schutz des geistigen Kulturerbes in China gesetzlich geregelt wird.

Volkskünstler aus Bazhou, Xinjiang, tragen das mongolische Epos *Jianggar* vor.

Jiangyong-Frauenschriftzeichen – die einzigen speziellen Schriftzeichen für Frauen auf der Welt

Guqin-Meister Liu Shanjiao bei einer Aufführung

Natur- und Kulturerbe

1985 trat China der Konvention zum Schutz des Kultur- und Naturerbes der Welt bei und beantragte ab 1986 die Aufnahme der Kultur- und Naturdenkmäler in China in die UNESCO-Welterbeliste. Auf der 38. Sitzung des Welterbekomitees der UNESCO im Juni 2014 wurden der Große Kanal und die Seidenstraße in die Liste des Welterbes aufgenommen. Derzeit gibt es in China 47 Welterbestätten, davon zählen 33 zum Kulturerbe, zehn zum Naturerbe und vier zu beiden Kategorien.

Im Jahr 2004 begann das erste groß angelegte Renovierungsprojekt für die sechs Objekte des Weltkulturerbes in Beijing – die 13 Ming-Gräber, die Große Mauer, den Kaiserpalast, den Himmelstempel, den Sommerpalast und die Fundstätte des Peking-Menschen in Zhoukoudian. Die Arbeiten sind bereits abgeschlossen. Seit 2006 wird der zweite Samstag im Juni als „Tag des kulturellen Erbes" begangen.

Halle der Höchsten Harmonie in der Verbotenen Stadt in Beijing

Fundstätte des Peking-Menschen in Zhoukoudian

Kaisergräber der Qing-Dynastie

Große Mauer	
Beijing, 1987, Kulturerbe	
Kaiserpaläste der Ming- und der Qing-Dynastie	
Kaiserpalast in Beijing, 1987; Kaiserpalast in Shenyang, Liaoning, 2004, Kulturerbe	
Fundstätte des Peking-Menschen in Zhoukoudian	
Beijing, 1987, Kulturerbe	
Mogao-Grotten bei Dunhuang	
Gansu, 1987, Kulturerbe	
Mausoleum des Kaisers Qin Shi Huang und die Terrakottaarmee	
Shaanxi, 1987, Kulturerbe	
Gebirge Tai Shan	
Shandong, 1987, Kultur- und Naturerbe	
Gebirge Huang Shan	
Anhui, 1990, Kultur- und Naturerbe	
Landschaftsgebiet Jiuzhaigou	
Sichuan, 1992, Naturerbe	
Landschaftsgebiet Huanglong	
Sichuan, 1992, Naturerbe	
Landschaftsgebiet Wulingyuan	
Hunan, 1992, Naturerbe	
Kaiserliche Sommerresidenz in Chengde und die Acht Äußeren Tempel	
Hebei, 1994, Kulturerbe	
Potala-Palast in Lhasa	
Tibet, 1994, Kulturerbe	

Konfuzius-Tempel, Residenz und Friedhof der Familie Kong

Shandong, 1994, Kulturerbe

Antike Bauten im Gebirge Wudang Shan

Hubei, 1994, Kulturerbe

Gebirge Lu Shan

Jiangxi, 1996, Kulturerbe

Gartenanlagen in Suzhou

Jiangsu, 1997, Kulturerbe

Berg Emei Shan und der Große Buddha von Leshan

Sichuan, 1996, Kultur- und Naturerbe

Altstadt von Pingyao

Shanxi, 1997, Kulturerbe

Gartenanlagen in Suzhou

Jiangsu, 1997, Kulturerbe

Altstadt von Lijiang

Yunnan, 1997, Kulturerbe

Sommerpalast

Beijing, 1998, Kulturerbe

Himmelstempel

Beijing, 1998, Kulturerbe

Gebirge Wuyi Shan

Fujian, 1999, Kultur- und Naturerbe

Steinskulpturen von Dazu

Chongqing, 1999, Kulturerbe

Kaisergräber der Ming-und der Qing-Dynastie

Grabstätte Xianling der Ming-Dynastie, Hubei, 2000; Östliche und Westliche Grabstätten der Qing-Dynastie, Hebei, 2000; 13 Ming-Gräber, Beijing, 2003; Grabstätte Xiaoling der Ming-Dynastie, Jiangsu, 2003; drei Grabstätten der Qing-Dynastie in Shengjing, Liaoning, 2004, Kulturerbe

Longmen-Grotten

Henan, 2000, Kulturerbe

Berg Qingcheng Shan und Wasserbauanlagen von Dujiangyan

Sichuan, 2000, Kulturerbe

Alte Dörfer Xidi und Hongcun

Anhui, 2000, Kulturerbe

Yungang-Grotten in Datong

Shanxi, 2001, Kulturerbe

Drei-Flüsse-Landschaft

Yunnan, 2003, Naturerbe

Einer der Acht Äußeren Tempel in Chengde

Alte Bauten im Gebirge Wudang Shan

Gartenanlage in Suzhou

Sommerpalast

Auf dem Berg Qingcheng Shan

Skulptur in den Yungang-Grotten

Rundhäuser der Hakka in Fujian

Auf dem Gebirge Wutai Shan

Hauptstädte sowie Gräber von Königen und Adligen des Königreiches Koguryo
Liaoning und Jilin, 2004, Kulturerbe

Altstadt von Macao
Macao, 2005, Kulturerbe

Überreste von Yin, Hauptstadt der Shang-Dynastie
Henan, 2006, Kulturerbe

Habitat des Großen Pandas
Sichuan, 2006, Naturerbe

Festungsartige Wohnhäuser und Dörfer in Kaiping
Guangdong, 2007, Kulturerbe

Karstlandschaften in Südchina
Shilin in Yunnan, Libo in Guizhou und Wulong in Chongqing, 2007, Naturerbe; Guilin und Huanjiang in Guangxi, Shibing in Guizhou und Gebirge Jinfo Shan in Chongqing, 2014, Naturerbe

Rundhäuser der Hakka in Fujian
Fujian, 2008, Kulturerbe

Gebirge Sanqing Shan
Jiangxi, 2008, Naturerbe

Gebirge Wutai Shan
Shanxi, 2009, Kulturerbe

Historischer Gebäudekomplex in Dengfeng
Henan, 2010, Kulturerbe

Danxia-Erosionslandschaften
Guizhou, Fujian, Hunan, Guangdong, Jiangxi und Zhejiang, 2010, Naturerbe

Westsee in Hangzhou
Zhejiang, 2011, Kulturerbe

Ruinenstätte Shangdu der Yuan-Dynastie
Innere Mongolei, 2012, Kulturerbe

Kambrische Fossilienstätte in Chengjiang
Yunnan, 2012, Naturerbe

Gebirge Tian Shan
Xinjiang, 2013, Naturerbe

Terrassenfelder der Hani
Yunnan, 2013, Kulturerbe

Der Große Kanal
Beijing, Tianjin, Hebei, Jiangsu, Zhejiang, Anhui, Shandong und Henan, 2014, Kulturerbe

Seidenstraße
China (Henan, Hebei, Gansu und Xinjiang), Kasachstan (Almaty und Schambyl) und Kirgisistan (Tschüi), 2014, Kulturerbe

Literatur

Als erstes bedeutendes Werk in der Literaturgeschichte Chinas gilt die im 6. Jahrhundert v. u. Z. zusammengestellte Gedichtsammlung *Buch der Lieder*. Danach repräsentieren die schlichte Prosa bis zur Qin-Dynastie, die prächtige Reimprosa (*fu*) aus der Han-Zeit und die Musikamtsballaden (*yuefu*) gegen Ende der Han-Zeit jeweils die damalige Literatur. In der Tang-Dynastie erlebte die Lyrik eine Blütezeit. Werke von mehr als tausend Dichtern sind überliefert, von denen Li Bai (Li Taibo), Du Fu und Bai Juyi zu den herausragendsten zählten. Über 50 000 Gedichte aus der Tang-Dynastie sind erhalten. In der Song-Dynastie kam die hohe Zeit eines weiteren lyrischen Genres: *ci*. Dramen bzw. Opern (*zaju*) stellten die größte literarische Leistung der Yuan-Dynastie dar. Die in der Ming- und der Qing-Dynastie verfassten Romane *Die drei Reiche*, *Die Räuber vom Liangshan-Moor*, *Die Reise nach dem Westen* und *Der Traum der Roten Kammer* sind Höhepunkte der klassischen chinesischen Literatur.

Die chinesische Literatur des 20. Jahrhunderts hat in den 20er und 30er Jahren sowie in den 80er und 90er Jahren zwei Höhepunkte erreicht. Der erste ging von der Bewegung für eine neue Kultur aus, die von Anfang an stark durch antiimperialistische und antifeudalistische Ideen geprägt war. Zusammen mit Lu Xun als Hauptvertreter begründeten Schriftsteller wie Shen Congwen, Ba Jin, Mao Dun, Lao She, Ding Ling und Zhang Ailing (Eileen Chang) die moderne chinesische Literatur.

In den letzten Dekaden des 20. Jahrhunderts traten neue Schriftsteller auf, deren Werke international Beachtung fanden und als Errungenschaften der chinesischen Gegenwartsliteratur in der Blütezeit gelten. Diese Schriftsteller haben ein Niveau, das weit über das ihrer Vorgänger hinausragt. Am 11. Oktober 2012 erhielt der chinesische Schriftsteller Mo Yan den Literaturnobelpreis zugesprochen. Mo Yan ist Mitte der 1980er Jahre mit einer Reihe von Werken, die das Leben auf dem Land beschreiben, bekannt geworden. Da er in seinen Büchern die Sehnsucht nach seiner Heimat und zugleich eine Unzufriedenheit damit zum Ausdruck gebracht hat, wird er als Vertreter der *Xungen*(Wurzelsuche)-Literatur eingestuft.

China vergibt Dutzende Literaturpreise, darunter den Mao-Dun-Preis und den Lu-Xun-Preis. Die jährliche Bewertung und Wahl von Persönlichkeiten der chinesischen Literatur ist ein bedeutendes Ereignis in der Kulturszene. Ein spezieller Literaturpreis für chinesische Schriftstellerinnen wird alle fünf Jahre vergeben. Bewertet werden Werke in den sechs Kategorien Roman (darunter fallen auch Novelle und Erzählung), Essay, Poesie, Reportage, theoretische Abhandlungen über die Frauenliteratur und Übersetzungen.

Die erste Literaturwebsite Chinas, „Olivenbaum" (Ganlanshu), wurde im Jahr 1995 gegründet. Die stürmische Entwicklung der Internetliteratur ist gegenwärtig ein viel beachtetes Phänomen. Diese Literatur ist eine neue Form der Medienliteratur, die sehr rasch entstanden ist und die gesamte Entwicklung der chinesischen Literatur mehr oder weniger beeinflusst. Die Literaturwebsite „Ausgangspunkt" (www.qidian.com), die 2002 eingerichtet und 2004 von Shanda Interactive Entertainment Ltd. gekauft wurde, bezeugt den Übergang von der kostenfreien zur gebührenpflichtigen Lektüre von Online-Literatur. 2007 führte „Ausgangspunkt" als Erster in der Branche die Pro-

Peking-Oper

Die Peking-Oper wird als die chinesische Nationaloper betrachtet. Im Laufe von über hundert Jahren wurden mehr als tausend hervorragende Stücke entwickelt. Eine Reihe von musikalischen und darstellerischen Typen bildete sich heraus. Neben den berühmten Künstlern wie Mei Lanfang, Cheng Yanqiu, Ma Lianliang und Zhou Xinfang im letzten Jahrhundert sind im 21. Jahrhundert mehrere hervorragende Darsteller der Peking-Oper herangewachsen.

Kunqu

Kunqu, auch *Kunqu*-Oper genannt, hat eine Geschichte von über 500 Jahren und war die typische Opernart in der Ming- und der Qing-Dynastie. Nicht erst seit ihrem Eintrag in die UNESCO-Liste der Meisterwerke des mündlich überlieferten und immateriellen Erbes der Menschheit ist *Kunqu* eine Theaterform von höchstem ästhetischem Reiz. Die darstellerischen Besonderheiten der *Kunqu*-Oper liegen in den verhaltenen Gefühlsäußerungen, den anmutigen Bewegungen der Figuren und den melodischen und wohlklingenden Stimmen. Hervorragende Dramen in ihrem Repertoire sind u. a. *Der Päonien-Pavillon* (*Mudanting*) und *Die Halle des Langen Lebens* (*Changshengdian*).

Peking-Oper

gramme der Ausbildung von tausend Schriftstellern, des Mindestjahreseinkommens von zehntausend Yuan und des Förderfonds von zehn Millionen Yuan ein. Diese Absicherungs- und Unterstützungsmaßnahmen für Schriftsteller haben die gesunde Entwicklung des Online-Literaturschaffens gefördert. Im Jahr 2006 erlebten Blogs in China eine Blüte, was zu einer weiteren stürmischen Entwicklung der Internetliteratur geführt hat. Nach 20-jähriger Entwicklung, von BBS, Literaturforen bis zu Literaturwebsites, hat die Internetliteratur ein Publikum von 294 Millionen Lesern und einen Marktanteil von 45,3 Prozent gewonnen. Die Leserzahl der Internetliteratur stieg im Jahr 2014 um 7,1 Prozent . Die Internetliteratur ist mit ihrem gigantischen kommerziellen Wert zu einem Zweig der modernen Kulturindustrie Chinas geworden, der das größte Entwicklungspotential verspricht.

Theater

Das traditionelle chinesische Theater, auch *Xiqu* (Oper und Balladen) genannt, zählt zusammen mit der griechischen Tragödie und Komödie und dem indischen Sanskrit-Theater zu den drei großen an-

Nationaloper in Beijing

Konzert der traditionellen chinesischen Musik in Shanghai

tiken Theaterkulturen der Welt. In China gibt es über 300 Arten traditioneller Opern, wie z. B. die *Kunqu*-Oper, die Peking-, die Shaoxing-, die Henan- und die Guangdong-Oper. Davon ist die Peking-Oper die am meisten verbreitete Opernart Chinas. Typisch für die chinesische Oper ist, dass die Handlung hauptsächlich durch Gesang und Tanz dargestellt wird. Der Winterkirschblüten-Preis wird an herausragende Darsteller der chinesischen Oper vergeben.

Das Sprechtheater kam Anfang des 20. Jahrhunderts aus dem Ausland nach China. In den 30er Jahren ging diese Kunstform der Reife entgegen. Das Volkskunsttheater Beijing vertritt derzeit das höchste Niveau der Schauspielkunst in China und hat ein Repertoire von knapp hundert Stücken. Das Theaterstück *Das Teehaus* von Lao She ist ein Klassiker, der in China und im Ausland bekannt und beliebt ist. Cao Yu, der große Dramatiker des letzten Jahrhunderts, gilt bis heute als einer der hervorragendsten Bühnenautoren in China.

Quyi

Quyi bezeichnet die traditionelle chinesische Gesangs- und Vortragskunst. Sie entwickelte sich aus mündlich überlieferten Volkserzählungen und der Gesangskunst und ist eine eigenständige Kunstform. Heute gibt es ungefähr 400 Arten von *Quyi* in China, die immer noch aufgeführt werden, darunter *Xiangsheng* (komischer Dialog), *Pingshu* (Geschichtenerzählen), *Jing yun dagu* (Sprechgesang mit Trommelbegleitung) aus Beijing, *Qingqu* (Balladen) aus Yangzhou, *Kuaishu* (Reimerzählungen zu Bambusklapperbegleitung) aus Shandong, *Qinshu* (musikalisch gestalteter Balladenvortrag) aus Anhui, *Errenzhuan* (Gesangs- und Tanzduett) aus Nordostchina und *Huagu* (Gesang und Tanz mit Trommeln und Gongs) aus Fengyang. *Xiangsheng* und *Pingshu* sind am weitesten verbreitet und werden häufig im Radio, Fernsehen und auf Bühnen aufgeführt.

Musik

Bereits im 1. Jahrhundert v. u. Z. gab es in China über 80 verschiedene Musikinstrumente. Zu den Höhepunkten der alten Musik in China gehören Stücke für chinesische Zither (*Guqin*), Laute (*Pipa*) und Orchester.

Seit der zweiten Hälfte des 20. Jahrhunderts führte der Einfluss westlicher Musik und Instrumente zu einer neuen Entwicklung der chinesischen Musik und chinesische Musiker schufen zahlreiche moderne Werke nationalen Charakters, darunter das Musical *Der Osten ist rot*, das Violinkonzert *Liang Shanbo und Zhu Yingtai* und das Klavierkonzert *Der Gelbe Fluss*. Chinesische Musiker

Nationale Zentren für die Musikindustrie

Ab 2009 wurden nationale Zentren für die Musikindustrie in Beijing, Shanghai, Guangdong und Chengdu sowie mehr als zehn nationale Musikindustrieparks eingerichtet. Dies ist eine Pioniertat in der Geschichte der chinesischen Musikindustrie.

Musikkonzert von Volksgruppen aus Xinjiang in Beijing

und Ensembles beteiligen sich am internationalen Austausch und an Wettbewerben, bei denen viele Künstler hervorragende Leistungen erbrachten.

Musikfestivals sind ein Highlight des Kulturmarktes Chinas geworden. Ihre Zahl ist von einem Dutzend im Jahr 2006 auf heute etwa hundert gestiegen. In China finden jährlich regelmäßig große Musikfestivals statt. Zum Internationalen Kunstfestival in Shanghai sowie zum Internationalen Musikfestival und Internationalen Theaterfestival in Beijing kommen jedes Jahr viele berühmte Musiker und erstklassige Ensembles aus der ganzen Welt.

Tanz

Der chinesische Tanz hat eine lange Geschichte und alle 56 Volksgruppen haben ihre eigenen reichen und unverwechselbaren Tanztraditionen, wie z. B. *Yangge* (Erntetanz aus Nordchina) und der Tee-Ernte-Tanz (Südchina) der Han, der *Andai* der Mongolen und der *Xuanzi* der Tibeter. Im Jahr 1959 wurde die Nationale Balletttruppe gegründet und die westliche Tanzkunst in China bekannt. Bis heute wurden zahlreiche Ballette chinesischen Charakters geschaffen, darunter *Das Rote Frauenbataillon*, *Das weißhaarige Mädchen* und *Die Rote Laterne*, die beim Publikum sehr beliebt sind. An Feiertagen wird unter Beteiligung der Bevölkerung getanzt. Das Chinesische Opern- und Tanztheater, das Chinesische Gesangs- und Tanz-Ensemble „Orient", das Zentrale Gesangs- und Tanz-Ensemble der nationalen Minderheiten und die Chinesische Balletttruppe sind nationale professionelle Ensembles, die Gesangs- und Tanzaufführungen sowie Opern und Tanzdramen von hoher künstlerischer Qualität inszenieren.

Teilnehmer am Tanzsportwettbewerb 2015 in Shanghai

Gesangs- und Tanzaufführung von Angehörigen verschiedener Volksgruppen aus Yunnan

Kalligrafie und Malerei

Die chinesischen Schriftzeichen entwickelten sich aus Bildern und Symbolen. Das Schreiben und die Entwicklung der Schrift führten zu einer eigenständigen Kunstform, der Kalligrafie. In allen

Traditionelles Kunsthandwerk

Die Erzeugnisse des traditionellen chinesischen Kunsthandwerks weisen eine große Vielfalt und höchste Kunstfertigkeit auf. Die Produkte des volkstümlichen Kunstgewerbes wie Scherenschnitte, Knüpfarbeiten, Gewebe, Stickereien, Schnitzereien, Bildhauerarbeiten und Malereien besitzen einen ausgeprägt ländlichen Charakter und einen einzigartigen nationalen Stil. Beim Spezialkunstgewerbe verwendet man besondere oder edle Materialien und stellt durch Entwurf und Bearbeitung mit großer Sorgfalt äußerst exquisite und hochwertige Gegenstände her. Jadeschnitzerei hat einen hohen Stellenwert. Cloisonné entstand in der Regierungsperiode Jingtai (1450–1457) der Ming-Dynastie. Auf Kupferformen lötet man Kupferstege, die die Umrisse verschiedener Ornamente bilden, die mit Email ausgefüllt werden. Die nicht mit Emaildekor bedeckten Metallflächen werden zum Schluss vergoldet oder versilbert. So entsteht Cloisonné mit glänzendem Metall und farbenprächtiger Glasur.

Kunstausstellung von behinderten Kindern im 798-Kunstbezirk

Dynastien der chinesischen Geschichte gab es große Kalligrafen, deren Kalligrafie und Stil die Schreibkunst der jeweiligen Zeitspanne repräsentieren. Die Kalligrafie erfreut sich heute nach wie vor großer Beliebtheit.

Die traditionelle chinesische Malerei hat ganz andere Ausdrucksformen als das westliche Gemälde. Die ältesten chinesischen Malereien, die auf Tongefäßen gefunden wurden, entstanden in der Jungsteinzeit vor etwa 6000 bis 7000 Jahren. Da man früher zum Malen und Schreiben die gleichen Mittel benutzte und Malerei und Schriftzeichen gleichermaßen aus Linien und Strichen bestanden, kann man davon ausgehen, dass Kalligrafie und Malerei den gleichen Ursprung haben. Typisch für

Vorwort zur Gedichtsammlung vom Orchideenpavillon von dem berühmten Kalligrafen Wang Xizhi (303–361)

iPad-Malerei-Ausstellung des britischen Künstlers David Hockney im 798-Kunstbezirk

die traditionelle chinesische Malerei ist u. a., dass man auf einem Bild in der Regel auch Gedichte, Widmungen oder Siegel sieht. Diese Kombination zu einem künstlerischen Ganzen bietet einen besonderen ästhetischen Genuss. Zu den wichtigsten Arten der chinesischen Malerei gehören die figurative Malerei, die Landschaftsmalerei und die Malerei mit Blumen und Vögeln als Hauptmotive.

Chinesische Kalligrafie und Malerei sind auch in der Gegenwart voller Vitalität. Im Chinesischen Kunstmuseum und anderen Kunstgalerien werden ständig Ausstellungen sowohl von einzelnen als auch von mehreren Künstlern veranstaltet. Ausstellungen traditioneller chinesischer Malerei finden jedes Jahr überall in der Welt statt. Neben der traditionellen chinesischen Malerei erfährt auch die westliche Malerei wie die Ölmalerei, Grafik und Aquarellmalerei in China eine Entwicklung. Manche Künstler kombinieren die Malweisen der traditionellen chinesischen Malerei mit denen der westlichen und schaffen dabei Kunstwerke in unterschiedlichen Stilen. Die moderne Kunst, die verschiedenste Materialien, Formen und Techniken einsetzt, nimmt ebenfalls einen Platz in der Kunst Chinas ein. Chinesische Werke der neuen Medien-Kunst wie Video-, Digital-, Trickfilm- und Audiokunst werden häufig auf Ausstellungen im In- und Ausland gezeigt.

Viertel für moderne Kunst

Zu den wichtigen Vierteln für moderne Kunst gehören der 798-Kunstbezirk in Beijing und der M50-Kunstbezirk in Shanghai. Der M50-Kunstbezirk ist benannt nach seinem Sitz in der Moganshan-Straße 50 in Shanghai und hat eine Menge Künstler angezogen. Der 798-Kunstbezirk befindet sich im Nordosten von Beijing. Das Gelände der ehemaligen Fabrik 798 der elektronischen Industrie ist seit dem Einzug von Künstlern und Galeristen im Jahr 2002 zu einem bunten Szeneviertel mit Ateliers, Galerien, Unternehmen für Design und Architektur, Restaurants und Bars geworden.

M50-Kunstbezirk in Shanghai

Film

China ist weltweit der drittgrößte Filmproduzent und der größte Fernsehserienproduzent. Die Einnahmen an den chinesischen Kinokassen haben von weniger als einer Milliarde Yuan im Jahr 2003 auf 29,639 Milliarden Yuan im Jahr 2014 zugenommen. Davon betrug der Anteil chinesischer Filme 16,155 Milliarden Yuan oder 54,51 Prozent. 2014 haben 66 Filme jeweils mehr als hundert Millionen Yuan eingespielt, davon waren 36 oder 54,33 Prozent chinesische Filme. Unter den 20 kassenstärksten Filmen waren genau zehn in China produzierte.

Der Realismus bildet die Hauptströmung in der Entwicklung des chinesischen Films. Mitte der 1980er Jahre begann ein neuer Höhepunkt im Filmschaffen. Hinsichtlich der Vielfalt der Themen und Stile erreichten die Filme mit realistischen Themen ein Niveau wie nie zuvor. Die als fünfte Generation bezeichneten Regisseure mit Zhang Yimou, Chen Kaige und Huang Jianxin an der Spitze lenkten zunehmend die Aufmerksamkeit der internationalen Filmkreise auf sich. Inzwischen sind die Regisseure der sechsten Generation des chinesischen Filmschaffens wie Jia Zhangke, Wang Xiaoshuai, Zhang Yuan und Lou Ye, die in den 1960er und 1970er Jahren geboren sind, herangewachsen. Die von ihnen gedrehten Filme spiegeln das Leben der einfachen Leute wider und nutzen dafür realistische Darstellungsmethoden.

Zu den bekanntesten Filmfestivals Chinas gehören die Internationalen Filmfestivals in Changchun, Shanghai und Beijing. Der Goldene Hahn ist der höchste in China vergebene Filmpreis. Zur Förderung von Filmen, die besondere gesellschaftliche Wirkung erzielen, vergibt der Staat den Huabiao-Preis. Ferner gibt es noch den Hundert-Blumen-Preis, der aufgrund einer Publikumsabstimmung vergeben wird. Darüber hinaus fördern auch der Kälbchen-Preis für Kinderfilme, die Hong Kong Film Awards, die Golden Bauhinia Awards (Hongkong), die Golden Horse Awards (Taiwan) und die Chinese Film Media Awards die Entwicklung des chinesischen Films.

Animationsfilm

In China leben rund 279 Millionen Minderjährige, die wichtigsten potentiellen Konsumenten von Animationsfilmen. Daher hat diese Branche in China ein enormes Entwicklungspotential und erwirtschaftet jedes Jahr eine Wertschöpfung von mehr als 100 Milliarden Yuan. Im Jahr 2004 wurden die ersten neun nationalen Zentren der Animationsfilmindustrie und vier Zentren für die Lehre und Forschung in diesem Bereich eingerichtet. Die Wertschöpfung der Animationsfilmindustrie wies danach ein Jahreswachstum von mehr als 20 Prozent auf. Zurzeit gibt es in China zwanzig nationale Zentren der Animationsfilmindustrie. Seit 2005 findet einmal jährlich das Internationale Animationsfilm-Festival in China statt.

Zuschauer auf dem Internationalen Filmfestival 2015 in Beijing

Stars auf dem Internationalen Filmfestival 2015 in Beijing

Ein Online-Journalist bei der Arbeit

Medien

Internet und neue Medien

In China gibt es 649 Millionen Internetnutzer, davon 557 Millionen über das Handy. Alle Gemeinden und Dörfer sind an das Internet angeschlossen. Alle Gemeinden und 91 Prozent der administrativen Dörfer verfügen über Breitband-Anschlüsse. Das 3G-Netzwerk deckt praktisch das ganze Land ab. Der von China entwickelte Mobilfunkstandard TD-LTE-Advanced wurde 2012 als eine von zwei internationalen Normen des 4G-Netzwerks anerkannt und hat sich schnell auf der ganzen Welt verbreitet. Damit ist eine höhere Geschwindigkeit der mobilen Kommunikation möglich. Im Dezember 2013 vergab das Ministerium für Industrie und Informationstechnologie 4G-Lizenzen an China Mobile, China Unicom und China Telecom, seitdem erlebt das 4G-Netzwerk in China eine rasante Entwicklung. 2015 sollen weitere 80 Millionen Haushalte über einen Glasfaser-Internetanschluss verfügen können und

Plakate der drei größten Mobilfunkanbieter Chinas in Taiyuan, Shanxi. 2015 werden 80 Prozent aller provinzregierungsunmittelbaren Städte mit einem 100 MBit/s-Breitbandinternet versorgt werden.

Informative Internetseite

http://weibo.com/bjfbt
Das Weibo-Konto des Presseamtes der Beijinger Regierung, das erste Weibo-Konto für umfassende administrative Informationen in China, wurde im Dezember 2011 eingerichtet.

Stand von China Telecom auf der Internationalen Buchmesse Beijing

Lesen per Handy

Im Dezember 2014 betrug die Zahl der Handy-Besitzer, die ihr Handy auch zum Surfen im Internet benutzten, 557 Millionen, das ist ein Wachstum von 56,72 Millionen gegenüber Dezember 2013. Unter den neuen Internetnutzern des Jahres 2014 gingen 85,8 Prozent via Handy ins Internet. 2013 betrug die Zahl noch 81,0 Prozent. Damit ist das Handy das wichtigste Endgerät für das Internet und der wichtigste Motor für die Zunahme der Internetnutzer in China. Immer mehr junge Leute lesen per Handy und andere mobile Geräte. Der traditionelle Büchermarkt erleidet dadurch beträchtliche Einbußen.

über 600 000 4G-Funkmasten aufgestellt werden. Durch die rapide Verbreitung des Internets ist die ganze Gesellschaft mit dem Netzwerk verbunden. Die Internetmedien sorgen für einen rascheren und leichteren Zugang zu wesentlich mehr Informationen und ermöglichen eine bessere Transparenz der Gesellschaft.

Seit Mitte der 1990er Jahre, nachdem sich das Internet mit den traditionellen Medien verbunden hat, sind immer mehr herkömmliche Medien online verfügbar. Zahlreiche bekannte Websites, die wie Nachrichtenmedien operieren, wurden geschaffen und haben bei der Berichterstattung ihre Vorzüge zur Geltung gebracht.

Seit China Mobile 2005 das Handyfernsehen eingeführt hat, werden die Inhalte der Massenmedien in Wort und Bild auch auf diesem Wege übertragen. Viele Websites bieten nun auch Handy-Zeitungen an. Im April 2012 wurde der Verlag für Audio- und Videoprodukte der Provinz Anhui in Time New Media Press Ltd., Co. umgruppiert. Damit ist er der erste Verlag seiner Art in China, der sich aus eigener Initiative zu einem Verlag für neue Medien transformiert.

Im neuen Jahrhundert zeichnete sich die Gründung von überregionalen Mediengruppen in China ab. Im Jahr 2001 hatte sich die chinesische Regierung das Ziel gesetzt, die Bildung von überregionalen Medien-Großkonzernen zu fördern. Sie legte für die Finanzierung des Medienwesens und für die Kooperation mit ausländischem Kapital konkrete Bestimmungen fest. Der Chinesische Rundfunk-, Film- und Fernsehkonzern (CRFTG), der Ende 2001 gegründet wurde, entstand aus einer Fusion der Ressourcen und Fachkräfte der zentralen Gesellschaften für Rundfunk, Fernsehen und Film sowie der Rundfunk- und Fernsehnetzwerke wie CCTV. Sein Geschäftsbereich umfasst nun Fernsehen, Internet, Verlagswesen, Werbung usw. CRFTG ist die umfangreichste und kapitalstärkste Mediengruppe Chinas. Der englischsprachige Kanal von CCTV hat sich über Fox Network, das zur US-amerikanischen News Corp. gehört, in den USA etabliert.

Freie Meinungsäußerung online

Das Internet spielt im Alltag, in der Politik und in der Wirtschaft eine immer wichtigere Rolle. Es ist ein wichtiger Weg, über den das Volk sein Recht ausübt, sich zu informieren, sich politisch zu beteiligen, seine Meinung zu äußern und die Regierung zu überwachen. Die Regierung misst dem Internet immer größere Aufmerksamkeit bei. Unter anderem holt die Regierung häufig online Meinungen ein und ermöglicht eine höhere Transparenz der Verwaltung. Auch unterhielt sich der damalige Generalsekretär Hu Jintao am 20. Juni 2008 online mit Internetnutzern. Nachdem Mikroblogs 2009 als ein wichtiges Forum für Nachrichten und Meinungsaustausch entstanden sind, wurden sie 2010 neben Nachrichtenwebsites und Foren zur dritten wichtigen Informationsquelle im Internet. Das Internet ist für die Transformation, den Aufbau und das Krisenmanagement von großer Bedeutung.

Zeitungen

Mit einer jährlichen Gesamtauflage von rund 50 Milliarden Exemplaren gehört China international zu den größten Ländern im Zeitungswesen. Täglich werden über 100 Millionen Zeitungen verkauft. Die Zeitungen sind auf unterschiedliche Lesergruppen zugeschnitten und immer mehr von Vielfalt und Reichhaltigkeit geprägt. Am 16. April

WeChat

WeChat ist derzeit die beliebteste Nachrichten-App für Smartphones in China. Es wurde erst im Januar 2011 auf den Markt gebracht, aber schon 433 Tage später, Ende März 2012, hat die Zahl der Benutzer die 100 Millionen überschritten. Ende 2014 betrug die monatliche Zahl der aktiven Benutzer der in- und ausländischen Version von WeChat 500 Millionen, das ist eine Zunahme von 41 Prozent gegenüber 2013. Via WeChat kann man ein Taxi bestellen, ein Hotelzimmer buchen, sich über Restaurants informieren und andere Serviceleistungen in Anspruch nehmen. WeChat ist in bisher ungekanntem Tempo zu einem unverzichtbaren Bestandteil im Alltagsleben vieler Chinesen geworden. Im Januar 2014 wurde das erste WeChat-Konto für umfassende administrative Informationen in Beijing eingerichtet. WeChat wird zu einer neuen Plattform für den Austausch zwischen der Regierung und dem Volk.

Jobsuche via QR-Codes auf einer Karrieremesse

2010 gab die *Shiyan Wanbao* (Abendzeitung von Shiyan) die erste 3D-Zeitung Chinas heraus.

In den letzten Jahren fand eine allgemeine Konzentration im Zeitungswesen statt. Mittlerweile haben sich landesweit etwa fünfzig Zeitungsgruppen wie die Verlagsgruppe der *Beijing Daily*, die Wenhui Xinmin United Press Group sowie die Verlagsgruppe der *Guangzhou Daily* gebildet. Die Verlagsgruppe der *Tianjin Daily* setzt seit 2006 auch digitalen Vertrieb ein und begann mit der Verbreitung per Satellit, so dass ihre Zeitungen in 39 Ländern zeitgleich erscheinen können.

Die Printmedien können nicht mit Rundfunk, Fernsehen, Internet und anderen Medien konkurrieren. Um dieser Tendenz entgegenzuwirken, gestalten sich die Zeitungen von „Nachrichtenanbietern" zu „Rundschau" und „Informationsanbietern" um. Neben Zeitungen auf Papier werden auch Online- und Handy-Zeitungen herausgebracht. Dank elektronischer Zeitungen für das iPad und ähnliche Geräte können ihre Nutzer auf dem Laufenden gehalten werden, so dass die Zeitungsverlage das traditionelle Arbeitsverfahren, Layout und Betriebsmodell beibehalten sowie ihre bisherige Rolle weiter spielen können.

Rundfunk

Der Zentrale Volksrundfunk ist der staatliche Sender Chinas und strahlt per Satellit 16 Kanäle mit täglich insgesamt 300 Sendestunden aus. Alle Provinzen, autonomen Gebiete, regierungsunmittelbaren Städte und andere lokale Verwaltungsgebiete verfügen über eigene Sendestationen.

Radio China International ist der einzige staatliche Auslandssender. Er sendet gegenwärtig weltweit in 65 Sprachen, darunter auf Hochchinesisch und in vier chinesischen Dialekten und mehreren Sprachen nationaler Minderheiten, und kommt täglich auf 4800 Sendestunden.

Fernsehen

Im chinesischen Fernsehen sind relativ umfassende Strukturen für Programmproduktion, Aus-

Liveübertragung einer großen Konferenz in Sprachen der nationalen Minderheiten

strahlung und Vertrieb entstanden. Der nationale Fernsehsender CCTV sendet auf 42 Kanälen, darunter 30 öffentlichen Kanälen und 12 Pay-TV-Kanälen, insgesamt 452 Programme. CCTV ist auch der einzige Fernsehsender, der in den sechs Amtssprachen der Vereinten Nationen rund um die Uhr ausstrahlt. Gegenwärtig können Programme von CCTV in 171 Staaten und Regionen empfangen werden und 314 Millionen Zuschauer im Ausland machen davon Gebrauch. Alle Provinzen, autonomen Gebiete, regierungsunmittelbaren Städte und andere lokale Verwaltungsgebiete verfügen über eigene Fernsehstationen.

Uigurische Redakteurin des Fernsehsenders Xinjiang bei der Arbeit

Es finden regelmäßig große internationale Fernsehpräsentationen wie das Fernsehfestival Shanghai, die Internationale Fernsehwoche Beijing, die Chinesische Rundfunk- und Fernsehmesse und das Fernsehfestival Sichuan statt, wo neben der Bewertung von Sendungen und der Verleihung von Preisen der Austausch von Erfahrungen in der Fernsehkunst und der Import- und Exporthandel mit Fernsehprogrammen durchgeführt werden.

Finale des 3. Chinesischen Schreibwettbewerbs im Jahr 2015

China Network Television (CNTV) wurde am 28. Dezember 2009 in Betrieb genommen. Das Unternehmen kann auf 450 000 Videostunden von CCTV zurückgreifen und profitiert von 1000 Stunden Videoaufzeichnungen, die die Fernsehstationen des ganzen Landes täglich ausstrahlen. CNTV sieht seine Aufgabe u. a. darin, die chinesische Geschichte und Kultur zu digitalisieren sowie die größte Multimedia-Datenbank Chinas zu erstellen und das größte Angebot an Originalvideofilmen aufzubauen.

China Xinhua News Network Corporation (CNC) ist der Auslandsfernsehsender der Nachrichtenagentur Xinhua. Sein chinesischer und sein englischer Kanal strahlen rund um die Uhr Nachrichten über Politik, Wirtschaft und Kultur aus. Als internationaler Fernsehsender ist CNC mit Hilfe von Satelliten- und Kabelübertragung sowie über Handy und Internet im asiatisch-pazifischen Raum, in Nordamerika, Europa, im Nahen Osten und in Afrika vertreten.

Verlagswesen

Nach der Einführung der Reform- und Öffnungspolitik im Jahr 1978 hat sich die Zahl der veröffentlichten Buch-, Zeitungs- und Zeitschriftentitel erheblich erhöht; neben Büchern, Zeitungen und Zeitschriften sind vielfältige Medien zur Vermittlung von Informationen entstanden. Mit seiner großen Anzahl von veröffentlichten Büchern, Zeitungen und Zeitschriften nimmt China den ersten Platz in der Welt ein. Die Zahl der erschienenen Buchtitel stieg von 12 900 im Jahr 1977 auf gegenwärtig ca. 410 000 mit einer Gesamtauflage von 8,4 Milliarden Exemplaren; derzeit erscheinen 9877 Zeitschriftentitel mit einer Auflage von rund 3,2 Milliarden Exemplaren. 1992 wurde die Katalogisierung der alten Schriften Chinas als ein nationales Schwerpunktprojekt festgelegt. In den Jahren 2011 und 2012 wurden die 26 Bände des *Kataloges der alten chinesischen Schriften* nacheinander in Druck gegeben und veröffentlicht, in denen etwa 200 000 alte Titel von über 450 000 Editionen aufgenommen wurden, die vor 1912 veröffentlicht worden sind. Dies war die umfangreichste Untersuchung und Katalogisierung der alten Schriften in China. Sie wurde 2007 in Gang gesetzt, 2012 umfassend durchgeführt und 2014 abgeschlossen.

In China gibt es derzeit mehr als 120 Zeitungs- und Verlagsgruppen. 49 Unternehmen aus dieser Branche sind börsennotiert. Der Umsatz des chinesischen Presse- und Verlagswesens hat sich von weniger als 300 Milliarden Yuan im Jahr 2002 auf mehr als 1,6 Billionen Yuan im Jahr 2012 erhöht. Mit einer Gesamtinvestition von 21 Milliarden Yuan erbrachten die 58 Druckereizonen auf Provinz- und Stadtebene einen Umsatz von 21,7 Milliarden Yuan. Beim Aufbau der neun nationalen Zentren für digitale Publikationen wurden deutliche Erfolge erzielt. Im Jahr 2020 werden digitalisierte Bücher wohl rund 50 Prozent des Umsatzes im Verlagswesen ausmachen und 2030 voraussichtlich 90 Prozent der Bücher auch im Internet erscheinen.

Zur Verbreitung chinesischer Publikationen im Ausland hat China entsprechende Pläne erarbeitet. Das Presseamt des Staatsrates und das Staatliche Hauptamt für Presse- und Publikationswesen setzen seit 2006 das Programm für die Verbreitung chinesischer Publikationen im Ausland um. Im Jahr 2009 begann das Presseamt des Staatsrates ein Übersetzungsprojekt für Belletristik, um die hervorragende Kultur Chinas zu verbreiten. Chinesische und ausländische Verlage werden dabei unterstützt, Bücher mit chinesischen Motiven im Ausland zu veröffentlichen, die dazu beitragen sollen, ausländischen Lesern China näher zu bringen.

In Übereinstimmung mit den Zusicherungen beim WTO-Beitritt hat das Staatliche Hauptamt für Presse- und Publikationswesen im Mai 2003 die Verwaltungsvorschriften für ausländische Investitionen in Vertriebsunternehmen für Bücher, Zeitungen und Zeitschriften erlassen. Danach ist es ausländischen Investoren seit dem 1. Mai 2003 erlaubt, in China Einzelhandel mit Büchern, Zeitungen und Zeitschriften zu betreiben. Eine weitere Bestimmung besagt, dass seit dem 1. Dezember 2004 ausländische Investitionen in die Gründung von Großhandelsbetrieben für Bücher, Zeitungen und Zeitschriften möglich sind. Allerdings müssen alle ausländischen Investitionen in Einzel- und Großhandelsunternehmen vom Staatlichen Hauptamt für Presse- und Publikationswesen bewilligt werden.

Informative Internetseite

www.gapp.gov.cn/
Der Internetauftritt des Nationalen Hauptamtes für Presse, Publikation, Rundfunk, Film und Fernsehen. Am 22. März 2013 fusionierte das Hauptamt für Presse- und Publikationswesen mit dem Hauptamt für Rundfunk, Film und Fernsehen zum Nationalen Hauptamt für Presse, Publikation, Rundfunk, Film und Fernsehen. Alle Medien stehen unter seiner Verwaltung.

Buchmarkt im Chaoyang-Park in Beijing

 CHINA 2015

Modernes Leben

Die Globalisierung hat umwälzende Veränderungen in allen Lebensbereichen der Chinesen hervorgerufen. Die Chinesen folgen den globalen Trends in Bekleidung, Unterhaltung, Sport und Tourismus und drücken dabei ihre Individualität aus.

In China begeht man viele Feiertage. Zu jedem Feiertag gibt es unterschiedliche Sitten und Bräuche, die sowohl als Kennzeichen des Festes als auch als Bestandteil der chinesischen Kultur gelten.

- Mode - Sport - Digitales Leben
- Freizeit - Urlaub - Feste

Models der Shanghaier Modewoche auf dem Catwalk

Mode

Eine Robe, die gerade ihr Debüt auf dem roten Teppich bei den Internationalen Filmfestspielen von Cannes gegeben hat, könnte schon am nächsten Tag auf einer Verleihungszeremonie in China wieder auftauchen. Das Menü „Bier zu frittiertem Hühnerfleisch" ist wegen einer koreanischen Fernsehserie über Nacht eine populäre Speise in China geworden. Während die jungen Leute in den USA vom Parkour besessen sind, wurde die Wingsuit-Weltmeisterschaft in Zhangjiajie, Provinz Hunan, ausgetragen. Ein Franzose bewunderte einmal die modischen Outfits von Männern und Frauen in Beijing: „Ich sehe wirklich keinen Unterschied in der Bekleidung und Aufmachung zwischen den Chinesen hier und meinen Landsleuten in der Modemetropole Paris."

Dank leichterer und häufigerer Kommunikation mit der übrigen Welt kann China mit der Weltmode Schritt halten. Während die Modeschauen und Präsentationen bei der Mailänder Modewoche noch im Gange sind, erscheinen die Fotos der neuesten Kollektionen schon in den Modezeitschriften in China, und innerhalb einer Woche sind sie schon in chinesischen Luxusläden erhältlich. Immer mehr ausländische Stars, die den Modetrend bestimmen, kommen nach China. Ihre Auftritte in den Medien üben einen Einfluss auf den Zeitgeschmack der Chinesen aus.

Mode ist auch ein Teil des Lebens der gewöhnlichen Chinesen geworden. Man zeigt seine Individualität in der Bekleidung und den Accessoires. Auf den Straßen sieht man sowohl modern und sexy bekleidete Frauen als auch Jugendliche im Hip-Hop- oder Punk-Stil, sowohl das traditionelle chinesische Kleidungsstück *Qipao* als auch lange Kleider europäischen Stils mit Streublumenmuster. Ein modisches Bewusstsein zeigt sich heute auch im Berufsalltag: Die Angestellten tragen schicke Hemden und Krawatten, während die Geschäftsleute Anzüge und Lederschuhe anhaben. Die chinesischen Städte gleichen einem dicht gedrängten Ausstellungsraum für Mode.

Mehr Auftritte ausländischer Popstars in China

Immer mehr ausländische Popstars kommen nach China, um hier Konzerte oder Filmpräsentationen abzuhalten und Fans zu gewinnen. So wird der britische Superstar Robbie Williams im September 2015 in Beijing und Shanghai auftreten. Koreanische Popstars erfreuen sich großer Beliebtheit in China. Der Fernsehserien-Star Lee Min-ho hat z. B. mehr Fans in China als in Südkorea. Die beliebte Popgruppe Big Bang wird 2015 in Beijing zwei Konzerte geben.

Eine modern gekleidete Frau

Frauen im *Qipao*

Die Chinesen gehen einerseits mit der Weltmode, andererseits tragen sie auch zur Entwicklung der Weltmode bei. Die chinesisch geprägten Roben der chinesischen Schauspielerinnen sind immer Highlights auf dem roten Teppich der Oscar-Zeremonie. Nicht nur europäische und amerikanische Stars fügen gern ihrem Outfit einige chinesische Elemente hinzu, auch chinesische Fashion-Designer haben sich einen festen Platz in der Weltmode erobert.

Sport

Sprach man in der Vergangenheit vom Sport in China, dachte man gleich an Tischtennis. Heute sind die Erfolge des chinesischen Sports nicht mehr auf das schnelle Spiel mit dem kleinen Ball beschränkt. Auch in den Sportarten Schwimmen, Leichtathletik, Tennis und Basketball hat China Spitzensportler hervorgebracht. Darüber hinaus finden immer mehr internationale Sportwettbewerbe in China statt. 2015 wurden beispielsweise der 14. Sudirman Cup im Badminton in Dongguan, die Tischtennis-Weltmeisterschaften in Suzhou sowie einige Tenniswettkämpfe in verschiedenen Städten ausgetragen. Im August werden die Leichtathletik-Weltmeisterschaften in Beijing veranstaltet,

Jogging ist eine populäre Fitness-Methode in der Stadt geworden.

Trainingsgeräte in einem Wohnviertel in Chongqing

Schüler beim Volleyballtraining, Nanjing

Der Durchschnittschinese hat eine so große Leidenschaft für Sport wie nie zuvor. Jogging zählt zu den beliebtesten Fitnesstrainingsformen in der Stadt. Es finden auch immer mehr inoffizielle Marathon-Wettbewerbe statt. 2014 nahmen jeweils gegen 80 000 Freizeitsportler an Marathonläufen in Beijing, Hongkong und Xiamen teil. Laut Angaben des Chinesischen Leichtathletik-Verbandes werden 2015 über 30 Marathonläufe in China veranstaltet. Während die jungen Leute im Fitnessstudio ihre Muskeln stählen, bevorzugen es die Älteren, in der Trainingsstätte ihres Wohnviertels oder im Park Sport zu treiben. In den letzten Jahren ist das Freiluft-Fitnesstanzen die Lieblingsfreizeitbeschäftigung der Frauen im fortgeschrittenen Alter geworden. Sie versammeln sich auf einem Platz oder im Park, um dort mit rhythmischer Begleitmusik zu tanzen.

Auch in kleinen Städten ist der Sport sehr populär. In Huili, einem Kreis in der Provinz Sichuan, wurde in den 1980er Jahren eine Boxmannschaft gegründet. In den letzten zwanzig Jahren hat sie mehr als hundert Medaillen gewonnen und

Informative Internetseiten

www.sport.gov.cn/
Der Internetauftritt des Nationalen Hauptamtes für Sport. Hier findet man offizielle Auskünfte über die sportlichen Angelegenheiten in China.

http://en.olympic.cn/
Der Internetauftritt des Chinesischen Olympischen Komitees.

www.sport.org.cn/
Die Website des Gesamtchinesischen Sportverbandes. Hier findet man umfassende Informationen über die sportlichen Angelegenheiten in China. Der Gesamtchinesische Sportverband ist eine Massenorganisation und eine nicht gewinnorientierte Körperschaft.

Modernes Leben

Kickfederballspiel im Himmelstempel, Beijing

Hunderte von hervorragenden Boxern ausgebildet. Über ihre Geschichte wurde von einem kanadischen Regisseur ein Dokumentarfilm gedreht, der im ganzen Land vorgeführt wurde. Auch viele Kinder haben eine Vorliebe für den Sport. Landesweit sind Kurse für Kampfkunst, Taekwondo, Fußball u. ä. wie Pilze aus der Erde geschossen. Der Sportnachwuchs erfährt dort eine fundierte Ausbildung.

Die chinesische Regierung legt großen Wert auf den Massensport. In allen Städten gibt es öffentliche Stadien und Schwimmhallen. In vielen Wohnvierteln sind Basketballplätze, Tischtennisplatten und Trimm-dich-Anlagen verfügbar. Mit der Entwicklung des Massensports hat sich die körperliche Fitness der Chinesen erheblich verbessert. Nach dem Weltgesundheitsbericht 2014 der Weltgesundheitsorganisation WHO hat sich die durchschnittliche Lebenserwartung der Weltbevölkerung in den letzten 22 Jahren um sechs Jahre erhöht, auch in China. Die Lebenserwartung der Chinesen beträgt 75 Jahre, damit steht das Land unter den Entwicklungsländern in vorderster Reihe. Mit der Erhöhung des Lebensstandards ist die sportliche Betätigung zu einem festen Bestandteil im Alltagsleben der Chinesen geworden.

Auch die traditionellen chinesischen Sportarten wie *Taijiquan*, Drachensport und *Jianzi* (Kickfederball) sind sehr beliebt. Bei heiterem Wetter sieht man auf Plätzen und in Parks überall Menschen, die Drachen steigen lassen, Kickfederball spielen, joggen, inlineskaten, tanzen oder singen – ein kunterbuntes Nebeneinander von traditionellen als auch modernen Freizeitaktivitäten.

Digitales Leben

Das Digital- und Informationszeitalter hat in China nachdrücklich Einzug gehalten. Das Internet, das Telekommunikationsnetz, das Kabelrundfunk- und -fernsehnetz, das Netzwerk für Satellitenübertragung – sie alle bestimmen zunehmend das Leben der Chinesen. Die Digitaltechnologie und die verschiedenen Netzwerke haben die verschiedenen Landesteile eng miteinander verbunden und die alte chinesische Kultur um neue Elemente bereichert. Der digitale Lebensstil nimmt zu.

Seniorinnen surfen im Internet.

Der umfangreiche Einsatz von mobilen Endgeräten wie Smartphones und iPads sowie der Gebrauch von vielfältigen Apps haben viele Erleichterungen im Alltag mit sich gebracht. Die Digital- und die Mobiltechnologie haben große Veränderungen im Leben der Chinesen herbeigeführt. Mit digitalen Produkten liest man Nachrichten, spielt Spiele, kauft online, sieht sich Fernsehprogramme und Filme an, äußert eigene Meinungen

11. 11. – Tag des Onlineshoppings

Selfie beim Shopping

11. 11. – Tag des Onlineshoppings

Eigentlich ist der 11. November in China der Tag des Singles. Doch seit einigen Jahren führen Onlineshopping-Websites wie Taobao.com, Tmall.com und JD.com an genau diesem Tag umfangreiche Rabattaktionen durch, die die Kauflust der Konsumenten entfachen. So ist der 11. 11. zum Kristallisationspunkt eines neuen Konsumtrends in China geworden: dem Onlineshopping.

und kommuniziert mit den anderen. Tablet-PCs und Smartphones sind nun unentbehrliche Kommunikationsmittel und sogar Artikel des täglichen Bedarfs geworden.

Onlineshopping ist ein Teil im Alltagsleben der Chinesen geworden. Über das Internet kann man fast alles bestellen, von Klimaanlage und Waschmaschine bis zu Gemüse und Salz, es bedarf nur ein paar Mausklicks. In wenigen Tagen oder sogar schon am selben Tag werden die bestellten Waren vor die Tür gebracht. Die stationären Läden erlauben völlig andere Erfahrungen als das Onlineshopping. Dort kann man die Waren sehen, anfühlen und ausprobieren. Daher sind die Geschäftsviertel in den Städten nach wie vor gedrängt voll von Menschen.

Freizeit

Mah-Jongg war einmal eine der beliebtesten Freizeitaktivitäten der Chinesen. Heute gibt es in China ein reichhaltigeres Unterhaltungsangebot. In der Stadt ist Lesen eine populäre Freizeitbeschäftigung geworden, viele Menschen verbringen gern ihr Wochenende in der Bibliothek. Kino-, Konzert- und Theaterbesuche sind nun auch in Mode. In den meisten chinesischen Städten gibt es Konzerthallen und Theater, die Aufführungen

Szene in einem 24-Stunden-Buchgeschäft in Chongqing

Im Café

von Ensembles aus der ganzen Welt anbieten. Manchmal kann das Ticketangebot die Nachfrage kaum befriedigen.

Während die Ruhe Liebenden im Café einen Roman lesen oder ins Theater gehen, zieht es die anderen abends zu KTVs (Karaokebar) oder in Bars. KTVs und Bars sind beliebte Unterhaltungsstätten, vor allem für junge Leute. In jeder Stadt gibt es ein Viertel, wo sich KTVs und Bars konzentrieren, die berühmtesten davon sind Sanlitun in Beijing, Lan Kwai Fong in Hongkong, Xuhui in Shanghai und Lijiang in Yunnan. Die KTVs mit ihren bunten Neonlampen und die Bars in verschiedenen Stilen bringen Lebenskraft in die Nacht der chinesischen Städte.

Für Stubenhocker bieten das Fernsehen und die sozialen Netzwerke die besten Freizeitmöglichkeiten. Seit einigen Jahren erleben die Unterhaltungssendungen in China eine rasante Entwicklung, vor allem die verschiedenen Gesangs-Castingshows

Veränderungen in der Freizeitbeschäftigung auf dem Land

Die Bauern haben nun mehr Freizeitmöglichkeiten als zu plaudern, fernzusehen oder Mah-Jongg zu spielen. In den letzten Jahren hat die chinesische Regierung in den Dörfern kleine Bibliotheken eingerichtet und damit die Bauern zum Lesen ermutigt. Die Bauern, die gut singen können, nehmen an Gesangs-Castingshows teil und realisieren dadurch ihren Traum, ein Sänger zu werden. Technisch begabte Bauern basteln an ihren Landwirtschaftsmaschinen oder bauen in der Freizeit Flugzeug- oder U-Boot-Modelle zusammen.

Touristen reiten in einer Steppe der Inneren Mongolei.

erfreuen sich einer hohen Einschaltquote. Mikroblogging und WeChat sind schon kurz nach ihrer Einführung zu populären sozialen Medien geworden und dienen sowohl zur Kommunikation als auch zur Unterhaltung. Auch Handy-Spiele sind für junge Leute ein beliebter Zeitvertreib. Für sie ist das Handy nicht nur ein Kommunikationsmittel, sondern auch ein Unterhaltungsmedium.

In den vier Jahreszeiten gibt es unterschiedliche Freizeitmöglichkeiten. Im Frühling spielt man Geländespiele oder steuert Flugzeugmodelle; im Sommer vergnügt man sich im Wasser oder treibt Extremsport; der Herbst lockt in die freie Natur zum Picknick oder verführt zum Reiten; im Winter geht man Ski laufen oder Eisskulpturen anschauen. Dank des vielfältigen Freizeitangebots kann jeder etwas Interessantes finden.

Urlaub

Ausflug im Herbst

„Man muss im Leben unbedingt eine leidenschaftliche Romanze erleben und eine spontane Reise unternehmen." Dies ist ein weit verbreiteter Spruch im Internet. Die Chinesen sehnen sich nach einer leidenschaftlichen und romantischen Reise genauso wie nach Liebe. Die Freizeit macht heutzutage gegen ein Drittel des Jahres aus. Die Mehrheit der Chinesen nutzt die Ferientage, um eine Reise zu machen oder Familienangehörige zu besuchen.

Mit der Zunahme von Privatautos ist die Autoreise in China eine neue Mode geworden. Die Liebhaber von Autoreisen organisieren sich per Internet, erstellen gemeinsam einen Reiseplan für Urlaub oder Wochenende und genießen während der Fahrt die schöne Landschaft in der Natur. Für reiche Leute, die ein Wohnmobil besitzen, ist eine Reise um die Erde mit dem eigenen Wagen kein unrealisierbarer Traum mehr.

Weideland im Altay, Xinjiang

Modernes Leben

Fahrradtraining in schöner Landschaft

Hochgeschwindigkeitszug verkürzt den Heimatweg.

Informative Internetseiten

www.qunar.com/
Qunar.com ist die größte Tourismuswebsite auf Chinesisch. Sie bietet einen Online-Buchungsservice, preiswerte Reiseangebote sowie praktische Informationen, damit die Kunden ihre Reise vernünftig planen können.

www.qyer.com/
Qyer.com wurde vor zehn Jahren von einem chinesischen Auslandsstudenten eingerichtet und bietet vor allem praktische Informationen über Reisen im Ausland an, um chinesischen Touristen dabei zu helfen, selbstständig die Welt kennen zu lernen. Heute teilen Millionen von chinesischen Touristen auf dieser Plattform ihre Erlebnisse und Erfahrungen im Ausland.

www.tuniu.com/
Tuniu.com bietet ein umfangreiches Angebot an Gruppen-, Individual- und Autoreisen, Kreuzfahrten, Hotelunterkünften, Tickets für Sehenswürdigkeiten und Pauschalreisen für Unternehmen sowie einen Visumservice – alles unter dem Slogan: Wir machen Ihnen die Reise leichter.

Immer mehr Chinesen reisen ins Ausland. Neben den nahe liegenden südostasiatischen Ländern gehören einige europäische Länder und die USA zu den beliebtesten Reisezielen.

Wandern ist auch eine populäre Reiseform in China. Die Wanderfreunde nehmen durch Internetseiten für Freiluftsport Kontakt miteinander auf und arbeiten gemeinsam Reisepläne aus. An einer online organisierten Wandertour können Dutzende oder mehr als hundert Menschen teilnehmen. Die Wanderer sind mit Outdoorbekleidung, Wanderstöcken und anderen notwendigen Geräten ausgerüstet und suchen das Abenteuer in den Bergen. Diese Betätigung erfreut sich großer Beliebtheit, vor allem unter jungen und risikobereiten Leuten.

Da gegenwärtig viele Einwohner der Großstädte aus einem anderen Landesteil stammen, so ist es eine wichtige Festtagsbeschäftigung vieler Chinesen geworden, in ihre Heimat zurückzukehren und ihre Eltern und Verwandten zu besuchen. Die größte Völkerwanderung der Welt setzt regelmäßig zum chinesischen Frühlingsfest ein. Hunderte Millionen Menschen fahren vor den Festtagen von den Großstädten in verschiedene Landesteile und strömen nach den Ferien von allen Seiten wieder in die Metropolen zurück.

Die Chinesen besitzen einen starken Familiensinn. Egal wie beschäftigt sie sind, egal wie entfernt sie von ihrer Heimat wohnen, der größte Teil von ihnen fährt in den Ferien in die Heimat, um mit den anderen Familienangehörigen zusammenzutreffen.

Wichtige Reiserouten

Das Beste von China:

Beijing, Shaanxi, Shanghai und Guangdong. Die wichtigsten Städte und Kulturdenkmäler Chinas.

Große Mauer:

Beijing, Hebei, Ningxia und Gansu. Gut erhaltene Abschnitte der Großen Mauer.

Eckturm der Verbotenen Stadt in Beijing

Seen und Meere:

Die Küstenstädte Sanya auf Hainan, Qingdao in Shandong und Dalian in Liaoning sowie die Orte Beihai in Guangxi, Putian in Fujian, der See Dian Chi in Kunming und das Gebirge Wuyi Shan in Fujian.

Seidenstraße:

Der Mauerabschnitt Badaling bei Beijing

Ürümqi, Xining, Yinchuan, Lanzhou und Xi'an liegen an diesem uralten Handelsweg.

Gesundheit und Sport:

Shanghai, Jiangsu, Hebei und Shaanxi. Akupunktur und Massagetechniken der Traditionellen Chinesischen Medizin sowie Taijiquan, Gesundheits-Qigong und andere Kampfsportarten kennen lernen.

Religion:

Strand in Sanya, Hainan

Beijing, Shanxi, Anhui, Zhejiang, Sichuan, Hubei, Qinghai und Tibet. Zahlreiche Tempel und Gotteshäuser verschiedener Religionen.

Schnee und Eis:

Die nordöstlichen Provinzen Liaoning, Heilongjiang und Jilin. Schneelandschaften, Schnee- und Eisskulpturen, lokale Gebräuche und Schilaufen.

Volkskultur in Zentralchina:

Shanxi, Henan, Shandong und Beijing. Malerische Dörfer und Sehenswürdigkeiten.

Schöne Winterlandschaft in Jilin

Volksgruppen in Südwestchina:

Yunnan, Guizhou, Guangxi und Sichuan. Sitten und Gebräuche, malerische Dörfer und Sehenswürdigkeiten.

Wasserstädte in Südchina:

Hangzhou, Jiaxing, Shaoxing in Zhejiang, Nanjing, Yangzhou, Wuxi und Suzhou in Jiangsu. Das traditionelle Leben am Wasser.

Drei Schluchten:

Wasserstadt Zhouzhuang bei Shanghai

Chongqing, Sichuan, Hunan und Hubei. Flussfahrt über den Jangtse, berühmte Landschaften und historische Sehenswürdigkeiten.

Gelber Fluss:

Qinghai, Gansu, Ningxia, Shanxi, Innere Mongolei, Henan und Shandong. Beeindruckende Landschaften und historische Sehenswürdigkeiten.

Berge und Flüsse:

Die berühmten Landschaften in Fujian, Guangxi, Anhui, Guizhou, Hunan, Jilin und Sichuan.

Nationalpark Zhangjiajie in Hunan

Feste

In China begeht man viele Feiertage, an denen Verwandte und Freunde zusammenkommen. Zu den bedeutendsten traditionellen Festen Chinas zählen das Frühlingsfest, das Laternenfest, das Totenfest, das Drachenbootfest und das Mondfest. Zu jedem Fest gibt es unterschiedliche Sitten und Bräuche. Zum Frühlingsfest kommt die ganze Familie zusammen und man bereitet gemeinsam *Jiaozi* zu; zum Drachenbootfest veranstaltet man Drachenbootrennen und stellt *Zongzi* her; und zum Mondfest bewundert man den Vollmond und isst Mondkuchen. Diese Sitten und Bräuche gelten sowohl als Kennzeichen des Festes als auch als Bestandteil der chinesischen Kultur.

Frühlingsfest

In China ist der traditionelle Mondkalender immer noch im Gebrauch, vor allem zur Bestimmung der traditionellen Feste. So fällt das Frühlingsfest auf den ersten Tag des ersten Monats und markiert daher den Beginn eines neuen Jahres. Nach der Revolution von 1911 führte China den Gregorianischen Kalender (Sonnenkalender) ein, und das Neujahr des Mondkalenders erhielt den Namen Frühlingsfest. Es fällt in der Regel auf einen Tag in der Zeit von Ende Januar bis Mitte Februar nach dem Sonnenkalender. Am Vorabend des Frühlingsfestes versammelt sich die ganze Familie zu einem reichlichen Essen. Viele Leute schlafen in dieser Nacht nicht, um den Beginn des neuen Jahres ja nicht zu verpassen. Während des Frühlingsfestes finden vielerorts traditionelle Veranstaltungen statt, von denen besonders die Löwen- und Laternentänze, das Landbootfahren (ein Tanz) und das Stelzengehen verbreitet sind.

Jiaozi

Tanz zum Laternenfest

Laternenfest

Die erste Vollmondnacht nach dem Frühlingsfest markiert am 15. Tag des ersten Mondkalendermonats das Laternenfest. Dazu gibt es seit alters *Yuanxiao*, kleine Kugeln aus gekochtem Klebreismehl mit einer süßen Füllung, die das Zusammenfinden der Familie symbolisieren. Die Tradition, an diesem Abend Laternen zu bewundern, reicht bis ins erste Jahrhundert zurück.

Totenfest

Um den 5. April herum wird das Totenfest begangen. Es ist traditionell ein Fest der Ahnenopfer. Heute veranstaltet man an diesem Tag auch Gedenkfeiern für die Märtyrer der Revolution. Da zu dieser Zeit Gräser zu sprießen und Bäume zu blühen beginnen, wandert man gewöhnlich gemeinsam mit Freunden in der Umgebung der Stadt im Grünen oder lässt Drachen steigen. Deshalb wird das Totenfest manchmal auch *Taqing*-Fest genannt, was so viel heißt wie „auf grünes Gras treten".

Ausflug zum Totenfest (Wuyuan, Jiangxi)

Drachenbootfest

Das Drachenbootfest wird am fünften Tag des fünften Monats nach dem traditionellen Mondkalender begangen. Zu dieser Zeit ist es wärmer und die ersten Insekten und Flurschädlinge treten auf. Man feiert dieses Fest, um Schädlinge zu vernichten und Krankheiten zu vertreiben. Man nimmt an, dass es zum Andenken an Qu Yuan (etwa 340–278 v. u. Z.), einem patriotischen Dichter des chinesischen Altertums, entstanden ist. Qu Yuan lebte in der Periode der Streitenden Reiche und stammte aus dem Königreich Chu. Weil es ihm nicht gelang, seine politischen Ideale zu verwirklichen und sein Land vor dem Niedergang zu retten, stürzte er sich aus Verzweiflung am fünften Tag des fünften Monats mit einem Stein in den Armen in den Fluss Miluo He. Seitdem veranstaltet man an diesem Tag Drachenbootrennen und wirft Bambusrohre, gefüllt mit Reis, in den Fluss, um Qu Yuan zu opfern. Die traditionelle Speise zum Drachenbootfest ist *Zongzi*, in Bambus oder Schilfblätter eingewickelte Klöße aus Klebreis.

Mondfest

Der 15. Tag des achten Monats nach dem Mondkalender fällt auf die Mitte des Herbstes, deshalb heißt das Fest auch Mittherbstfest. In alter Zeit opferte man bei jedem Mittherbstfest dem Mondgott Kuchen, die man mit großer Sorgfalt gebacken hatte. Nach dem Opferritual wurden die Kuchenstücke verteilt und von allen gegessen, was den Zusammenhalt der Familie symbolisierte. Diese Sitte ist bis heute in China verbreitet.

Die Fest- und Feiertage in China nach dem internationalen Kalender

Neujahr: 1. Januar
Internationaler Tag der werktätigen Frauen: 8. März
Aufforstungstag: 12. März
Internationaler Tag der Arbeit: 1. Mai
Chinesischer Jugendtag: 4. Mai
Internationaler Tag des Kindes: 1. Juni
Gründungstag der Chinesischen Volksbefreiungsarmee: 1. August
Lehrertag: 10. September
Nationalfeiertag: 1. Oktober

Traditionelle Feste der nationalen Minderheiten

Hui	Fest des Fastenbrechens
Uiguren	Uigurisches Opferfest
Dai	Wasserfest
Mongolen	Naadam-Fest
Yi	Fackelfest
Yao	Danu-Fest
Bai	Märzfest
Zhuang	Gesangs- und Tanzfest
Tibeter	Tibetisches Neujahr, Erntefest
Miao	Tiaohua-Fest

Mondkuchen

CHINA 2015

Spezialthema: „Vier umfassende Strategien" und der Chinesische Traum

Die „Vier umfassenden Strategien" – die umfassende Vollendung des Aufbaus einer Gesellschaft mit bescheidenem Wohlstand, die umfassende Vertiefung der Reformen, die umfassende Förderung der Rechtsstaatlichkeit und die umfassende strenge Parteiführung – bilden das gesamte Regierungskonzept des neuen Führungskollektivs der KP Chinas sowie die strategische Planung für die weitere Entwicklung Chinas und die Realisierung des Chinesischen Traums. Die umfassende Vertiefung der Reformen und die umfassende Förderung der Rechtsstaatlichkeit sind flankierende Maßnahmen zur umfassenden Vollendung des Aufbaus einer Gesellschaft mit bescheidenem Wohlstand.

● Wichtige Zeitpunkte ● Das gesamte Regierungskonzept

Wichtige Zeitpunkte

Umfassende Vollendung des Aufbaus einer Gesellschaft mit bescheidenem Wohlstand

Umfassende Vertiefung der Reformen

Umfassende Förderung der Rechtsstaatlichkeit

Umfassende strenge Parteiführung

beschlossen auf dem 18. Parteitag der KP Chinas 2012

beschlossen auf dem 3. Plenum des 18. ZK der KP Chinas 2013

beschlossen auf dem 4. Plenum des 18. ZK der KP Chinas 2014

beschlossen auf der Abschlussfeier der praxisorientierten Erziehungskampagne im Sinne der Massenlinie der Partei 2014

Das gesamte Regierungskonzept

Umfassende Vollendung des Aufbaus einer Gesellschaft mit bescheidenem Wohlstand – das primäre Ziel des Chinesischen Traums

Im Bericht auf dem 18. Parteitag der KP Chinas 2012 wurden der Zeitplan für das ehrgeizige Ziel, bis 2020 den Aufbau einer Gesellschaft mit bescheidenem Wohlstand umfassend zu vollenden, sowie die konkreten Teilziele, darunter die nachhaltige und gesunde Entwicklung der Wirtschaft, die stetige Erweiterung der Volksdemokratie, die beträchtliche Erhöhung der kulturellen Stärke, die umfassende Steigerung des Lebensstandards des Volkes und große Fortschritte beim Aufbau einer energieeinsparenden und umweltfreundlichen Gesellschaft, festgelegt.

Daten: 2000 war das Ziel, eine Gesellschaft mit bescheidenem Wohlstand aufzubauen, zu 59,6 Prozent realisiert; bis zum Jahr 2010 stieg der Wert auf 80,1 Prozent, was einer jährlichen Steigerung um 2,05 Prozent entspricht. Bis zum Jahr 2020 haben wir nur noch knapp sechs Jahre Zeit, deshalb müssen wir uns sehr anstrengen, um das Ziel wie geplant zu erreichen.

Umfassende Vertiefung der Reformen – der grundlegende Weg zur Realisierung des Chinesischen Traums

Im Beschluss des ZK der KP Chinas über einige wichtige Fragen zur umfassenden Vertiefung der Reformen heißt es: „Das angestrebte Gesamtziel der umfassenden Vertiefung der Reformen besteht darin, das sozialistische System chinesischer Prägung zu verbessern und weiterzuentwickeln und die Modernisierung der Regierungsstruktur und der Regierungsfähigkeit des Staates voranzubringen." Ferner wurden konkrete Maßnahmen für die institutionelle Reform in den Bereichen Wirtschaft, Politik, Kultur, Soziales, Ökologie und Parteiaufbau vorgelegt.

Neue Organe: Nach dem Beschluss des 3. Plenums des 18. ZK der KP Chinas wurden einige neue Organe gegründet, darunter die Führungsgruppe für die umfassende Vertiefung der Reformen, die für die Planung, Koordination, Förderung und Kontrolle der Umsetzung der Reformen zuständig ist. Der Leiter dieser Führungsgruppe ist Xi Jinping.

Umfassende Förderung der Rechtsstaatlichkeit – die rechtliche Garantie für die Realisierung des Chinesischen Traums

Im Oktober 2014 wurde der Beschluss des 18. ZK der KP Chinas über einige wichtige Fragen zur umfassenden Förderung der Rechtsstaatlichkeit angenommen, um eine strategische Rahmenplanung in diesem Bereich vorzunehmen.

Neue Justizsysteme: Nach dem 4. Plenum des 18. ZK der KP Chinas 2014 wurden der Justiz-aufbau und die Justizreform in China mit größerer Geschwindigkeit vorangetrieben und dabei beträchtliche Fortschritte erzielt. Das Oberste Volksgericht hat z. B. mobile Gerichte und spezielle Gerichte für geistiges Eigentum eingerichtet sowie die lebenslange Verantwortung für behandelte Rechtsfälle und das Prinzip, Schuldige für juristische Irrtümer zu ermitteln und zur Verantwortung zu ziehen, eingeführt. Diese Maßnahmen zielen darauf ab, die Vertrauenswürdigkeit der Justizbehörden zu erhöhen, und stehen sowohl mit den Gegebenheiten in China als auch mit der Gesetzmäßigkeit der Justiz in Übereinstimmung.

Umfassende strenge Parteiführung – die politische Garantie für die Realisierung des Chinesischen Traums

Im Oktober 2014 stellte Xi Jinping die Forderung, die strenge Parteiführung umfassend voranzutreiben, vor und legte einen Rahmenplan dafür vor.

Bekämpfung der Korruption: Korruption wird weltweit als Krebsgeschwür im politischen Bereich bezeichnet. Unter den Kadern der KP Chinas sind schockierende Fälle von Korruption vorgekommen, in manchen Orten ist sogar systematische Korruption zu beobachten gewesen. Seit 2014 kämpft die Kontrollkommission beim ZK mit Entschlossenheit gegen die Korruption hochrangiger Beamter. Als Ergebnis wurden u. a. Zhou Yongkang, Ex-Mitglied des Ständigen Ausschusses des Politbüros, und Ling Jihua, Vizevorsitzender des Nationalkomitees der PKKCV, verhaftet. Der Kampf gegen die Korruption wird auch weiterhin und noch intensiver durchgeführt.

Anhang

Internetseiten der Regierungsorgane

Zentrale Volksregierung der Volksrepublik China
http://english.gov.cn

Presseamt des Staatsrates
www.scio.gov.cn/eng

Außenministerium
www.fmprc.gov.cn/eng

Verteidigungsministerium
http://eng.mod.gov.cn/

Staatliche Kommission für Entwicklung und Reform
http://en.ndrc.gov.cn/

Bildungsministerium
www.moe.gov.cn/publicfiles/business/htmlfiles/moe/moe_2792/index.html

Ministerium für Wissenschaft und Technik
www.most.gov.cn/eng/

Ministerium für Industrie und Informationstechnologie
www.miit.gov.cn/n11293472/index.html

Staatliche Kommission für ethnische Angelegenheiten
www.seac.gov.cn/

Ministerium für öffentliche Sicherheit
www.mps.gov.cn/

Überwachungsministerium
www.ccdi.gov.cn/

Ministerium für zivile Angelegenheiten
www.mca.gov.cn/

Justizministerium
www.moj.gov.cn/

Finanzministerium
www.mof.gov.cn/

Ministerium für Personalwesen und soziale Sicherung
www.mohrss.gov.cn/

Ministerium für Land und Ressourcen
www.mlr.gov.cn/mlrenglish/

Ministerium für Umweltschutz
http://english.mep.gov.cn/

Ministerium für Wohnungsbau und städtische und ländliche Entwicklung
www.mohurd.gov.cn/

Ministerium für Verkehr und Transport
www.moc.gov.cn/

Ministerium für Wasserressourcen
www.mwr.gov.cn/english/

Landwirtschaftsministerium
http://english.agri.gov.cn/

Handelsministerium
http://german.mofcom.gov.cn/

Kulturministerium
www.chinaculture.org/index.html

Staatliche Kommission für Gesundheit und Familienplanung
http://en.nhfpc.gov.cn/

Chinesische Volksbank
www.pbc.gov.cn/publish/english/963/index.html

Oberrechnungskammer
www.cnao.gov.cn/main/index.htm

Medien-Internetseiten

- **Nachrichtenagenturen**

  Xinhua   www.chinaview.cn

  China News Service   www.ecns.cn/

- **Fernsehen**

  CCTV   http://english.cntv.cn/

- **Rundfunk**

  Radio China International   http://german.cri.cn

- **Auslandsmedien**

  China International Publishing Group (CIPG)   www.cipg.com.cn/

  China Intercontinental Communication Center   www.cicc.org.cn

- **Portal**

  China Internet Information Center   http://german.china.org.cn

- **Zeitungen**

  Volkszeitung   http://german.people.com.cn/

  China Daily   http://europe.chinadaily.com.cn/

- **Zeitschriften**

  Beijing Rundschau   http://german.beijingreview.com.cn

  China heute   www.chinatoday.com.cn/ctgerman

  China im Bild   www.chinapictorial.com.cn/gr/index.html

  Women of China   www.womenofchina.cn/

- **Verlage**

  Verlag für fremdsprachige Literatur   www.flp.com.cn/en/

  Verlag Neue Welt   www.nwp.com.cn

  Sinolingua   http://en.sinolingua.com.cn/

  Morning Glory Press   www.blossompress.com.cn

  Dolphin Books   www.dolphin-books.com.cn

  China Pictorial Publishing House   www.zghbcbs.com

  Verlag Neuer Stern   www.newstarpress.com

- **Internationaler Vertrieb von Publikationen**

  Chinesische Internationale Buchhandelsgesellschaft   www.cibtc.com.cn/gtweb/enaction.do

  Niederlassung in Deutschland   www.cbt-chinabook.de

- **Reisebüros**

  CITS – China International Travel Service   http://de.cits.net/

  CTS – China Travel Service   www.chinatravelsolution.com

  CYTS – China Youth Travel Service   www.chinatraveldepot.com

  China Comfort Travel   www.cct.cn

  CITIC Travel Co., Ltd.   www.travel.citic.com/english/enterprise_index.html

图书在版编目(CIP)数据

中国.2015：德文 / 钟欣编.—北京：外文出版社，2015
ISBN 978-7-119-09640-7

Ⅰ.①中… Ⅱ.①钟… Ⅲ.①社会主义建设成就 – 中国 – 2015 – 德文
Ⅳ.① D619

中国版本图书馆 CIP 数据核字 (2015) 第 223927 号

出版指导：	徐 步　解 琛
出版统筹：	解 琛
撰　　稿：	崔黎丽　王传民　陆　宁　程　征　杨景皓　惠培培　周　彪
	王振红　王奎庭　等
德文翻译：	李　响　黄　锐
德文改稿：	Wolfgang Schaub
德文审定：	栾旭文　李　响　黄　锐
图片来源：	新华社　中国新闻社　中国国家博物馆　人民画报社　上海外宣办　视觉中国
	东方 IC　全景视觉　汉华易美　华盖创意　微图
	陈　胜　陈顺国　陈卫东　陈显耀　邓　佳　董　宁　杜泽泉　方东风
	郭晓勇　胡兆明　黄　辉　黄君毅　晋守贤　兰建琼　黎　红　李　涓
	李晓钢　李晓英　李有祥　刘世昭　楼庆西　茹遂初　沈　影　孙树明
	唐少文　屠国啸　王汝春　吴　亮　吴晓军　徐腾长　银道禄　虞向军
	张书奇　周剑生　等（以姓氏音序为序）
数据来源：	国家统计局　国务院新闻办公室　新华社　中国网　中国发展门户网　等
责任编辑：	文　芳　蔡莉莉
图片编辑：	陈丝伦　等
地图制作：	北京好山河文化发展有限公司
装帧设计：	北京凤禹图文设计工作室
制　　版：	北京维诺传媒文化有限公司
印刷监制：	冯　浩
审 图 号：	GS（2015）2503 号

（本书个别图片未能联系上作者，敬请与出版社联系，将及时支付稿酬。感谢！）

中国 2015

钟 欣 编

出 品 人：	徐 步
出版发行：	外文出版社有限责任公司
地　　址：	北京市西城区百万庄大街 24 号　　邮政编码：100037
网　　址：	http://www.flp.com.cn　　电子邮箱：flp@cipg.org.cn
电　　话：	008610-68320579（总编室）　008610-68996158（编辑部）
	008610-68995852（发行部）　008610-68996183（投稿电话）
印　　刷：	北京飞达印刷有限责任公司
经　　销：	新华书店 / 外文书店
开　　本：	787mm×1092mm　1/32　印张：7.75　字数：200 千
版　　次：	2015 年 9 月第 1 版第 1 次印刷
书　　号：	ISBN 978-7-119-09640-7
定　　价：	129.00 元

版权所有　侵权必究　如有印装问题本社负责调换（电话：68329904）